Wirtschaftsrecht I

Grundrechte und Einführung
in das Bürgerliche Recht

Von
Professor Dr. jur. Bernhard Nagel M.C.L.

3., überarbeitete Auflage

R. Oldenbourg Verlag München Wien

Die Deutsche Bibliothek — CIP-Einheitsaufnahme

Nagel, Bernhard:
Wirtschaftsrecht / von Bernhard Nagel. — München ; Wien :
Oldenbourg.

1. Grundrechte und Einführung in das bürgerliche Recht. —
3., überarb. Aufl. — 1993
ISBN 3-4486-22593-6

© 1993 R. Oldenbourg Verlag GmbH, München

Das Werk einschließlich aller Abbildungen ist urheberrechtlich geschützt. Jede Verwertung außerhalb der Grenzen des Urheberrechtsgesetzes ist ohne Zustimmung des Verlages unzulässig und strafbar. Das gilt insbesondere für Vervielfältigungen, Übersetzungen, Mikroverfilmungen und die Einspeicherung und Bearbeitung in elektronischen Systemen.

Gesamtherstellung: R. Oldenbourg Graphische Betriebe GmbH, München

ISBN 3-486-22593-6

Vorwort zur dritten Auflage

Das Grundanliegen dieser Einführung bleibt bestehen. Es sollen auch die ökonomischen, sozialen und politischen Bezüge der Rechtsnormen aufgezeigt werden. Bei eventuellen folgenden Auflagen wird zu fragen sein, ob nicht einige der Vertiefungen durch Verständnisfragen und Anworten ersetzt werden sollten.

Ich bin für Anregungen und Kritik dankbar (FB 6 der Gesamthochschule Kassel, Postfach 101380, 3500 Kassel).

Für ihre Mithilfe danke ich Gisela Theis, Birgit Riess, Ronald Grünberg, Patricia Herrfeld und Martina Schulze.

Bernhard Nagel

Vorwort zur zweiten Auflage

Es erwies sich als notwendig, dem Einführungsteil einen kurzen Abschnitt über den Rechtsbegriff und die Rechtsinterpretation voranzustellen. Außerdem erschien mir eine ganz kurze Einführung in das Prozeßrecht sinnvoll, in der vor allem die Wirkungen der Gerichtsentscheidungen dargestellt werden. Im Schlußteil hielt ich es für notwendig, insbesondere nochmals auf das Verhältnis zwischen Grundgesetz und bürgerlichem Recht einzugehen. Eines der Hauptanliegen dieser Darstellung ist es, das Zusammenwirken dieser beiden Rechtsmaterien aufzuzeigen.
Für ihre Mithilfe danke ich Gisela Theis.

Bernhard Nagel

Vorwort zur ersten Auflage

Diese Einführung in die Problematik der wirtschaftlich relevanten Grundrechte und in das bürgerliche Recht ist für Anfänger des Jura- oder Ökonomiestudiums gedacht. Ziel der Darstellung ist es, sowohl die ökonomischen und sozialen Bezüge der Rechtsformen aufzuzeigen, als auch ein systematisches Basiswissen zu vermitteln. Zitate und Literaturhinweise wurden auf das Notwendigste begrenzt. Es empfiehlt sich, die ausgewählten Fallbeispiele zu durchdenken.

Für ihre Mithilfe danke ich Gisela Theis und Uwe Abel.

Bernhard Nagel

Inhaltsverzeichnis

I.	**Einführung**	1
	1. Begriff, Funktion und Auslegung des Rechts	1
	2. Die Rangordnung der Rechtsnormen	3
	3. Die Systematik der Rechtsordnung	4
	4. Die Gerichtszweige	6
	5. Die gerichtlichen Entscheidungen und ihre Wirkung	7
II.	**Grundrechte und Wirtschaftstätigkeit**	9
	1. Wirtschaftsordnung und Verfassung	9
	2. Berufsfreiheit – Art. 12 GG	11
	a) Texte	11
	b) Drei-Stufen-Theorie zur Berufsfreiheit	12
	c) Fälle zur Berufsfreiheit	13
	d) Recht auf freie Wahl des Arbeitsplatzes	14
	e) Ausbildungsfreiheit	16
	f) Wiederholung	17
	g) Vertiefung	17
	aa) Berufsfreiheit und Gewerbeaufsicht	17
	bb) Recht auf freie Wahl des Arbeitsplatzes	19
	cc) Ausbildungsfreiheit und Ausbildungsmöglichkeit	20
	3. Eigentumsschutz – Art. 14 GG	22
	a) Texte	22
	b) Das Eigentum als subjektives vermögenswertes Recht	22
	c) Inhaltsbestimmung des Eigentums und Enteignung	24
	d) enteignungsgleicher Eingriff	29
	e) BVerfGE 50, 290 (Mitbestimmung)	30
	f) Zusammenhang zwischen Art. 12 und Art. 14	32
	g) Wiederholung	34
	h) Vertiefung	34
	4. Koalitionsfreiheit – Art. 9 Abs. 3 GG	39
	a) Texte	39
	b) Historische Grundlage	39
	c) Koalitionsbegriff	40
	d) Fälle	40
	e) Wiederholung	42
	f) Vertiefung	43
	5. Gleichheitssatz – Art. 3 GG	47
	a) Texte	47
	b) Der allgemeine Gleichheitssatz	48
	c) Besondere Ausprägungen des Gleichheitssatzes	52
	d) Vertiefung	55
	6. Die Vereinigungsfreiheit des Art. 9 Abs. 1 GG	58
	7. Die allgemeine Handlungsfreiheit – Art. 2 Abs. 1 GG	59
	a) Vorbemerkung	59
	b) Fälle	59
	c) Vertiefung	61
	8. Sozialstaatsprinzip – Art. 20 GG	66
	a) Einführung	66

	b) Vertiefung	67
9.	Rechtsstaatsprinzip – Art. 20 GG	70
	a) Einführung	70
	b) historische Vertiefung	71
10.	Demokratieprinzip	81
	a) Einführung	81
	b) Vertiefung	81
11.	Die Wirkung der Grundrechte auf das Zivilrecht	82

III. **Die Systematik des bürgerlichen Rechts.** 85
   1. Äußere Systematik 85
      a) Das bürgerliche Recht als Teil des Privatrechts 85
      b) Das bürgerliche Recht als Teil des materiellen Rechts 85
      c) Die äußere Einteilung des BGB 85
   2. Zur Anwendung des bürgerlichen Rechts 86
      a) Die innere Systematik des bürgerlichen Rechts 86
      b) Subsumtion 86
      c) Die Rechtsauslegung 86
   3. Rechtssubjekte 86
      a) Natürliche und juristische Personen 86
      b) Rechtsfähigkeit, Geschäftsfähigkeit und Deliktsfähigkeit
         der natürlichen Person 88
      c) Besonderheiten bei der juristischen Person 88
   4. Subjektive Rechte 89
      a) Objektives und subjektives Recht 89
      b) Absolutes und relatives Recht 89
      c) Ansprüche (Forderungen) und Gestaltungsrechte 89
      d) Staatlicher Rechtsschutz und Selbsthilfe 90
      e) Grenzen des Rechtsschutzes 90
   5. Rechtsobjekte 91
   6. Vertiefung 91

IV. **Rechtsgeschäft und Vertrag.** 103
   1. Angebot und Annahme als übereinstimmende Willenserklärungen . 103
      a) Begriff der Willenserklärung 103
      b) Zugang der Willenserklärung 104
      c) Verpflichtungs- und Verfügungsgeschäfte 105
      d) Konkludente Willenserklärungen 107
      e) Auslegung der Willenserklärung (§ 133 BGB) 108
      f) Wiederholung 108
   2. Inhalt des Vertrages 109
      a) Einigung 109
      b) Ergänzende Vertragsauslegung 109
      c) Zwingendes und nachgiebiges (abdingbares) Recht 110
      d) Das Recht der Allgemeinen Geschäftsbedingungen 111
      e) Vertragstypen 115
      f) Faktische Vertragsverhältnisse 117
      g) Wiederholung 118
   3. Die nichtige Willenserklärung 118
      a) Formmangel 118
      b) Gesetzliches Verbot 119

c) Sittenwidrigkeit, Wucher 119
d) Geschäftsunfähigkeit.. 120
e) Schein, Scherz und geheimer Vorbehalt 121
f) Wiederholung... 121
4. Die Willenserklärung des Minderjährigen...................... 122
   a) Beschränkte Geschäftsfähigkeit 122
   b) Wirksame Rechtsgeschäfte 122
   c) Zustimmungsbedürftige Rechtsgeschäfte 123
   d) Wiederholung... 123
5. Die anfechtbare Willenserklärung 124
   a) Irrtum... 124
      aa) Motivirrtum.. 124
      bb) Irrtum in der Erklärungshandlung 124
      cc) Irrtum über die Erklärungsbedeutung 125
      dd) Eigenschaftsirrtum................................... 126
      ee) Wer kann wie lange anfechten? 126
   b) Arglistige Täuschung 126
   c) Drohung.. 127
   d) Exkurs: Wegfall der Geschäftsgrundlage 127
   e) Wiederholung... 128
6. Bedingung, Befristung (Zeitbestimmung) 128
7. Vertretung 129
   a) Vertreter und Bote... 129
   b) Offene und verdeckte Stellvertretung 129
   c) Handeln unter fremdem Namen 130
   d) Vollmacht... 130
      aa) Erteilung und Widerruf der Vollmacht.................. 130
      bb) Duldungs- und Anscheinsvollmacht 130
      cc) Reichweite der Vollmacht 131
      dd) Innen- und Außenverhältnis 132
      ee) Untervollmacht....................................... 133
   e) Willensmängel.. 133
   f) Vertretung ohne Vertretungsmacht 133
   g) Wiederholung... 134
8. Übungsfälle... 134
9. Ratschläge für die Lösung von privatrechtlichen Fällen 137
10. Vertiefung 138

V. **Funktion und Grenzen der Privatautonomie in der Wirtschaftsverfassung der Bundesrepublik – eine Zwischenbilanz**......................... 141

VI. **Stichwortverzeichnis** 149

Abkürzungen und Zitierhinweise

1. Rechtsprechung

a) Amtliche Sammlungen:
BVerfGE 39, 258, 276: Entscheidungssammlung des Bundesverfassungsgerichts, Band 39, Seite 258 (Beginn der Entscheidung) und Seite 276 (Fundstelle des Zitats); entsprechend BGHZ 65, 15, 23 (Bundesgerichtshof-Zivilsachen), BGHSt (Bundesgerichtshof-Strafsachen)
BVerwGE (Bundesverwaltungsgericht)
BAG (Bundesarbeitsgericht)
BSG (Bundessozialgericht)
BFH (Bundesfinanzhof)
RGZ (Reichsgericht-Zivilsachen)

b) Zeitschriften-Zitierbeispiel:
BVerfG NJW 1980, 2693, 2694 bedeutet: Entscheidung des Bundesverfassungsgerichts, abgedruckt in der Neuen Juristischen Wochenschrift (NJW), Jahrgang, Seite (Beginn der Entscheidung), Seite (Fundstelle).

c) Andere wichtige Zeitschriften:
Betriebs-Berater (BB)
Der Betrieb (DB)
Zeitschrift für Handels- und Wirtschaftsrecht (ZHR)
Die Aktiengesellschaft (AG)
GmbH-Rundschau
Arbeit und Recht (ArbuR)
Recht der Arbeit (RdA)
Juristenzeitung (JZ)
Juristische Schulung (JuS)
Neue Zeitschrift für Arbeits- und Sozialrecht (NZA)

d) nichtamtliche Entscheidungssammlungen:
Lindenmaier-Möhring, Nachschlagwerk des BGH, zitiert nach Paragraphen und numerierten Entscheidungen; also BGH LM 19 zu § 105 HGB; Arbeitsrechtliche Praxis (AP), also BAG AP Nr. 2 zu § 13 KSchG (Kündigungsschutzgesetz – muß nicht ausgeschrieben werden); Entscheidungssammlung zum Arbeitsrecht (EzA), also BAG EzA Nr. 1 zu § 626 BGB

e) Oberlandesgerichte, Oberverwaltungsgerichte etc. werden mit Ort zitiert: Also OLG Hamm NJW 1980, 2822, 2824.

f) Nicht veröffentlichte Urteile werden mit Datum und Aktenzeichen zitiert: Also BAG 1 ABR 32/83 vom 10.9.1985.

2. Kommentare

Zitiert wird nicht nach Seitenzahl, sondern nach Paragraph und Randziffer.
Also: Palandt-Thomas, Kommentar zum BGB, 39. Aufl. 1980, § 831 Rz. 6; der erste Name kennzeichnet den Herausgeber (bzw. Namensgeber) des Kommentars, der zweite den Bearbeiter.
Viele Kommentare schlagen selbst die Zitierweise vor.
Also: Markert in Immenga/Mestmäcker, Kommentar zum GWB, 1981, § 26 Rz. 206 („erste Auflage" wird nicht vermerkt).

Wird mehrfach derselbe Kommentar zitiert, brauchen Titel und Auflage nicht immer angegeben zu werden. Also: Palandt-Thomas § 831 Rz. 21. Es muß aber deutlich sein, auf welches Gesetz sich der Kommentar bezieht und welche Auflage gemeint ist. Angaben im Literaturverzeichnis sind wichtig.

3. Lehrbücher, Monographien

K. Hesse, Grundzüge des Verfassungsrechts der Bundesrepublik Deutschland, 14. Aufl. 1984, S. 34;
E. Stein, Staatsrecht, 9. Aufl. 1984;
Wiethölter, Interessen und Organisation der Aktiengesellschaft, 1961, S. 40–54 (da es in der Literatur mehrere „Hesse" und „Stein" gibt, ist die Beifügung des abgekürzten Vornamens zweckmäßig)

4. Aufsätze

Mestmäcker, Über die normative Kraft privatrechtlicher Verträge, JZ 1964, 441 ff. (folgende);
Ballerstedt, Vertragsfreiheit und Konzentration, in Arndt (Hg.) = (Herausgeber), Die Konzentration in der Wirtschaft, Band 1, 2. Aufl. 1971, S. 603 ff.
Werden Bücher oder Aufsätze mehrfach zitiert, kann mit a. a. O. (am angegebenen Ort) abgekürzt werden. Also: Ballerstedt a.a.O. S. 606

5. Weitere Abkürzungen

AFG	Arbeitsförderungsgesetz
BB	Betriebs-Berater (Zeitschrift)
DB	Der Betrieb (Zeitschrift)
EuGH	Europäischer Gerichtshof (Sitz: Luxemburg)
EuGRZ	Europäische Grundrechtszeitschrift
GG	Grundgesetz
KJ	Kritische Justiz (Zeitschrift)
LAG	Landesarbeitsgericht
OVG	Oberverwaltungsgericht
SGB	Sozialgesetzbuch
SZ	Süddeutsche Zeitung
WR II	Nagel, Wirtschaftsrecht II, 2. Aufl. 1993
WRV	Weimarer Reichsverfassung von 1919
WuW	Wirtschaft und Wettbewerb (Zeitschrift)
ZIP	Zeitschrift für Wirtschaftsrecht

Im übrigen gilt die in der Neuen Juristischen Wochenschrift verwendete Zitierweise.

Literaturhinweise (Auswahl)

1. Zur Einführung

Wesel, W.: Fast alles was Recht ist, Jura für Nicht-Juristen, Frankfurt/M. 1991
Wiethölter, R.: Rechtswissenschaft, Frankfurt/M. 1968 (Fischer-Bücherei, Funkkolleg, Band 4), nachgedruckt Hamburg 1986

2. Politische und ökonomische Entwicklung der Bundesrepublik

Abelshauser, W.: Wirtschaftsgeschichte der Bundesrepublik Deutschland 1945–1980, Frankfurt 1983
Arbeitsgruppe Alternative Wirtschaftspolitik: Wirtschaftsmacht in der Marktwirtschaft, zur ökonomischen Konzentration in der Bundesrepublik, Köln 1988
Henning, F. W.: Das industrialisierte Deutschland 1914 bis 1976, 4. Aufl., Paderborn 1978
Huffschmid, J.: Die Politik des Kapitals, Frankfurt 1969
Klönne, A., Classen, D., Tschoepe, A.: Sozialkunde der Bundesrepublik – Grundlagen, Strukturen und Trends in Wirtschaft und Gesellschaft, 1989
Sinn, G., Sinn, H. W.: Kaltstart, volkswirtschaftliche Aspekte der deutschen Vereinigung, 3. Aufl., München 1993

3. Entwicklung der Grundrechte

Damkowski, U.: Zur Problematik der verfaßten Studentenschaft, DVBl. 1978, S. 229 ff.
Däubler, W., Küsel, G. (Hg.): Verfassungsgericht und Politik, Reinbek 1979
Gusy, Ch.: Der Gleichheitsschutz des Grundgesetzes, JuS 1982, 30–36
ders.: Der Gleichheitssatz, NJW 1988, S. 2505–2512
Hammer, U., Nagel, B.: Hochschulzugang als Verfassungsproblem, NJW 1977, S. 1257 ff.
Kittner, M.: Kommentierungen zu Art. 9 Abs. 3 und zum Sozialstaatsprinzip im Alternativkommentar zum Gundgesetz, Bd. 1, 2. Aufl. 1989
Kittner, M. (Hg.): Streik und Aussperrung, 1977
Meessen, M.: Das Grundrecht der Berufsfreiheit, JuS 1982, 397–404
Perels, J. (Hg.): Grundrechte als Fundament der Demokratie, Frankfurt 1979, darin u. a.: *Schneider, H. P.*: Eigenart und Funktion der Grundrechte im demokratischen Verfassungsstaat, 11–48
Rittstieg, H.: Kommentierungen zu Art. 12 und Art. 14 im Alternativkommentar zum Grundgesetz Bd. 1, 2. Aufl. 1989
ders.: Eigentum als Verfassungsproblem, 2. Aufl. 1976
Scholz, R., Konzen, H.: Die Aussperrung im System von Arbeitsverfassung und kollektivem Arbeitsrecht, 1980
ders.: Grundgesetz und europäische Einigung, NJW 1992, S. 2593 ff.
Simitis, S.: Die informationelle Selbstbestimmung – Grundbedingung einer verfassungskonformen Informationsordnung, NJW 1984, 398
Stober, Grundrechtsschutz der Wirtschaftstätigkeit, Köln u. a. 1989

4. Standardkommentare zum Grundgesetz

Alternativkommentar zum Grundgesetz, 2 Bände, 2. Aufl. 1989
Fangmann, H., Blank, M., Hammer, U.: Grundgesetz, Basiskommentar, Köln 1991
Jarass, H., Pieroth, B.: Grundgesetz für die Bundesrepublik Deutschland, 2. Aufl. München 1992
v. Mangoldt, H., Klein, F.: Das Bonner Grundgesetz, Kommentar, 3. Aufl., Bd. 1, 1985, bearbeitet von Starck (Art. 1–5)
Maunz, T., Dürig, G., Herzog, R., Scholz, R.: Grundgesetzkommentar, Loseblatt, 1970 ff.
v. Münch, I., Kunig, P.: Grundgesetz-Kommentar, Bd. 1, 4. Aufl. 1992 (Präambel bis Art. 20)

5. Lehrbücher zum Verfassungsrecht

Denninger, E.: Staatsrecht, Reinbek, Bd. 1 1973, Bd. 2 1979
Hesse, K.: Grundzüge des Verfassungsrechts der Bundesrepublik Deutschland, 18. Aufl., Karlsruhe 1991

Maunz, T., Zippelius, R.: Deutsches Staatsrecht, 27. Aufl., München 1988
Stein, E.: Staatsrecht, 13. Aufl., Tübingen 1991
Richter, I., Schuppert, G. F.: Casebook Verfassungsrecht, 2. Aufl., München 1991

6. Standardkommentare zum BGB

Alternativkommentar zum BGB, ab 1979
Erman, W., Westermann, H. P.: Handkommentar zum Bürgerlichen Gesetzbuch, Münster, 8. Aufl. 1989
Münchener Kommentar zum BGB, 2. Aufl ab 1984, 3. Aufl. ab 1992
Palandt, Bürgerliches Gesetzbuch, 52. Aufl. 1993
Soergel, Kommentar zum BGB, 11. Aufl. ab 1978, 12. Aufl. ab 1987
v. Staudinger, Kommentar zum BGB, 12. Aufl. ab 1978

7. Lehrbücher zum Bürgerlichen Recht

a) leicht verständliche Darstellungen: *Schwab, D.*: Einführung in das Zivilrecht, 10. Aufl., Heidelberg 1991
   Bähr, P.: Grundzüge des Bürgerlichen Rechts, 8. Aufl., München 1991
   Brox, H.: Allgemeiner Teil des Bürgerlichen Gesetzbuchs, 15. Aufl., Köln 1991
   Allgemeines Schuldrecht, 19. Aufl., München 1991
   Besonderes Schuldrecht, 17. Aufl., München 1991
   Klunzinger, E.: Einführung in das Bürgerliche Recht, 4. Aufl., München 1991 (Allgemeiner Teil und Schuldrecht)
   Pottschmidt, G., Rohr, U.: Privatrecht für den Kaufmann, 9. Aufl., München 1992
b) zur Vertiefung: *Larenz, K.*: Allgemeiner Teil des deutschen Bürgerlichen Rechts, 7. Aufl., München 1989
   Medicus, D.: Allgemeiner Teil des BGB, 5. Aufl., Heidelberg 1992
   Rüthers, B.: Allgemeiner Teil des BGB, 8. Aufl., München 1991
   Schmidt, E., Brüggemeier, G.: Zivilrechtlicher Grundkurs, 4. Aufl., Frankfurt/M. 1991
c) zur besonderen Situation in den Ländern der ehemaligen DDR: *Horn, N.*: Das Zivil- und Wirtschaftsrecht im neuen Bundesgebiet, Köln 1991

I. Einführung
1. Begriff, Funktion und Auslegung des Rechts

Am 8. Oktober 1992 wurde die 18jährige, schwangere Marion P. nach einem Verkehrsunfall für tot erklärt, da ihre Gehirnströme ausgesetzt hatten. Ihr Kind sollte sie nach dem Willen von Ärzten der Erlanger Universitätsklinik weiter austragen. Es setzte eine lebhafte Diskussion darüber ein, ob dies moralisch und rechtlich zulässig sei. Die Staatsanwaltschaft und fast alle Juristen hielten den Fall für strafrechtlich unbedenklich. Den Gebrauch der Gehirntoten als „preiswerten Inkubator" (vgl. SZ v. 17./18. 11. 1992) hielten aber viele für unmoralisch. Der Streit verebbte, als es nach 40 Tagen zu einer Fehlgeburt kam.

Der Fall zeigt die Schwierigkeiten im Grenzbereich von Recht und Moral auf. Rechtsnormen regeln das äußere Verhalten der Bürger, moralische Normen prägen ihre inneren Überzeugungen. Beides läßt sich aber nicht randscharf trennen. Moralische Begriffe wie „Treu und Glauben" tauchen auch in Rechtsnormen auf. Innere Überzeugungen (der Mehrheit) werden dann maßgeblich für die Anwendung von Rechtsnormen. Nicht alle Normen, nach denen sich das äußere Verhalten der Bürger richtet, sind Rechtsnormen. So werden Sitten und Gebräuche durch gesellschaftliche Zwänge eingehalten. Zur Befolgung und Durchsetzung der Rechtsnormen bedarf es darüber hinaus einer funktionsfähigen Organisation, die das Recht notfalls zwangsweise durchsetzt; Träger dieser Organisation ist der Staat. Kennzeichnend für das Recht ist also die staatliche Durchsetzbarkeit der Rechtsnormen.

Die Rechtsordnung garantiert den Rechtsfrieden und damit die Rechtssicherheit. Ihre Aufgabe besteht gleichzeitig darin, materielle Gerechtigkeit herzustellen.

Das Bedürfnis nach Rechtssicherheit erfordert generelle Regeln, die klare, übersichtliche und zuverlässige Verhaltensanweisungen aufstellen. Dieses Bedürfnis steht aber vielfach im Widerspruch zu dem Wunsch nach materieller Gerechtigkeit, dem durch eine Entscheidung nach den Erfordernissen des jeweiligen Einzelfalls Rechnung getragen werden soll. Dieser Widerspruch muß in der Rechtsanwendung gelöst werden. Es fragt sich, wie die Maßstäbe bei der Grenzziehung zwischen Gerechtigkeit und Ungerechtigkeit zu finden sind, die gleichzeitig ein größtmögliches Maß an Rechtssicherheit bieten. Mit dem Ziel der Rechtssicherheit setzt der Gesetzgeber abstrakte Rechtsnormen, die dann auf konkrete Lebenssachverhalte anzuwenden sind. Bei der Normanwendung, die nicht zuletzt dem Ziel der materiellen Gerechtigkeit genügen soll, muß der Jurist fragen, ob eine Rechtsnorm auch auf einen konkreten Sachverhalt paßt. Hierbei stehen ihm mehrere Interpretationsmöglichkeiten offen. Er kann sich am Wortlaut der Norm orientieren, er kann auch nach dem Sinn und Zweck der Vorschriften fragen, indem er versucht, die Interessen aufzuspüren, die Anstoß und Gegenstand der Rechtsnormen sind. Die Rechtsanwendung weitet sich dann auf eine Güterabwägung aus, die sich an konkurrierenden und kollidierenden Interessen hinter den Rechtsnormen orientiert. Er kann die Bedeutung der Norm auch aus ihrer historischen Entwicklung ableiten. In vielen Fällen sind Lücken der Rechtsnormen auszufüllen. Bei dieser Lückenausfüllung ist der Jurist wiederum an gewisse Spielregeln gebunden. Die Schwierigkeit besteht darin, die Lücken der Rechtsnormen so auszufüllen, daß den gesellschaftlichen Gegebenheiten und Bedürfnissen angemessen Rechnung getragen wird. Die Rechtswissenschaft macht es sich zur Aufgabe, wissenschaftliche Maßstäbe zur

Begründung und Interpretation von Rechtsnormen, auch zur Ausfüllung von Lükken der Rechtsnormen und allgemein zur Erklärung des Handelns von Juristen zu liefern. Außerdem muß das Recht systematisiert und seine Entwicklung erklärt werden. Schließlich kann man die Frage stellen, welche Anreize durch eine bestimmte Rechtsauslegung für das Verhalten der Bürger in der Zukunft gesetzt werden. Ein Rechtsstaat ist auf das Vertrauen seiner Bürger angewiesen. Eine Rechtsprechung, die als inkonsistent oder ungerecht empfunden wird, beeinträchtigt dieses Vertrauen.

Bei der Auslegung und Anwendung des Rechts haben sich verschiedene Rechtsschulen gebildet. Dies gilt insbesondere für die Interpretation des Bürgerlichen Rechts (Zivilrecht), das die Beziehungen der Bürger untereinander regelt. Die deutsche Zivilrechtsinterpretation steht heute noch stark unter dem Einfluß der sogenannten historischen Rechtsschule, die vor allem durch Friedrich Carl von Savigny (1779–1861) geprägt wurde. Im Jahre 1814 wandte sich Savigny mit seiner Schrift „Vom Beruf unserer Zeit für Gesetzgebung und Rechtswissenschaft" gegen die von Anton Friedrich Justus Thibaut (1772–1840) im selben Jahr in dessen Schrift „Über die Notwendigkeit eines allgemeinen bürgerlichen Rechts für Deutschland" vertretene Idee einer Kodifikation (Gesetzgebung). Savigny betonte den „organischen Zusammenhang des Rechts mit dem Wesen und Charakter des Volkes". Das Recht wachse mit dem Volke fort und bilde sich aus diesem. Das Recht entstehe durch Sitte und Volksglaube als Gewohnheitsrecht und erst in zweiter Linie durch die Jurisprudenz, es werde durch innere stillwirkende Kräfte, nicht durch die Willkür eines Gesetzgebers erzeugt. Erst für die Zeiten „steigender Kultur" sah Savigny die rechtserzeugende Kraft bei den Juristen und bei der Gesetzgebung als den Organen oder Repräsentanten des Volkes. Savigny begreift Rechtswissenschaft als eine geschichtliche Wissenschaft, weil alles Recht ebenso wie Sprache, Sitte und Verfassung organisch wachse. Ehe ein Rechtsvorrat kodifiziert werden könne, müsse sich die Rechtswissenschaft seiner insgesamt und mit Erfolg bemächtigt haben. Savigny verabscheute die Zerschlagung des Ständestaats durch die französische Revolution und kritisierte die französischen Kodifikationen der napoleonischen Zeit. Damit teilte er die politischen Überzeugungen derer, die Europa nach der Niederlage Napoleons auf dem Wiener Kongreß neu ordneten. Wäre die politische Entwicklung damals anders verlaufen, hätte sich sicherlich Thibaut mit seiner Forderung nach einer Kodifizierung des Zivilrechts durchgesetzt. So aber mußte die Idee der Kodifikation auf ihre Verwirklichung warten. Erst im Jahr 1896 wurde das Bürgerliche Gesetzbuch für das Deutsche Reich verabschiedet. Die von Savigny geschaffene Rechtsdogmatik, die sich vor allem auf sein Verständnis der kantischen Philosophie stützt, setzte sich bei der Verabschiedung des Bürgerlichen Gesetzbuches (BGB) weitgehend durch. Begriffe wie „subjektives Recht" und „Privatautonomie" sind heute noch die Systemsäulen der Zivilrechtslehre.

In Frage gestellt wird diese zivilistische Rechtsinterpretation durch die Verfassungsrechtsprechung, die sich seit 1949 in der Bundesrepublik Deutschland entwickelt hat. Insbesondere bei der Auslegung der Grundrechte werden die politischen, sozialen und ökonomischen Zusammenhänge mit einbezogen. Da die Grundrechte auch auf die Auslegung und Anwendung der zivilrechtlichen Normen ausstrahlen, muß es eines der wesentlichen Ziele der Rechtswissenschaft sein, die Zusammenhänge und Spannungen zwischen Grundrechts- und Zivilrechtsinterpretation aufzuzeigen und daraus die Konsequenzen für die Entwicklung des Zivilrechts zu ziehen.

2. Die Rangordnung der Rechtsnormen

Oberste binnenstaatliche Rechtsnorm der Bundesrepublik Deutschland ist das Grundgesetz vom 23. Mai 1949. Es enthält nicht nur die wichtigsten Regeln über den organisatorischen Aufbau der Republik sowie über die Verteilung der Gesetzgebungs- und Verwaltungskompetenzen zwischen Bund und Ländern, sondern auch einen Grundrechtsteil, dessen Verletzung der Betroffene mit der Verfassungsbeschwerde gegenüber dem Staat geltend machen kann. Das Grundgesetz gilt seit dem 3. Oktober 1990 auch für die Gebiete der ehemaligen DDR.

Im Rang unterhalb des Grundgesetzes stehen die förmlichen Gesetze des Bundes. Sie sind in einem Gesetzgebungsverfahren, das im Grundgesetz (GG) genau geregelt ist, von Bundestag und Bundesrat verabschiedet und danach ausgefertigt und verkündet worden. Zum Teil gelten noch Gesetze des Deutschen Reichs als Bundesgesetze weiter. Das bürgerliche Gesetzbuch wurde z. B. im Jahre 1896 verabschiedet und von Kaiser Wilhelm II verkündet. Vereinzelt sind noch Gesetze des alliierten Kontrollrats in Kraft, die aus der Besatzungszeit nach dem 2. Weltkrieg stammen.

Gegenüber den förmlichen Gesetzen nachrangig sind die Rechtsverordnungen des Bundes und die Satzungen, die von Körperschaften und Anstalten des öffentlichen Rechts erlassen werden können. Sie bedürfen einer Ermächtigungsgrundlage durch ein förmliches Gesetz.

Im Rang unterhalb des Bundesrechts steht das Landesrecht, das sich wiederum in Landesverfassungsrecht, förmliches Gesetzesrecht des Landes und Rechtsverordnungs- bzw. Satzungsrecht des Landes gliedert.

Nicht erfaßt ist in dieser Graphik das supranationale Recht der Europäischen Gemeinschaft, auf die eine Reihe von Hoheitsrechten übertragen wurden (vgl. Art. 24 Abs. 1 GG).

Neben dem schriftlich fixierten Recht steht das ungeschriebene Gewohnheitsrecht. Es handelt sich hier um überlieferte Regeln, welche die Rechtsgemeinschaft über einen längeren Zeitraum hinweg angewandt und als rechtsverbindlich anerkannt hat. Gewohnheitsrecht entsteht überwiegend dort, wo keine Gesetze bestehen oder Regelungslücken der Gesetze auszufüllen sind.

Kein Gewohnheitsrecht ist die sogenannte ständige Rechtsprechung, die aus der unbestrittenen Anwendung des gesetzten Rechts entsteht. Da die Richter in der kontinentaleuropäischen Rechtsordnung nicht an Präjudizien gebunden sind, kann sich diese Rechtsprechung jeden Tag ändern. Die Erfahrung spricht jedoch für die

Kontinuität, so daß die ständige Rechtsprechung ein wichtiges und in der Praxis beachtetes Hilfsmittel bei der Anwendung der Rechtsnormen geworden ist.

3. Die Systematik der Rechtsordnung

Das bundesrepublikanische Recht trennt zwischen privatem und öffentlichem Recht. Während das öffentliche Recht alle Rechtssätze umfaßt, die die staatliche Organisation als solche und das Verhältnis zwischen Staat und Bürger regeln, befaßt sich das Privatrecht mit den Rechtsbeziehungen der einzelnen Staatsbürger untereinander. Zum öffentlichen Recht gehört das Staats- und Verfassungsrecht, darin auch die Grundrechte, hinzu kommt das Verwaltungsrecht, das die engeren Beziehungen des Bürgers zu den einzelnen staatlichen Behörden regelt. Besondere Zweige des Verwaltungsrechts sind z. B. das Baurecht, das Gewerberecht, das Verkehrsrecht, das Kommunalrecht, das Polizeirecht und das Abgabenrecht. Zum öffentlichen Recht gehört auch das Strafrecht, das gemeinschaftsschädliche Verhaltensweisen ahndet. All diese Rechtsgebiete werden dem materiellen Recht zugeordnet. Hinzu kommt das Prozeßrecht, das Aufbau, Zuständigkeit und Verfahren der Gerichte regelt. Das gesamte Prozeßrecht gehört zum öffentlichen Recht, auch wenn es sich mit privatrechtlichen Rechtsstreitigkeiten befaßt. Aus dem Prozeßrecht ergeben sich die Zwangsbefugnisse der staatlichen Rechtspflegeorgane, demnach befaßt es sich mit staatlicher Organisation und mit dem Verhältnis zwischen Staat und Bürger.

Innerhalb des Privatrechts, das sich mit den Rechtsbeziehungen der Bürger untereinander befaßt, sind im wesentlichen die drei großen Teilgebiete des bürgerlichen Rechts, des Handelsrechts und des Arbeitsrechts zu unterscheiden. Das bürgerliche Recht umfaßt jeden Privatmann ohne Rücksicht auf seine Zugehörigkeit zu einem bestimmten Berufsstand. Das Handelsrecht ist das Sonderrecht des Kaufmanns. Es regelt die Kaufmannseigenschaft, trifft Sonderregelungen für Handelsgeschäfte und ordnet die Rechtsverhältnisse der Handelsgesellschaften. Soweit es nicht Handelsgesellschaften betrifft, gehört das Gesellschaftsrecht dem bürgerlichen Recht an. Zum Handelsrecht gehören auch das Wertpapierrecht, das Börsenrecht, das Bankrecht, das Seerecht und das Luftverkehrsrecht sowie allgemein große Teile des Wirtschaftsrechts. Als Handelsrecht im engeren Sinne werden die Teile des Handelsgesetzbuchs bezeichnet, die sich nicht mit Handelsgesellschaften befassen. Im Grenzbereich zwischen Handelsrecht und bürgerlichem Recht sind das Urheberrecht und der gewerbliche Rechtsschutz angesiedelt.

Das Arbeitsrecht behandelt die Dienstverhältnisse von Personen, die als Arbeitnehmer in der Gestaltung ihrer Tätigkeit von den Weisungen des Dienstherren, ihres Arbeitgebers, abhängig sind. Lediglich das Recht der Beamten gehört dem öffentlichen Recht an. Im Arbeitsrecht trennt man zwischen dem Recht des Einzelarbeitsvertrags (Individualarbeitsrecht) und dem kollektiven Arbeitsrecht. Hierzu gehören das Tarifvertragsrecht, das Arbeitskampfrecht, das Betriebsverfassungs- und Mitbestimmungsrecht.

Die Abgrenzung zwischen Privatrecht und öffentlichem Recht ist deshalb schwierig, weil die Behörden des Bundes, der Länder und Gemeinden sowie die sonstigen Körperschaften des öffentlichen Rechts zum Teil auch wie Privatleute Geschäfte abschließen. So mieten z. B. Behörden Häuser an, um ihre Bediensteten unterzubringen. Dem Privatrecht gehören derartige Geschäfte an, wenn sie vom Prinzip der Gleichordnung beherrscht sind. Das öffentliche Recht ist durch das Prinzip von

I. Einführung

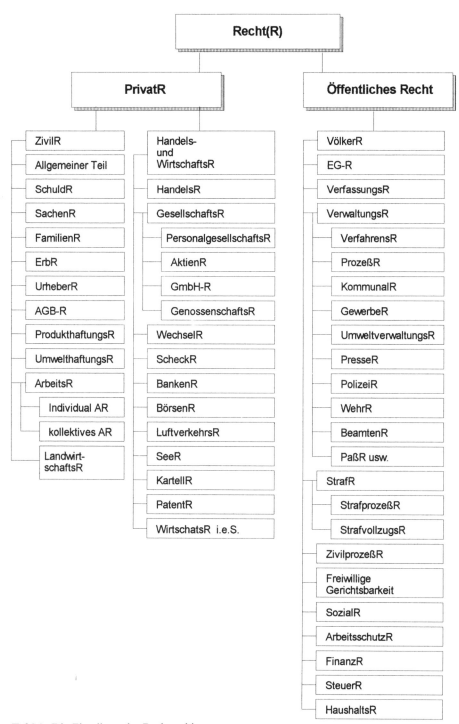

Tafel 1: Die Einteilung der Rechtsgebiete

Über- und Unterordnung gekennzeichnet. Im öffentlichen Recht stehen die Allgemeininteressen im Vordergrund, während im Privatrecht die individuellen Interessen des Einzelnen geschützt werden. Schließlich werden durch das öffentliche Recht die juristischen Personen des öffentlichen Rechts gerade wegen ihrer Eigenschaft als Träger von Hoheitsgewalt mit bestimmten Befugnissen ausgestattet. Die Unterscheidung zwischen privatem und öffentlichem Recht ist bedeutsam, weil für die Rechtsstreitigkeiten unterschiedliche Gerichtszweige zuständig sind. Die Verfassungs-, Verwaltungs-, Finanz- und Sozialgerichte gehören dem Bereich der Anwendung öffentlich-rechtlicher Rechtsnormen an. Die Arbeitsgerichte entscheiden überwiegend privatrechtliche Fragen. Innerhalb der ordentlichen Gerichtsbarkeit wenden die Strafgerichte öffentliches Recht, die sonstigen Gerichte Privatrecht an.

4. Die Gerichtszweige

Zur ordentlichen Gerichtsbarkeit gehören nach § 13 des Gerichtsverfassungsgesetzes (GVG) die Zivil- und Strafgerichtsbarkeit. Die Zivilgerichtsbarkeit befaßt sich mit den „bürgerlichen Rechtsstreitigkeiten" und der freiwilligen Zivilgerichtsbarkeit (Vormundschafts-, Nachlaß-, Register- und Grundbuchsachen). Die streitige Zivilgerichtsbarkeit kennt die Rechtszweige der ersten Instanz, der Berufung und der Revision. In der Revision wird nur noch über Rechtsfragen, nicht mehr über Tatsachenfeststellungen, gestritten. Je nach Streitwert oder sonstiger Zuweisungen beginnen die Verfahren am Amtsgericht und können vor dem Landgericht und dem Oberlandesgericht weiterbetrieben werden, oder sie gehen vom Landgericht über das Oberlandesgericht zum Bundesgerichtshof in Karlsruhe. Dieselben Instanzenzüge gelten für die Strafsachen. Als besondere Gerichtsbarkeit des Privatrechts besteht die Arbeitsgerichtsbarkeit mit Arbeitsgerichten, Landesarbeitsgerichten und dem Bundesarbeitsgericht in Kassel.

Für öffentlich-rechtliche Streitigkeiten gibt es die allgemeine Verwaltungsgerichtsbarkeit mit Verwaltungsgerichten, Oberverwaltungsgerichten (in Hessen und Baden-Württemberg Verwaltungsgerichtshöfe genannt) und dem Bundesverwaltungsgericht in Berlin. Besondere Gerichtsbarkeiten sind hier die Sozialgerichtsbarkeit mit Sozialgerichten, Landessozialgerichten und dem Bundessozialgericht in Kassel sowie die Finanzgerichtsbarkeit in Steuersachen mit den Finanzgerichten

Tafel 2: Gerichtszweige und Instanzen

Bundesgerichtshof (BGH)	Bundesverwaltungsgericht (BVerwG)	Bundesarbeitsgericht (BAG)
Oberlandesgericht (OLG)	Oberverwaltungsgericht (OVG)	Landesarbeitsgericht (LAG)
Landgericht (LG)	Verwaltungsgericht (VG)	Arbeitsgericht (ArbG)
Amtsgericht (AG)		

Bundessozialgericht (BSG)	Bundesfinanzhof (BFH)	Bundesverfassungsgericht (BVerfG)
Landessozialgericht (LSG)		
Sozialgericht (SG)	Finanzgericht (FG)	

und dem Bundesfinanzhof in München. Ein gemeinsamer Senat der fünf obersten Gerichtshöfe wurde 1968 geschaffen, um eine Auseinanderentwicklung der Rechtsprechung zu verhindern.

Schließlich gibt es das Bundesverfassungsgericht in Karlsruhe zur Interpretation des Grundgesetzes u. a. bei Verfassungsbeschwerden und die Länderverfassungsgerichte bzw. Staatsgerichtshöfe zur Interpretation der jeweiligen Landesverfassung. Über die Auslegung des supranationalen Rechts der Europäischen Gemeinschaft, d. h. des EWG-Vertrages und der auf ihm fußenden Verordnungen der Gemeinschaft, entscheidet in letzter Instanz der Europäische Gerichtshof in Luxemburg. Ein Teil der EG-rechtlichen Probleme wird von einem erstinstanzlichen europäischen Gericht entschieden, das ebenfalls in Luxemburg angesiedelt ist.

5. Die gerichtlichen Entscheidungen und ihre Wirkung

Das Verfahren für die Rechtsstreitigkeiten vor den Gerichten der verschiedenen Gerichtszweige ist in eigenen Gesetzen geregelt. Der praktisch wichtigste Prozeß ist der Zivilprozeß. Er befaßt sich mit Rechtsstreitigkeiten zwischen Privatleuten und ist in der Zivilprozeßordnung geregelt. Sie stammt aus dem Jahr 1877 und wurde mehrmals novelliert.

Im Zivilprozeß sind die Amtsgerichte und Landgerichte die Gerichte der ersten Instanz, d. h. jeder Prozeß beginnt vor einem dieser beiden Gerichte. Gegen diese erstinstanzlichen Entscheidungen, Urteile oder Beschlüsse, kann die unterlegene Partei Berufung oder Beschwerde einlegen. Über die Berufung bzw. Beschwerde entscheidet das nächsthöhere Gericht, also das Landgericht oder das Oberlandesgericht. In der zweiten Instanz werden sowohl die Tatsachen-, als auch die Rechtsfragen der Entscheidung überprüft. Ist die unterlegene Partei auch mit dieser Entscheidung nicht zufrieden, so kann sie unter gewissen Voraussetzungen Revision oder Rechtsbeschwerde zum Bundesgerichtshof einlegen, wenn das Landgericht erstinstanzlich entschieden hat. Hier wird über Rechtsfehler der vorinstanzlichen Entscheidung entschieden, Tatsachen werden nicht mehr überprüft. Gegen ein erstinstanzliches Urteil des Landgerichts kann man auch direkt „Sprungrevision" beim BGH einlegen. Hat der BGH entschieden, so ist diese letztinstanzliche Entscheidung rechtskräftig. Dasselbe gilt, wenn gegen eine Entscheidung des erstinstanzlichen Gerichts oder des Berufungsgerichts kein Rechtsmittel eingelegt wird.

Man unterscheidet die formelle und die materielle Rechtskraft von Entscheidungen. Formelle Rechtskraft bedeutet, daß die Entscheidung weder vom Gericht selbst noch von einem anderen Gericht abgeändert werden darf. Eine Ausnahme gilt nur für die seltenen Fälle einer erfolgreichen Nichtigkeitsklage oder Wiederaufnahme des Verfahrens. Materielle Rechtskraft bedeutet, daß die Entscheidung des Gerichts für die Parteien verbindlich ist. Über den entschiedenen Streitgegenstand darf nicht nochmals verhandelt werden. Außerdem ist jedes Gericht in einem Prozeß, in dem das Bestehen oder Nichtbestehen des rechtskräftig festgestellten Anspruchs zu prüfen ist, an die Entscheidung des ersten Rechtsstreits gebunden.

Die Entscheidungen des Bundesverfassungsgerichts entfalten nach § 31 des Bundesverfassungsgerichtsgesetzes darüber hinaus in einer Reihe von Fällen Gesetzeskraft. Sie binden den Gesetzgeber dann wie ein Bundesgesetz. Der Gesetzgeber ist aber nicht daran gehindert, eine ähnliche oder sogar gleiche Rechtsansicht in einem neuen Gesetz zu vertreten. Dieses neue Gesetz geht dann als „späteres Gesetz" der Entscheidung des Bundesverfassungsgerichts vor (BVerfGE 77, 84). Der

Gesetzgeber riskiert allerdings, daß das Bundesverfassungsgericht auch dieses Gesetz für verfassungswidrig und nichtig erklärt und daß dann auch dieser Entscheidung des Gerichts Gesetzeskraft zukommt.

Auch verschiedene Landesverfassungen und Landesgesetze sehen vor, daß den Entscheidungen ihrer Landesverfassungsgerichte Gesetzeskraft zukommt.

Höchstrichterliche Entscheidungen (z. B. des Bundesgerichtshofs) wirken nur für und gegen die Parteien. Andere Gerichte, auch Gerichte der unteren Instanzen (z. B. Amtsgerichte, Landgerichte oder Oberlandesgerichte) sind an diese Entscheidung nur in soweit gebunden, als das Bestehen oder Nichtbestehen des rechtskräftig festgestellten Anspruchs strittig ist. Die materielle Wirkung höchstrichterlicher Entscheidungen erschöpft sich aber nicht in dieser begrenzten rechtlichen Wirkung. Ihr kommt darüber hinaus eine hohe rechtspolitische Autorität zu. Unterinstanzliche Gerichte weichen von höchstrichterlichen Entscheidungen nicht ohne Grund ab. Der ständigen Rechtssprechung kommt eine starke, kontinuitätswahrende Wirkung zu. Diese geht zwar nicht soweit wie in den angelsächsischen Ländern, in denen die Gerichte an Präjudizien gebunden sind. Die Unterschiede sind aber in der Praxis geringer, als es die unterschiedlichen Ausgangspositionen vermuten lassen würden.

II. Grundrechte und Wirtschaftstätigkeit
1. Wirtschaftsordnung und Verfassung

Im Gegensatz zur Weimarer Reichsverfassung, die in Art. 151 bis 161 sehr detaillierte, allerdings meist nicht verwirklichte Vorschriften zur Ausgestaltung des Wirtschaftslebens enthielt, verzichtet das Grundgesetz fast völlig auf Aussagen zur Wirtschaftsordnung. Zum einen verstand der Parlamentarische Rat das von ihm geschaffene Grundgesetz als Provisorium, zum andern waren die dort vertretenen ordnungspolitischen Vorstellungen derart unterschiedlich, daß eine Einigung über eine in der Verfassung festzulegende Wirtschaftsordnung kaum hätte erzielt werden können.

Nach Inkrafttreten des Grundgesetzes im Jahre 1949 fehlte es nicht an Versuchen, doch noch eine Entscheidung für eine bestimmte Wirtschaftsordnung aus der Verfassung heraus zu interpretieren. Nipperdey[1], Präsident des Bundesarbeitsgerichts, erklärte in den fünfziger Jahren die „soziale Marktwirtschaft" für die einzig verfassungsmäßige Wirtschaftsform. Insbesondere die Anerkennung der Wettbewerbsfreiheit in Art. 2 Abs. 1 GG (allgemeine Handlungsfreiheit) bedeute zugleich die institutionelle Garantie einer marktwirtschaftlichen Verfassung. Die soziale Komponente der Marktwirtschaft folge insbesondere aus der Sozialpflichtigkeit des Eigentums nach Art. 14 GG.

Dieser Interpretation schob das Bundesverfassungsgericht in seinem „**Investitionshilfeurteil**" vom 20.7.1954 (BVerfGE 4,7) einen Riegel vor. Zu entscheiden war über eine Regelung des Investitionshilfegesetzes von 1952, wonach die gewerbliche Wirtschaft eine Umlage in Höhe von 1 Mrd. DM aufzubringen hatte, um den vordringlichen Investitionsbedarf des Kohlebergbaus, der eisenschaffenden Industrie und der Energiewirtschaft zu decken. Das Gericht sah hierin keinen Verfassungsverstoß. Das Grundgesetz garantiert, so das Gericht, weder die wirtschaftspolitische Neutralität der Regierungs- und Gesetzgebungsgewalt, noch eine nur mit marktkonformen Mitteln zu steuernde „soziale Marktwirtschaft". Die „wirtschaftspolitische Neutralität" des Grundgesetzes besteht lediglich darin, daß sich der Verfassungsgeber nicht ausdrücklich für ein bestimmtes Wirtschaftssystem entschieden hat. Dies ermöglicht dem Gesetzgeber, die ihm jeweils sachgemäß erscheinende Wirtschaftspolitik zu verfolgen, sofern er dabei das Grundgesetz beachtet. Die gegenwärtige Wirtschafts- und Sozialordnung ist zwar eine nach dem Grundgesetz mögliche Ordnung, keineswegs aber die allein mögliche. Sie beruht auf einer vom Willen des Gesetzgebers getragenen wirtschafts- und sozialpolitischen Entscheidung, die durch eine andere Entscheidung ersetzt oder durchbrochen werden kann. Daher ist es verfassungsrechtlich ohne Bedeutung, ob das Investitionshilfegesetz im Einklang mit der bisherigen Wirtschafts- und Sozialordnung steht und ob das zur Wirtschaftslenkung verwandte Mittel „marktkonform" ist.

Verfassungsrechtliche Vorgaben, an die sich der Gesetzgeber halten muß, sind die Kompetenzzuweisungen des Grundgesetzes und die Grundrechte. Die Gesetzgebungskompetenz folgt aus Art. 74 Nr. 11 GG (Recht der Wirtschaft). Grundrechte sind nicht verletzt. Insbesondere greift das Gesetz nicht unzulässig in das Grundrecht der allgemeinen Handlungsfreiheit nach Art. 2 Abs. 1 GG ein, das auch die Entfaltung des Unternehmers schützt. Dieses Grundrecht ist nur im Rahmen der

---
[1] Soziale Marktwirtschaft und Grundgesetz, 3. Aufl. 1965

verfassungsmäßigen Ordnung geschützt. Zu dieser gehören alle formell und materiell rechtmäßigen Rechtsnormen, also auch das Investitionshilfegesetz (Einzelfälle zu Art. 2 Abs. 1 GG vgl. unten).

Seit 1967 ist das **Stabilitätsgesetz** in Kraft. In § 1 bestimmt es, daß Bund und Länder bei ihren wirtschafts- und finanzpolitischen Maßnahmen das gesamtwirtschaftliche Gleichgewicht zu beachten und diese so zu treffen haben, daß sie im Rahmen der marktwirtschaftlichen Ordnung gleichzeitig

- zur Stabilität des Preisniveaus,
- zu einem hohen Beschäftigungsstand und
- zu außenwirtschaftlichem Gleichgewicht
- bei stetigem und angemessenem Wirtschaftswachstum

beitragen. Im gleichen Jahr 1967 wurde Art. 109 Abs. 2 in das Grundgesetz eingefügt, wonach Bund und Länder bei ihrer Haushaltswirtschaft den Erfordernissen des gesamtwirtschaftlichen Gleichgewichts Rechnung zu tragen haben. Es hat nicht an Versuchen im Schrifttum gefehlt, hieraus eine verfassungsrechtliche Festschreibung der global gesteuerten Marktwirtschaft abzuleiten.[2]

Das Bundesverfassungsgericht hat jedoch in seinem **Mitbestimmungsurteil** von 1979 (BVerfGE 50, 290) ausdrücklich an seiner bisherigen Rechtsprechung festgehalten und betont, daß das Grundgesetz wirtschaftspolitisch offen sei. Der Gesetzgeber kann sich danach zwar für ein anderes Wirtschaftssystem entscheiden. Er muß jedoch die Rahmenvorgaben des Grundgesetzes beachten. In den Grundrechten sind individuelle Freiheiten garantiert. Aus einer Zusammenschau der Rechtsprechung des Bundesverfassungsgerichts insbesondere zu Art. 12 (Berufsfreiheit), Art. 14 (Eigentumsschutz), Art. 9 Abs. 3 (Koalitionsfreiheit), Art. 3 (Gleichheitssatz) und Art. 2 Abs. 1 (allgemeine Handlungsfreiheit) folgt, daß die Einführung einer straffen Zentralverwaltungswirtschaft verfassungswidrig wäre. Die in Art. 20 GG verankerten Prinzipien des Sozialstaats und des Rechtsstaats hat das Bundesverfassungsgericht inzwischen so konkretisiert und ausdifferenziert, daß eine Entscheidung des Gesetzgebers für die radikale Verwirklichung des marktwirtschaftlichen Prinzips ebenfalls verfassungswidrig wäre. Zwischen diesen „Eckpunkten" verbleibt ein breiter Handlungsspielraum für die staatlichen wirtschaftspolitischen Aktivitäten. Allerdings ist bei jeder Maßnahme des Gesetzgebers oder der Verwaltung zu prüfen, inwieweit die Grundrechte oder andere Grundgesetznormen wie das Sozialstaats- und Rechtsstaatsprinzip dem staatlichen Handeln Grenzen setzen.

Am 18. Mai 1990 wurde zwischen der Bundesrepublik und der DDR ein Staatsvertrag über die Schaffung einer Währungs-, Wirtschafts- und Sozialunion abgeschlossen. Darin wurde nicht nur die D-Mark zum einzigen gesetzlichen Zahlungsmittel der DDR erklärt, sondern auch eine Reihe von wirtschafts- und sozialpolitischen Grundsätzen als verbindlich festgeschrieben. Der Vertrag definiert die Wirtschaftsverfassung der Bundesrepublik Deutschland als soziale Marktwirtschaft (Art. 1 Abs. 3 Staatsvertrag). Die soziale Marktwirtschaft wird mehrfach als Rechtsbegriff gebraucht, so daß man sich fragen kann, ob es sich hier nur um eine abgekürzte Beschreibung des Staatszustandes, oder darüber hinaus um eine Bestimmung des Staatsziels[2a] handelt. In jedem Fall handelt es sich

---
[2] Vgl. die zusammengefaßten Nachweise bei *Weimar/Schimikowski*, Grundzüge des Wirtschaftsrechts, 2. Aufl. 1992, S. 19 ff.
[2a] so *Horn*, das Zivil- und Wirtschaftsrecht im neuen Bundesgebiet, 1991, S. 16 ff.

um eine rechtliche Bezeichnung für den Zusammenklang von Grundrechten und Kompetenzzuweisungen des Grundgesetzes. Eine Änderung des Grundgesetzes war mit der Aufnahme des Begriffs „soziale Marktwirtschaft" in den Staatsvertrag jedenfalls nicht beabsichtigt. Sonst hätte nach Art. 79 Abs. 1 S. 1 GG der Wortlaut des Grundgesetzes ausdrücklich geändert oder ergänzt werden müssen. Im Ratifizierungsverfahren sprach auch kein Parlamentarier davon, daß die Rechtsprechung des Bundesverfassungsgerichts korrigiert werde. Dennoch haben beide Parlamente durch ihre Ratifikation – übrigens mit verfassungsändernder Mehrheit– die Benutzung eines wirtschaftspolitischen Begriffs als Rechtsbegriff anerkannt, der jedenfalls die gegenwärtige Verfassungswirklichkeit beschreibt.

Das Europäische Gemeinschaftsrecht setzt den Handlungsmöglichkeiten des nationalen Gesetzgebers Grenzen. Das unmittelbar geltende Gemeinschaftsrecht ist von allen nationalen Behörden zu beachten und von den Gerichten anzuwenden. Unmittelbar gelten die Normen des EWG-Vertrages und die Verordnungen der Gemeinschaft. Sogenannte Richtlinien verpflichten die EG-Mitgliedsstaaten zu einer entsprechenden Gesetzgebung, die dann unmittelbar geltendes Recht schafft. Alle staatlichen Gerichte können, die Obersten Bundesgerichte müssen sogar Fälle dem Europäischen Gerichtshof vorlegen, in welchem Gemeinschaftsrecht angewendet werden muß und sich bei der Auslegung Zweifel ergeben. Der Europäische Gerichtshof zieht zur Urteilsbildung auch die Europäische Menschenrechtskonvention heran. Dies hat das Bundesverfassungsgericht in seiner Rechtsprechung zu den Grundrechten bewogen, im Gegensatz zu seiner früheren Rechtsprechung jetzt keine Gerichtsbarkeit mehr über das von Gemeinschaftsorganen gesetzte „abgeleitete Recht" auszuüben, „solange die Gemeinschaft die Grundrechte schützt" (BVerfGE 73, 339).

2. Berufsfreiheit – Artikel 12 GG

a) Texte

§ 133 der Paulskirchen-Verfassung von 1849
Jeder Deutsche hat das Recht, an jedem Orte des Reichsgebietes seinen Aufenthalt und Wohnung zu nehmen, Liegenschaften jeder Art zu erwerben und darüber zu verfügen, jeden Nahrungszweig zu betreiben, das Gemeindebürgerrecht zu gewinnen.

Die Bedingungen für den Aufenthalt und Wohnsitz werden durch ein Heimatgesetz, jene für den Gewerbebetrieb durch eine Gewerbeordnung für ganz Deutschland von der Reichsgewalt festgesetzt.

§ 158 der Paulskirchen-Verfassung
Es steht einem jeden frei, seinen Beruf zu wählen und sich für denselben auszubilden, wie und wo er will.

Artikel 111, Satz 2 und 3 der Weimarer Reichsverfassung von 1919
Jeder hat das Recht, sich an beliebigem Orte des Reichs aufzuhalten und niederzulassen, Grundstücke zu erwerben und jeden Nahrungszweig zu betreiben. Einschränkungen bedürfen eines Reichsgesetzes.

Artikel 151 der Weimarer Reichsverfassung von 1919
Die Ordnung des Wirtschaftslebens muß den Grundsätzen der Gerechtigkeit mit dem Ziele der Gewährleistung eines menschenwürdigen Daseins für alle entsprechen. In diesen Grenzen ist die wirtschaftliche Freiheit des einzelnen zu sichern.

Gesetzlicher Zwang ist nur zulässig zur Verwirklichung bedrohter Rechte oder im Dienst überragender Forderungen des Gemeinwohls.

Die Freiheit des Handels und Gewerbes wird nach Maßgabe der Reichsgesetze gewährleistet.

Artikel 12 des Grundgesetzes
Alle Deutschen haben das Recht, Beruf, Arbeitsplatz und Ausbildungsstätte frei zu wählen. Die Berufsausübung kann durch Gesetz oder aufgrund eines Gesetzes geregelt werden.

b) Drei-Stufen-Theorie zur Berufsfreiheit

Ein angestellter Apotheker aus Traunstein (Oberbayern) stellte den Antrag, im benachbarten Traunreut eine eigene Apotheke zu errichten. Dieser wurde von der zuständigen bayerischen Behörde mit der Begründung abgelehnt, es fehle das nach Art. 3 Abs. 1 des bayerischen Apothekengesetzes erforderliche „öffentliche Interesse" zur Sicherung der Versorgung der Bevölkerung mit Arzneimitteln. Die Errichtung einer Apotheke sei erst bei einem Einzugsbereich von 7000 bis 8000 Personen erforderlich. Der Einzugsbereich der geplanten Apotheke betrage allenfalls 6000 Personen. Der Betroffene legte Verfassungsbeschwerde ein (vgl. jetzt Art. 93 Abs. 1 Nr. 4a GG).

Das Bundesverfassungsgericht entscheidet im Jahre 1958 (BVerfGE 7, 377), die Vorschrift sei verfassungswidrig, weil sie gegen Art. 12 Abs. 1 GG verstoße. Zur Begründung entwickelt das Gericht die **Drei-Stufen-Theorie**. Inhalt dieser Theorie ist eine verfeinerte Auslegung von Art. 12 Abs. 1 GG. Es wird nicht mehr nur zwischen Berufswahl (Einschränkung unzulässig) und Berufsausübung (Einschränkung durch Gesetz oder aufgrund eines Gesetzes zulässig) unterschieden, sondern zwischen reinen **Regelungen der Berufsausübung**, zwischen **subjektiven und objektiven Zulassungsbeschränkungen**.

Reine **Ausübungsregelungen** (1. Stufe) darf der Gesetzgeber vornehmen, wenn sie bei vernünftiger Betrachtungsweise zweckmäßig erscheinen. Die Berufsfreiheit wird nicht direkt eingeschränkt, es werden nur einzelne Tätigkeitsfelder im Beruf geregelt. Der Grundrechtsschutz beschränkt sich auf die Abwehr in sich verfassungswidriger, weil etwa übermäßig belastender und nicht zumutbarer gesetzlicher Auflagen.

Subjektive Zulassungsbeschränkungen (2. Stufe) sind an die Person bzw. an die persönlichen Eigenschaften dessen gebunden, der eine bestimmte berufliche Tätigkeit aufnehmen will. Hierzu gehören insbesondere Qualifikationserfordernisse. Solche Regelungen sind nur zulässig, wenn wichtige Gemeinschaftsgüter geschützt werden sollen und die Einschränkung der Berufswahl zu dem angestrebten Zweck der ordnungsmäßigen Erfüllung der Berufstätigkeit nicht außer Verhältnis steht. Es muß geprüft werden, ob das Mittel der Regelung erforderlich ist und ob das mildeste Mittel gewählt wurde (Grundsatz der Verhältnismäßigkeit).

Objektive Zulassungsbeschränkungen (3. Stufe) sind von persönlichen Eigenschaften und Verhältnissen des Bewerbers für eine bestimmte Berufstätigkeit unabhängig. Sie stehen außerhalb seiner Einflußsphäre. Hier handelt es sich um die schwerste Einschränkung des Berufszugangs. Sie ist nur zulässig, wenn die Regelung zur Abwehr nachweisbarer oder höchst wahrscheinlicher schwerer Gefahren für ein überragend wichtiges Gemeinschaftsgut erforderlich ist.

II. Grundrechte und Wirtschaftstätigkeit   13

Der Apothekenfall ist ein typisches Beispiel für eine objektive Zulassungsbeschränkung. Der Zugang zum Beruf des selbständigen Apothekers in einem bestimmten Ort wird von einer Bedürfnisprüfung abhängig gemacht. Der einzelne Bewerber kann auf diese Prüfung keinen Einfluß nehmen. Diese Beschränkung seines Berufszugangs muß von ihm als umso schwerer empfunden werden, je länger und je fachlich spezialisierter die Ausbildung war, je eindeutiger also mit der Wahl dieser Ausbildung zugleich dieser konkrete Beruf gewählt wurde. Gerade bei einer so schwerwiegenden Grundrechtsbeschränkung muß die Gefahr des Eindringens sachfremder Motive mit besonderer Sorgfalt abgewehrt werden. Insbesondere darf die Zugangsbeschränkung nicht dem Schutz der bereits im Beruf Tätigen vor unliebsamer Konkurrenz dienen. In diesem Fall ist die Zulassungsschranke verfassungswidrig und nichtig.

Schon im Apothekenurteil hat das Bundesverfassungsgericht die Drei-Stufen-Theorie nur als mögliche, nicht als zwingende Differenzierung der Eingriffsmöglichkeiten für den Gesetzgeber bezeichnet. In späteren Entscheidungen hat sich das Gericht von einer allzu engen Bindung an diese Theorie gelöst und unmittelbar auf die Güterabwägung im Rahmen des Grundsatzes der Verhältnismäßigkeit abgestellt. Auf diesem Weg sind einige Urteile bemerkenswert:

c) Fälle zur Berufsfreiheit

– BVerfGE 9, 338: **Altersgrenze für Hebammen**
Einer Hebamme wurde nach Vollendung des 70. Lebensjahres die weitere Ausübung ihres Berufes wegen Erreichens der Altersgrenze untersagt. Das Gericht betrachtete dies als subjektive Zulassungsbeschränkung. Das Alter liege im persönlichen Bereich der Hebamme. Das Gericht erklärte die Regelung für zulässig; die Entscheidung ist nicht unproblematisch. Kürzlich hat das BVerfG die Festsetzung einer Höchstaltersgrenze für öffentlich bestellte Sachverständige in Satzungen von Industrie- und Handelskammern für vereinbar mit Art. 12 GG erklärt (BVerfG NVwZ 1991, 358). Im Unterschied zum Hebammenfall handle es sich aber um eine bloße Berufsausübungsregelung, da der Sachverständige privat weiterarbeiten könne.

– BVerfGE 28, 21: **Amtstracht der Rechtsanwälte**
Hier handelt es sich um eine reine Berufsausübungsregelung, die für zulässig angesehen wurde.

– BVerfGE 13, 97: **Befähigungsnachweis im Handwerk**
Das Erfordernis des Befähigungsnachweises (Meisterprüfung) wurde 1962 für zulässig angesehen. Die Rechtfertigung wurde weniger im Verbraucherschutz als im „Interesse an der Erhaltung und Förderung eines gesunden, leistungsfähigen Handwerksstandes als ganzen" gesehen. Heute erscheint es fraglich, ob diese Rechtsprechung nicht im Ergebnis auf einen im übrigen unwirksamen Bestandsschutz kleiner Betriebe gegenüber industriell arbeitenden, im Konkurrenzkampf vielfach überlegenen Großbetrieben hinausläuft. Zum EG-Recht vgl. Ehlers NVwZ 1990, 810.

– BVerfGE 19, 330; 34, 71: **Sachkundenachweis im Einzelhandel**
Vier Jahre nach dem Handwerksurteil entschied das Gericht im Jahre 1966 für den Bereich des Lebensmitteleinzelhandels, daß ein Sachkundenachweis nicht bei allen Warenarten verlangt werden könne. Dem Antragsteller, der wegen unerlaubten Aufstellens eines Zigarettenautomaten belangt worden war, wurde recht gegeben. Im Jahre 1976 wurde auch der Sachkundenachweis für den Lebensmitteleinzelhan-

del für verfassungswidrig erklärt, soweit er sich auf Arten von Lebensmitteln wie z. B. Kaugummi erstreckte, für die eine solche Prüfung nicht erforderlich sei (BVerfGE 34, 71).

– BVerfGE 30, 292: **Mineralölbevorratung**
Das Gericht entschied 1971, also noch vor der ersten Erdölkrise, über das Gesetz über die Mindestvorräte an Erdölerzeugnissen. Das Gesetz verpflichtete die Importeure und Händler zur Anlegung von Vorräten. Dies kostet Lagerraum und bindet Kapital. Da das Gesetz nicht die Aufnahme der Geschäftstätigkeit betraf, wurde es nur als Berufsausübungsregelung behandelt. Diese traf die unabhängigen Importeure erheblich stärker als die konzerngebundenen Händler. Das Gericht hielt diese relativ stärkere Belastung und damit die Ungleichbehandlung einer abgrenzbaren Gruppe nicht für zumutbar. Es vermochte für die Differenzierung auch keinen sachlichen Grund zu finden (vgl. Art. 3 GG). Das Gesetz wurde insoweit für verfassungswidrig erklärt, als es die Bevorratungspflicht in derselben Höhe auch der Gruppe der unabhängigen Importeure auferlegte.

– BVerfGE 25, 1: **Kapazitätsbeschränkung für Mühlen**
Das Gericht betrachtete das Verbot der Errichtung und Kapazitätserweiterung von Mühlen nicht als verfassungswidrig. Es ordnete die Maßnahmen zwar als objektive Zulassungsbeschränkung ein, hielt aber diese Regelung immer noch für das mildeste Mittel, um das angestrebte Ziel – den notwendigen Kapazitätsabbau bei Mühlen – zu erreichen. Alternativen wären ein Zwangsquotenkartell oder eine Subventionierung der Mühlen gewesen. Die Entscheidung wurde dem Gericht dadurch erleichtert, daß die Untergrenze der Gesetzesanwendung von ursprünglich einer Tonne auf drei Tonnen Tagesleistung heraufgesetzt worden war und jede Mühle verpflichtet wurde, bei Überschreiten der bisherigen Vermahlungsleistung eine Ausgleichsabgabe zu zahlen. Das Gesetz, das diese Abgabe vorsah, wurde später ebenfalls für verfassungsmäßig angesehen (vgl. BVerfGE 39, 210).

– BVerwGE 1, 48, 54, 269: **Schankerlaubnis für Gaststätten**
Das Bundesverwaltungsgericht hielt in einer seiner ersten Entscheidungen die Bedürfnisprüfung bei der Erteilung einer Schankerlaubnis für Gaststätten für verfassungswidrig und nichtig. Es handle sich um eine objektive Zulassungsschranke, die unverhältnismäßig und daher verfassungswidrig sei.

– BVerfGE 11, 30: **Kassenarztzulassung**
Hier erklärte das Bundesverfassungsgericht eine Bedürfnisprüfung bei der Zulassung von praktischen Ärzten zu den Kassen für verfassungswidrig. Es handle sich zwar nur um eine Ausübungsregelung, da der Zugang zum Beruf des praktischen Arztes nicht beeinträchtigt werde. Angesichts des hohen Prozentsatzes von Kassenpatienten haben diese Ausübungsregelungen aber die Wirkung einer objektiven Zulassungsbeschränkung.

– BVerfGE 77, 84: **Verbot der Leiharbeit am Bau**
Das Bundesverfassungsgericht hielt den Eingriff in die Berufsausübung der Leiharbeitgebe für so schwerwiegend, daß er einem Eingriff in die Freiheit der Berufswahl nahekomme. Es erklärte den Eingriff aber für zumutbar, da es bei der Arbeitnehmerüberlassung in der Baubranche zu besonderen sozialen Mißständen gekommen sei.

d) Recht auf freie Wahl des Arbeitsplatzes

Im Zusammenhang mit der Auflösung der zentralistischen Staatsverwaltung der DDR schufen Bundesrepublik und DDR im Einigungsvertrag die sog. Warte-

II. Grundrechte und Wirtschaftstätigkeit

schleifenregelung. Danach können öffentliche Einrichtungen „abgewickelt", d. h. aufgelöst werden. Die Arbeitsverhältnisse können dort zum Ruhen gebracht und befristet werden. In diese Warteschleife wurden über hunderttausend Beschäftigte aus der ehemaligen DDR versetzt. In einem ersten Urteil erklärte das Bundesverfassungsgericht (BVerfGE 84, 133) am 24. April 1991 die Warteschleifenregelung grundsätzlich für verfassungsgemäß, für verfassungswidrig und nichtig jedoch in dem Teil, in dem der Kündigungsschutz für Schwangere und Mütter nach der Entbindung durchbrochen wird. Das Urteil ist nicht nur wegen der großen Zahl von Betroffenen bedeutungsvoll, sondern auch, weil zum erstenmal höchstrichterlich genauere Aussagen zu Art und Umfang des Grundrechts auf freie Wahl des Arbeitsplatzes in Art. 12 Abs. 1 GG getroffen werden. Das Gericht führt folgendes aus:

Art. 12 Abs. 1 Satz 1 GG garantiert neben der freien Wahl des Berufs auch die freie Wahl des Arbeitsplatzes. Während es bei der Berufswahl um die Entscheidung des einzelnen geht, auf welchem Feld er sich beruflich betätigen will, betrifft die Arbeitsplatzwahl die Entscheidung, an welcher Stelle er dem gewählten Beruf nachgehen möchte. Die Arbeitsplatzwahl ist folglich der Berufswahl nachgeordnet und konkretisiert diese. Dagegen ist mit der Wahlfreiheit weder ein Anspruch auf Bereitstellung eines Arbeitsplatzes eigener Wahl noch eine Bestandsgarantie für den einmal gewählten Arbeitsplatz verbunden. Ebensowenig verleiht das Grundrecht unmittelbaren Schutz gegen den Verlust eines Arbeitsplatzes aufgrund privater Dispositionen. Insoweit obliegt dem Staat lediglich eine aus Art. 12 Abs. 1 GG folgende Schutzpflicht, den geltenden Kündigungsvorschriften hinreichend Rechnung zu tragen. Direkte staatliche Eingriffe in bestehende Arbeitsverhältnisse müssen sich aber stets an dem Grundrecht auf freie Wahl des Arbeitsplatzes messen lassen.

Wenn eine Regelung in die freie Wahl des Arbeitsplatzes mit ähnlicher Wirkung eingreift wie eine objektive Zulassungsschranke in die Freiheit der Berufswahl, ist sie nur zur Sicherung eines entsprechend wichtigen Gemeinschaftsguts unter Wahrung des Grundsatzes der Verhältnismäßigkeit zulässig. Das gilt auch für Arbeitsplätze im Öffentlichen Dienst. Zwar können in diesem Bereich Sonderregelungen in Anlehnung an Art. 33 GG die Wirkung des Grundrechts aus Art. 12 Abs. 1 GG zurückdrängen. Insbesondere unterliegt die Zahl der Arbeitsplätze der Organisationsgewalt des Staates. Art. 12 Abs. 1 GG gewährt keinen Anspruch auf Schaffung oder Erhalt von Arbeitsplätzen. Er läßt damit die Organisationsgewalt des öffentlichen Arbeitgebers unberührt.

Die angegriffene Regelung ist mit Art. 12 Abs. 1 in Verbindung mit Art. 6 Abs. 4 GG insoweit unvereinbar und nichtig, als dadurch die Kündigungsvorschriften im Bereich des Mutterschutzrechts durchbrochen werden. Für Schwangere und Mütter nach der Entbindung stellt die angegriffene Regelung eine unzumutbare Härte dar. Ihnen gegenüber kann der Eingriff auch durch die wichtigen Gemeinschaftsgüter nicht gerechtfertigt werden, deren Schutz die angegriffene Regelung dient. Das Grundgesetz gewährt ihnen in Art. 6 Abs. 4 einen Anspruch auf den Schutz und die Fürsorge der Gemeinschaft. Der Gesetzgeber durfte ihre Arbeitsverhältnisse nicht ohne weiteres beenden und sie von einem Tag auf den anderen in eine Lage bringen, die der Arbeitslosigkeit zumindest nahekommt.

Die Regelungen nehmen auch keine Rücksicht auf besonders schwer Betroffene. Dazu gehören namentlich Schwerbehinderte, ältere Arbeitnehmer und Alleinerziehende. Ihnen ist die Entlassung nur zuzumuten, wenn ihnen eine begründete

Aussicht auf eine neue Stelle im öffentlichen Dienst geboten wird. Auch muß ihnen durch Fortbildungs- und Umschulungsangebote geholfen werden (gekürzt abgedruckt in DB 1991, 1021 ff.). Im zweiten Warteschleifenurteil vom 10. 3. 1992 (BVerfG EuGRZ 1992, 110) wird den Arbeitnehmern ein Vertrauensschutz zugebilligt. Ihnen muß rechtzeitig mitgeteilt werden, daß sie nach einer Abwicklung nicht weiterbeschäftigt werden sollen. Die Auslauffrist muß mindestens 1 Monat betragen.

e) **Ausbildungsfreiheit**

Auf studentischen Wunsch nahm der parlamentarische Rat bei den Beratungen zum Grundgesetz neben dem Recht auf freie Wahl des Berufs auch das Recht auf freie Wahl der Ausbildungsstätte in Art. 12 Abs. 1 GG auf. Gedacht war an einen freien Studienplatzwechsel, insbesondere von Bundesland zu Bundesland. Als gegen Ende der sechziger Jahre an immer mehr Hochschulen ein Numerus clausus in Fächern wie Medizin und Zahnmedizin eingeführt wurde, hielten mehrere abgewiesene Bewerber diese Maßnahme für verfassungswidrig. Im **ersten Numerus clausus-Urteil von 1972** hob das Bundesverfassungsgericht den inneren Zusammenhang zwischen Berufsausbildung und Berufsaufnahme hervor und schloß daraus, daß zumindest dann, wenn die Aufnahme eines Berufs wie bei Ärzten eine bestimmte Ausbildung voraussetze, Beschränkungen im freien Zugang zu der vorgeschriebenen Ausbildung ähnlich streng zu beurteilen seien wie die Zugangsvoraussetzungen für den Beruf selbst (BVerfGE 33, 303). Als objektive Zulassungsbeschränkung im Sinne der Drei-Stufen-Theorie sei ein absoluter Numerus clausus nur verfassungsmäßig, wenn er erstens in den Grenzen des unbedingt Erforderlichen unter erschöpfender Nutzung der vorhandenen, mit öffentlichen Mitteln geschaffenen Ausbildungskapazitäten angeordnet werde, und wenn zweitens die Auswahl und Verteilung nach sachgerechten Kriterien mit einer Chance für jeden an sich hochschulreifen Bewerber und unter möglichster Berücksichtigung der individuellen Wahl des Ausbildungsorts getroffen würden.

Im zweiten Numerus clausus-Urteil von 1977 (BVerfGE 43, 291) wurden diese Grundsätze noch weiterentwickelt.[3] Der Gesetzgeber wurde insbesondere verpflichtet, in „harten" Numerus-clausus-Fächern auch den Bewerbern mit weniger guten Abiturnoten durch das Auswahlverfahren eine Chance auf einen Studienplatz einzuräumen. Dies bezog sich insbesondere auf Human-, Zahn- und Tiermedizin.

Unter die Freiheit der Berufswahl fällt auch die freie Wahl der schulischen Ausbildungsstätte. Dies bedeutet nicht, daß sich die Schulkinder ihr Schulhaus aussuchen könnten. Es heißt aber, daß sie wie alle Staatsbürger beim Zugang zu Bildungs- und Ausbildungseinrichtungen lediglich den Schranken der Dreistufentheorie unterworfen sind. Man kann sie also auf die lokal zuständige Grundschule verweisen, man kann ihnen aber nicht den Übertritt in die höhere Schule verbieten.

Im Bereich der beruflichen Ausbildung besteht nach wie vor die beherrschende Stellung der Industrie- und Handelskammern und des einzelnen Unternehmers, der über den Abschluß des Ausbildungsvertrages zu entscheiden hat. Wenn der Staat sich auf den Bereich der Berufsschule beschränkt und den Arbeitgebern die praxisbezogene Berufsausbildung überläßt, so muß er erwarten, daß sie diese Aufgabe nach ihren objektiven Möglichkeiten und damit so erfüllen, daß alle ausbildungswilligen Jugendlichen die Chance auf einen Ausbildungsplatz erhalten (BVerfGE 55, 274, 312 ff.).

---
[3] Vgl. hierzu *Hammer/Nagel*, NJW 1977, 1257

f) Wiederholung

A ist ein kleiner Bäckermeister in Karlsruhe. Nach § 5 Abs. 1 des Gesetzes über die Arbeitszeit in Bäckereien und Konditoreien besteht ein Nachtbackverbot. A fühlt sich dadurch in seiner beruflichen Entfaltung beeinträchtigt, daß Großbäckereien aus dem nahen französischen Elsaß jeden Morgen riesige Mengen von Brot und Brötchen über die Grenze bringen. Für sie gilt kein Nachtbackverbot. Ist A durch das Gesetz in seiner Berufsfreiheit verletzt?

Lösungsvorschlag

A könnte in seiner Berufsfreiheit aus Art. 12 Abs. 1 GG verletzt sein, weil ihm das Gesetz einen erheblichen Nachteil in seiner wirtschaftlichen Entfaltungsmöglichkeit zufügt. Er ist gegenüber ausländischen Bäckereien durch das Nachtbackverbot benachteiligt. Nach der Drei-Stufen-Theorie (bitte ausführen) handelt es sich um eine Berufsausübungsregelung. Sie ist zulässig, wenn sie auf vernünftigen Erwägungen des Gemeinwohls beruht. In diesem Fall soll die Regelung dem Schutz der Arbeitnehmer gegen übermäßige Ausnutzung und Abnutzung ihrer Arbeitskraft und damit der Erhaltung ihrer Gesundheit dienen. Mit dieser Begründung läßt sich auch ein erheblicher Eingriff in die Freiheit der beruflichen Betätigung und in die wirtschaftlichen Entfaltungsmöglichkeiten der Bäckereien rechtfertigen. Man könnte daran denken, für grenznahe Bäckereien eine Ausnahme zu machen, um ihre Konkurrenzfähigkeit gegenüber ausländischen Bäckereien zu sichern. Hierzu ist jedoch zu bedenken, daß der grenznahe Bereich nur relativ schwer räumlich bestimmt werden kann. Im übrigen würde wegen der Ausnahmen vom Nachtbackverbot ein erheblicher Verwaltungsaufwand entstehen, der sich auch zu Lasten der Bäckereien auswirken würde. Das Bundesverfassungsgericht (BVerfGE 23, 50) hat die Regelung für verfassungsmäßig erklärt. Es befaßte sich insbesondere auch mit der Frage, ob der Gesetzgeber für Großbäckereien die Möglichkeit zum Schichtwechsel einräumen müsse. Es hielt ihn hierzu nicht für verpflichtet. Der Gesetzgeber schütze die kleinen Bäckereien, also mittelständische Unternehmen, indem er einen solchen Schichtwechsel nicht ermögliche. Dies sei eine zulässige Korrektur des freien Spiels der Kräfte, um die vom Gesetzgeber erstrebte Wirtschafts- und Sozialordnung zu erreichen. Diese Beschränkung sei für die Großbäckereien nicht übermäßig belastend und nicht unzumutbar.

Das Problem ist rechtspolitisch noch nicht erledigt. Es wird argumentiert, ein geregelter Schichtbetrieb mit einer gelegentlichen Nachtarbeit für die Arbeitnehmer sei vorteilhafter als der gegenwärtige frühe Arbeitsbeginn der Bäcker. Der allgemeine Kostendruck, die Notwendigkeit teurer Investitionen, die erhöhten Lohnkosten und die Konkurrenz aus Ländern wie Frankreich und Österreich, in denen es kein Nachtbackverbot gibt, seien eine unzumutbare Belastung.[4]

g) Vertiefung

aa) Berufsfreiheit und Gewerbeaufsicht

Während die Wirtschaft der merkantilistischen Epoche von den Reglementierungen des Monarchen abhängig war und seine Hofhaltung zu finanzieren hatte, konnte sich in der liberalen Wirtschaftsordnung (laissez faire, laissez aller) das Bürgertum mit Hilfe der Gewerbefreiheit vom feudalen Staat emanzipieren. Die

---

[4] Vgl. *Steinberg/Lubberger*, Nachtbackverbot und Ausnahmegenehmigung, 1987, S. 16 ff.

Gewerbefreiheit wurde durch die Stein-Hardenbergschen Reformen in Preußen eingeführt und setzte sich in der ersten Hälfte des 19. Jahrhunderts – wenn auch langsam – im Deutschen Bund durch. Damit erreichte Deutschland ökonomisch den Anschluß an Frankreich und England. Ökonomische Basis der liberalen Gewerbefreiheit war die Entfaltung der Warenproduktion im Kapitalismus. Dieser ermöglichte die Entwicklung weiterer neuer Technologien in der sog. industriellen Revolution.

Da die Entfaltung der Gewerbefreiheit entgegen der Theorie von Adam Smith nicht automatisch zur bestmöglichen ökonomischen Entwicklung führte, sondern sich im Gegenteil die gesellschaftlichen und ökonomischen Krisen des Kapitalismus herausbildeten, erwies sich die Weiterführung der schon aus dem Merkantilismus stammenden Gewerbeaufsicht als notwendig. Der Staat sollte sich nach der liberalen Gesellschaftstheorie allerdings auf die Rolle eines „Nachtwächters" beschränken, er sollte lediglich durch die Polizei Gefahren abwehren, sich aber ansonsten aus dem ökonomischen Bereich heraushalten. In Deutschland kam es jedoch nicht zu einer derartigen Selbstbeschränkung des Staates. Im Gegenteil:

Der Staat erließ Gesetze zur Erhaltung der ökonomischen Funktionsfähigkeit der Unternehmen und zum Schutz der von der unternehmerischen Tätigkeit Betroffenen. Die gewaltige Ausdehnung der Produktivkräfte im Kapitalismus führte auch zu einer Ausdehnung der Gewerbeaufsicht. Schon 1838 wurde die Eisenbahn- und Sparkassenaufsicht geschaffen. 1845 folgte die Allgemeine Gewerbeaufsicht in Preußen, 1869 die Gewerbeordnung im Norddeutschen Bund – später auf das Deutsche Reich ausgedehnt. Es folgten 1879 die Lebensmittelaufsicht, 1896 die Börsenaufsicht, 1899 die Aufsicht über die Hypothekenbanken, 1901 die Versicherungsaufsicht, 1922 die Luftfahrtaufsicht, 1923 die Kartellaufsicht (später verbessert durch das Gesetz gegen die Wettbewerbsbeschränkungen von 1957 und seine Novellierung von 1973), die Aufsicht über Banken und Bausparkassen im Jahre 1931, die Atomaufsicht von 1959 und schließlich das Bundesimmissionsschutzgesetz von 1974, um nur einige wichtige Beispiele aus der deutschen Reichs- und später Bundesgesetzgebung zu nennen. Man sieht, wie sehr diese Entwicklung von den jeweiligen Problemlagen der Zeit abhängig ist. Die jeweiligen gesellschaftlichen Krisensymptome erfordern eine Antwort, die der Staat – wenn auch meist mit Verzögerung und unzureichend – gibt. Diese Ausdehnung der Wirtschaftsaufsicht darf man keineswegs nur quantitativ verstehen, sie führt vielmehr auch zu einer qualitativen Veränderung, die wachsende Interventionstätigkeit führt zur Herausbildung der Globalsteuerung und damit zum planmäßig steuernden und lenkenden Staat der Gegenwart, der sich von der klassisch-liberalen Reduktion auf die Aufsichtstätigkeit weit entfernt hat.

Bezeichnenderweise kam es gegenüber der Verstärkung der Aufsicht zu einer gegenläufigen Bewegung: Während es in Art. 151 Abs. 3 der Weimarer Reichsverfassung lediglich geheißen hatte „Die Freiheit des Handels und Gewerbes wird nach Maßgabe der Reichsgesetze gewährleistet", konstatierte das Grundgesetz eine allgemeine Berufs- und Ausbildungsfreiheit. Art. 12 des Grundgesetzes lautet: „Alle Deutschen haben das Recht, Beruf, Arbeitsplatz und Ausbildungsstätte frei zu wählen. Die Berufsausübung kann durch Gesetz geregelt werden …".

Zur Interpretation dieser Vorschrift schuf das Bundesverfassungsgericht die „Dreistufentheorie". Es unterscheidet zwischen Regelungen der Berufsausübung und der Berufszulassung. Die geringsten Anforderungen stellt das Gericht an reine Ausübungsregelungen (z. B. Qualitätsvorschriften, Amtstracht, Talarzwang). Sie sind zulässig, wenn sie bei vernünftiger Erwägung des Allgemeinwohls zweckmäßig erscheinen. Im weiteren unterscheidet das Gericht zwischen objektiven und subjektiven Zulassungsregelungen. Subjektiv bedeutet, daß es um den Besitz bzw. Nachweis persönlicher Eigenschaften, Fähigkeiten oder Fertigkeiten geht (z. B. Examina, Meisterprüfungen, Sachkundenachweise). Subjektive Zulassungsregelungen sind zulässig, wenn ein wichtiges Gemeinschaftsgut geschützt werden soll und die subjektiven Voraussetzungen nicht außer Verhältnis zum angestrebten Zweck ordnungsgemäßer Berufsausübung stehen. Objektive Zulassungsvoraussetzungen sind vom Willen und den Handlungsmöglichkeiten des Bewerbers unabhängig (z. B. das Vorliegen eines Bedürfnisses für das Gewerbe, die Vereinbarkeit mit der gesamtwirtschaftlichen Entwicklung bzw. mit Entwicklungsplänen). Sie sind nur zulässig, wenn nachweisbare oder höchstwahrscheinliche schwere Gefahren für ein überragend wichtiges Gemeinschaftsgut abzuwehren sind. Es wird verschiedentlich versucht, diese Rechtsprechung als Schutz einer liberalen – auf dem Privateigentum an allen Produktionsmitteln basierenden – Gesellschaftsordnung zu interpretieren. In Wirklichkeit dient sie dem Schutz des Individuums (Grundrecht) und sollte sich auch in diesem Schutz erschöpfen.

Da die Grundrechte nach Art. 19 Abs. 3 GG grundsätzlich nicht nur für natürliche, sondern auch für juristische Personen gelten, führt diese Rechtsprechung zu einer paradoxen Situation: Auf der einen Seite schützt man den Bürger gegenüber dem Staat, der immer mehr steuernd und lenkend in die Wirtschaft eingreift. Auf der anderen Seite schwächt man die Position des Bürgers gegenüber gesellschaftlichen Machtkomplexen wie Konzernen und multinationalen Unternehmen, indem man diesen den Schutz von Individualgrundrechten gegenüber Maßnahmen zugesteht, die der Staat zum Schutze der Bürger gegen solche Machtkomplexe ergreifen könnte. Man sollte daher die – zweifellos sinnvolle – Begrenzung der staatlichen Eingriffsbefugnisse gegenüber privater Wirtschaftsmacht an dem Zweck ausrichten, dem diese Eingriffe dienen sollen. Die Gewerbefreiheit der organisierten Großwirtschaft darf nicht in eine staatliche Garantie für die Ausnutzung dieser Machtposition gegenüber den dieser Gewalt Unterworfenen umschlagen. Die wirtschaftliche Macht muß im Gegenteil wirksam kontrolliert werden, damit nicht die Voraussetzungen für das individuelle Grundrecht der Berufsfreiheit in der gesellschaftlichen Wirklichkeit zunichtegemacht werden. Deshalb sollte man sich auf den Wortlaut von Art. 19 Abs. 3 GG besinnen und den Grundrechtsschutz von Unternehmen auf Situationen beschränken, in denen die Grundrechte ihrem Wesen nach anwendbar sind.

bb) Recht auf freie Wahl des Arbeitsplatzes

In seinem Urteil zur Warteschleifenregelung des Einigungsvertrages (vgl. oben) hat das Bundesverfassungsgericht erstmals genauere Umrisse des Grundrechts auf freie Wahl des Arbeitsplatzes aus Art. 12 Abs. 1 GG entwickelt. Es schützt den einzelnen in seinem Entschluß, eine konkrete Beschäftigungsmöglichkeit in dem gewählten Beruf zu ergreifen, beizubehalten oder aufzugeben, gewährt aber keinen Anspruch auf Bereitstellung eines Arbeitsplatzes eigener Wahl. Das Grundrecht richtet sich zunächst gegen den Staat. Greift eine Regelung in die freie Wahl des Arbeitsplatzes mit ähnlicher Wirkung ein wie eine objektive Zulassungsschranke in die Freiheit der Berufswahl, so ist dies nur zur Sicherung eines entsprechend wichtigen Gemeinschaftsguts unter Wahrung des Grundsatzes der Verhältnismäßigkeit zulässig. Geschützt sind Schwangere und Mütter im Bereich des Mutterschutzes; in diesem

Bereich ist der Einigungsvertrag nichtig. Ihr Kündigungsschutz genießt im Zusammenhang mit Art. 6 Abs. 4 GG Verfassungsrang. Geschützt sind auch Schwerbehinderte, Ältere und Alleinerziehende. Ihnen ist die Entlassung nur zuzumuten, wenn ihnen eine begründete Aussicht auf eine neue Stelle im Öffentlichen Dienst geboten, sowie durch Fortbildungs- und Umschulungsangebote geholfen wird. Damit wird ein Grundrechtsschutz durch Organisations- und Verfahrensregelungen entwickelt, der ein Mindestmaß an Kündigungsschutz verfassungskräftig festhält. Die Interpretation von Art. 12 GG entwickelt sich immer weiter über den klassischen Schutz der Gewerbefreiheit hinaus (vgl. Dieterich RdA 1992, 330).

cc) Ausbildungsfreiheit und Ausbildungsmöglichkeit

Unter die Freiheit der Berufswahl fällt auch die freie Wahl der Ausbildungsstätte. Dies bedeutet nicht, daß sich die Schulkinder ihr Schulhaus aussuchen könnten. Es heißt aber, daß sie wie alle Staatsbürger beim Zugang zu Bildungs- und Ausbildungseinrichtungen lediglich den Schranken der Dreistufentheorie unterworfen sind. Man kann sie also auf die lokal zuständige Grundschule verweisen, man kann ihnen aber nicht den Übertritt in die höhere Schule verbieten. Virulent wird die Dreistufentheorie bei der gegenwärtigen **Numerus-clausus-Praxis** in der Bundesrepublik.

Bei der Auswahl unter den Studienplatzbewerbern nach Abiturnoten handelt es sich keineswegs um eine subjektive Zulassungsvoraussetzung, wie man aus der Tatsache folgern könnte, daß die schulischen Leistungen des Bewerbers – also der Nachweis persönlicher Fertigkeiten – den Ausschlag geben sollen. Grundlage für diesen Auswahlmodus ist nämlich die objektive Höchstzahl von Studierenden, die aufgrund der Kapazitätsermittlung an den deutschen Hochschulen berechnet wird. Die Durchschnittsnote ist lediglich ein Kriterium zur Verteilung der Plätze innerhalb der als objektiv festgelegten Höchstzahl. Es handelt sich also um eine objektive Zulassungsregelung, für welche die genannten strengen Anforderungen gelten.

In einer grundlegenden Entscheidung hat das Bundesverfassungsgericht den praktizierten Numerus clausus als „am Rande des verfassungsrechtlich Hinnehmbaren" bezeichnet. Zulassungsbeschränkungen sind erst möglich, wenn der Staat im Rahmen des finanziell Möglichen alles zur Erweiterung der Ausbildungskapazitäten getan hat. Wie sich jedoch empirisch nachweisen läßt, hat der Staat nicht nur beim Ausbau der Hochschulen Mittel verschwendet und fehlgeleitet, er orientiert sich auch bei der Verteilung der vorhandenen Plätze zum Teil nicht an den Kapazitäten, sondern an einem – wie immer prognostizierten oder geschätzten – Akademikerbedarf im jeweiligen Fach. Dies widerspricht dem Grundgesetz (vgl. BVerfGE 33, 303).

Obwohl die Ausbildungsfreiheit im Bereich der Hochschule besonders leidenschaftlich und besonders kontrovers diskutiert wird, sind anderswo die Ausbildungsmöglichkeiten sehr viel stärker beschränkt. Im Bereich der beruflichen Ausbildung besteht nach wie vor die beherrschende Stellung der Industrie- und Handelskammern und des einzelnen Unternehmers, der über den Abschluß des Ausbildungsvertrages zu entscheiden hat. Wenn der Staat sich auf den Bereich der Berufsschule beschränkt und den Arbeitgebern die praxisbezogene Berufsausbildung überläßt, so muß er erwarten, daß sie diese Aufgabe nach ihren objektiven Möglichkeiten und damit so erfüllen, daß alle ausbildungswilligen Jugendlichen die Chance auf einen Ausbildungsplatz erhalten (BVerfGE 55, 274, 312 ff.).

II. Grundrechte und Wirtschaftstätigkeit

In der Bundesrepublik gab es in den 60er Jahren eine breite Kampagne „Schick Dein Kind länger auf bessere Schulen". Dies führte dazu, daß sich allein zwischen 1971 und 1975 die Zahl der Abiturienten verdoppelte – von 87 000 auf 172 000. Der prozentuale Anteil der Studienanfänger an der gleichaltrigen Bevölkerung wuchs von 7,9 % im Jahre 1960 auf 15,4 % im Jahre 1970. Bis 1974 erhöhte er sich weiter auf 22 %. An diesem Zahlenbeispiel wird deutlich, daß man nicht bei der formalen Ausbildungsfreiheit stehen bleiben darf. Es ist vielmehr notwendig, diesen Begriff zu materialisieren. Dann verlagert sich die Diskussion von den abstrakten Begriffen zu den empirisch feststellbaren Tatsachen. In der Bundesrepublik ist z. B. festzustellen, daß weibliche Studenten und Arbeiterkinder an den Hochschulen immer noch unterrepräsentiert sind. Es gilt immer noch die Faustformel, daß die berufliche Ausbildung die Allgemeinbildung der Beherrschten und die Allgemeinbildung die berufliche Ausbildung der Herrschenden ist. Dies zeigt sich auch bei einer Analyse der Ausbildungsinhalte. So wird an den Gymnasien immer noch – und nicht zufällig – das besondere Gewicht auf die historisch-philologischen Fächer gelegt. Da die Arbeiterkinder mit ihrer durch das Elternhaus geprägten mehr praktisch-technischen Begabung hierbei benachteiligt sind, führt diese Schwerpunktbildung zu einer schichtenspezifischen Selektion, an deren Ende die Arbeiterkinder unterrepräsentiert sind. Dies bedeutet nicht, daß man schematisch einen bestimmten Anteil von Arbeiter- und Bauernkindern in den Ausbildungsinstitutionen festsetzen sollte, dies heißt aber wohl, daß man Lehrinhalte daran ausrichten sollte, was der Schüler und Student in einer demokratischen Gesellschaft braucht.

Die inhaltliche Ausbildungsfreiheit und die Organisation der Ausbildungsstätten können nicht voneinander getrennt werden. Es ist umstritten, in welchem Umfang es neben der Wissenschaftsfreiheit des Artikels 5 Abs. 3 GG auch eine pädagogische Freiheit an der Schule gibt und geben kann. Eine grundlegende Darstellung des Problems gibt bereits 1792 Condorcet in seiner Denkschrift zur Organisation des gesamten Bildungswesens für die französische Nationalversammlung. Er baut auf dem Gedanken der Selbstverwaltung, der Kooptation der Lehrenden der höchsten Stufe, des freien Wettbewerbs mit privaten Bildungseinrichtungen und der akademischen Lehrfreiheit auf.

Will man einen Begriff wie Freiheit für praktisches Handeln fruchtbar machen, so darf man sich nicht an abstrakte oder idealistische Vorstellungen von der Freiheit halten. Man muß die Freiheit vielmehr aus ihrem begrifflichen Gegenpart, der Herrschaft, verstehen und begrenzen. Demokratische Politik äußert sich darin, daß die individuelle Freiheit und die Freiheit von gesellschaftlichen Gruppen durch die Herrschaft des Volkes begrenzt und bedingt ist. Daraus folgt, daß die Freiheit des wirtschaftenden Individuums dort aufhören muß, wo sie in Widerspruch zur Herrschaft des Volkes gerät. Das Parlament und die von ihm eingerichteten staatlichen Organe müssen die Mittel und die Befugnisse haben, um wirtschaftliche Macht zu kontrollieren und zu beherrschen. Daraus folgt weiter, daß die Ausbildungsfreiheit des einzelnen nicht zu Ausbildungsstrukturen führen darf, die die materielle Ausbildungsfreiheit der Mehrheit über das Maß hinaus einschränken, das der Leistungsgedanke in Verbindung mit dem demokratischen Gedanken rechtfertigt.

3. Eigentumsschutz – Artikel 14 GG

a) Texte

§ 164 der Paulskirchen-Verfassung von 1849
Das Eigentum ist unverletzlich.
Eine Enteignung kann nur aus Rücksichten des gemeinen Besten, nur aufgrund eines Gesetzes und gegen gerechte Entschädigung vorgenommen werden.
Das geistige Eigentum soll durch die Reichsgesetzgebung geschützt werden.

Artikel 153 der Weimarer Reichsverfassung von 1919
Das Eigentum wird von der Verfassung gewährleistet. Sein Inhalt und seine Schranken ergeben sich aus den Gesetzen.

Eine Enteignung kann nur zum Wohle der Allgemeinheit und auf gesetzlicher Grundlage vorgenommen werden. Sie erfolgt gegen angemessene Entschädigung, soweit nicht ein Reichsgesetz etwas anderes bestimmt. Wegen der Höhe der Entschädigung ist im Streitfalle der Rechtsweg bei den ordentlichen Gerichten offenzuhalten, soweit Reichsgesetze nichts anderes bestimmen. Enteignung durch das Reich gegenüber Ländern, Gemeinden und gemeinnützigen Verbänden kann nur gegen Entschädigung erfolgen.

Eigentum verpflichtet. Sein Gebrauch soll zugleich Dienst sein für das Gemeine Beste.

Artikel 14 des Grundgesetzes
Das Eigentum und das Erbrecht werden gewährleistet. Inhalt und Schranken werden durch die Gesetze bestimmt.

Eigentum verpflichtet. Sein Gebrauch soll zugleich dem Wohle der Allgemeinheit dienen.

Eine Enteignung ist nur zum Wohle der Allgemeinheit zulässig. Sie darf nur durch Gesetz oder aufgrund eines Gesetzes erfolgen, das Art und Ausmaß der Entschädigung regelt. Die Entschädigung ist unter gerechter Abwägung der Interessen der Allgemeinheit und der Beteiligten zu bestimmen. Wegen der Höhe der Entschädigung steht im Streitfall der Rechtsweg vor den ordentlichen Gerichten offen.

b) Das Eigentum als subjektives vermögenswertes Recht

Es gehört zum gesicherten Wissen eines Juristen, daß als „Eigentum" i. S. von Art. 14 GG „jedes subjektive, private, vermögenswerte Recht" geschützt sei. Dieses Verständnis der Eigentumsgewährleistung geht über den Schutz des Sacheigentums, d. h. des Eigentums an beweglichen und unbeweglichen Sachen (Immobilien) weit hinaus. Es geht auf eine Abhandlung von Martin Wolff aus dem Jahre 1923[5] zurück. Der Gesetzgeber oder die Verwaltung dürfen derartige Rechte nicht entziehen, es sei denn, sie gewähren eine Entschädigung nach Art. 14 Abs. 3 GG. Die Enteignung eines Grundstücks oder die Beschlagnahme eines Bankkontos sind eindeutige Fälle, auf die man den Schutz des Art. 14 anwenden und den Staat dazu verpflichten kann, eine Enteignungsentschädigung zu zahlen. Sehr viel schwieriger wird es jedoch, wenn der Staat geltend macht, er habe gar kein subjektives Recht des Betroffenen verletzt, oder der staatliche Eingriff sei als sogenannte **Sozialbindung**

---
[5] Reichsverfassung und Eigentum, in: Festgabe für Kahl

oder **Inhaltsbestimmung** des Eigentums gerechtfertigt. In Art. 14 Abs. 2 heißt es nämlich: Eigentum verpflichtet. Sein Gebrauch soll zugleich dem Wohle der Allgemeinheit dienen. Im folgenden sollen zuerst Fälle behandelt werden, in denen um die Frage gestritten wird, ob überhaupt ein subjektives vermögenswertes Recht verletzt sei. Sodann wird zu klären sein, wo die Grenze zwischen Sozialbindung oder Inhaltsbestimmung des Eigentums einerseits und Enteignung andererseits zu ziehen ist.

Krabbenfischer

An der Elbemündung gibt es einen Leitdamm zum Schutz der Schiffahrt. Dieser war bisher in der Mitte durch eine Sturmflut unterbrochen. Seit Jahren fahren die Krabbenfischer von Cuxhaven aus in ihre Fischgründe und können noch am selben Abend zurückkehren. Der Leitdamm wird jetzt geschlossen, weil dies zur Sicherung der Schiffahrt und des Dammes erforderlich erscheint. Krabbenfischer F verlangt eine Enteignungsentschädigung, weil er jetzt um den ganzen Damm herumfahren müsse und nicht mehr am selben Abend nach Hause zurückkehren könne.

Zu fragen ist, ob der Staat das Eigentum des F verletzt hat. In Frage kommt jedes subjektive, vermögenswerte, private Recht. In diesem Fall geht es um das Recht am eingerichteten und ausgeübten Gewerbebetrieb, das von der Rechtsprechung seit Jahrzehnten anerkannt ist. Die Frage ist jedoch, ob das Recht so weit geht, daß auch die Zufahrt zu den Fischgründen durch eine Lücke in einem Leitdamm gesichert ist.

Der BGH hat in einem Fall, der hier vereinfacht dargestellt ist, die Zufahrt zu den Fischgründen im offenen Meer oder in einer Wasserstraße (Elbe) nicht als durch Art. 14 GG geschütztes Eigentumsrecht anerkannt, es handele sich vielmehr um eine bloße Erwerbschance, auf deren Fortbestand der Betroffene nicht vertrauen dürfe (BGHZ 45, 150).

Moselkanalisierung

Nach der Kanalisierung der Mosel verlangen die Moselfischer vom Staat eine Enteignungsentschädigung. Das Wasser der Mosel fließe jetzt schneller. In der Tat verlassen die Fische zunehmend die traditionellen Fischgründe. Können die Fischer nach Art. 14 eine Enteignungsentschädigung verlangen?

Auch hier entschied sich der BGH dafür, daß den Fischern nur eine Erwerbschance genommen werde. An den Fischen bestehe kein Eigentum, sondern nur ein Aneignungsrecht, soweit dies im Rahmen einer Fischpacht gestattet sei (vgl. im einzelnen BGHZ 49, 231).

Rheinfähre

A ist Inhaber einer staatlichen Fährgerechtigkeit und betreibt eine Rheinfähre. Als 3 km entfernt eine neue Brücke in Betrieb genommen wird, geht das Transportaufkommen so zurück, daß er seinen Fährbetrieb einstellen muß. Kann er eine Entschädigung nach Art. 14 Abs. 1 GG verlangen? Die Fährgerechtigkeit ist zwar ein subjektives, vermögenswertes Recht, also Eigentum i.S. von Art. 14. Sie hindert den Staat aber nicht daran, Brücken zu errichten. Sie garantiert kein Mindestverkehrsaufkommen. Der Verkehr beruht auf einem bloß faktischen Lagevorteil, der nicht durch Art. 14 geschützt ist (BGHZ 94, 373).

Knäckebrot

Ein Knäckebrothersteller wehrt sich dagegen, daß der Außenzoll für Knäckebrot gesenkt wird. Er habe darauf vertraut, durch diesen Zoll gegen den Import von schwedischem Knäckebrot gesichert zu sein. Der BGH stellte fest, daß es kein subjektives vermögenswertes Recht auf die Bewahrung der Höhe des Außenzolls gibt. Der Knäckebrothersteller konnte nicht auf die Beibehaltung der Zölle vertrauen. Er kann keine Enteignungsentschädigung verlangen (BGHZ 45, 83).

Erdrosselungssteuer (Grundfreibetrag)

Das Bundesverfassungsgericht (DB 1992, 2217) erklärte es für verfassungswidrig, wenn die Einkommensteuer „erdrosselnd" wirkt. Dem Steuerpflichtigen muß ein Existenzminimum verbleiben, d.h. soviel, wie er zur Bestreitung seines notwendigen Lebensunterhalts und unter Berücksichtigung von Art. 6 Abs. 1 GG desjenigen seiner Familie bedarf. Für den Mindestbedarf sind die Sätze des Sozialhilferechts maßgeblich. Das Gericht legt sich nicht fest, ob es seine Entscheidung auf Art. 14 Abs. 1, Art. 12 Abs. 1 oder Art. 2 Abs. 1 GG (vgl. unten) stützt.

AFG-Anwartschaftszeit

A ist Arbeitnehmer und zahlt die Arbeitslosenversicherung. Nachdem er 200 Tage beschäftigt ist, wird vom Gesetzgeber § 104 Abs. 1 des Arbeitsförderungsgesetzes (AFG) geändert. Die Anwartschaftszeit für die Arbeitslosenversicherung ist nicht mehr wie bisher nach 180, sondern erst nach 360 Kalendertagen erfüllt. A wird nach 300 Tagen arbeitslos. Als ihm das Arbeitslosengeld verweigert wird, klagt er beim Sozialgericht. Dieses setzt den Prozeß nach Art. 100 GG aus, um vom Bundesverfassungsgericht die Frage klären zu lassen, ob der nachträgliche Entzug der Anwartschaft für das Arbeitslosengeld durch Gesetzesänderung mit Art. 14 GG vereinbar sei.

Das Bundesverfassungsgericht (NJW 1986, 1159) behandelt die Rechtsposition des Arbeitnehmers in diesem Fall als subjektives, vermögenswertes Recht. Maßgeblich ist hierfür insbesondere, daß der versicherte Arbeitnehmer sich die Anwartschaft durch seine Beiträge erworben hat. Die Beitragsanteile des Arbeitgebers sind ihm hierbei zuzurechnen (BVerfGE 69, 272, 302). Die Verlängerung der gesetzlichen Anwartschaftszeit ist zwar zulässig, der Gesetzgeber kann jedoch nicht in Rechtspositionen der Versicherten eingreifen, die bereits in der Vergangenheit entstanden sind, es sei denn, er macht ein öffentliches Interesse geltend und greift nicht unverhältnismäßig in die Rechtsposition des Betroffenen ein. Das Gericht hält den Eingriff hier für unverhältnismäßig, demnach ist die Beseitigung der bereits entstandenen Anwartschaften auf Arbeitslosenversicherung durch den Gesetzgeber als Verstoß gegen Art. 14 GG verfassungswidrig.

c) Inhaltsbestimmung des Eigentums und Enteignung

Die meisten Fälle, die zu Art. 14 GG entschieden werden, befassen sich mit der Abgrenzung zwischen einer zulässigen und nicht entschädigungspflichtigen Inhaltsbestimmung des Eigentums, die auch Sozialbindung genannt wird, und der entschädigungspflichtigen Enteignung. Soweit sich Klagen und Verfassungsbeschwerden wie beim Arbeitsförderungsgesetz gegen Entscheidungen des Gesetzgebers richten, muß entschieden werden, wie weit die Befugnis des Gesetzgebers zur Bestimmung von Inhalt und Schranken des Eigentums reicht und wo die Enteignung anfängt.

Martin Wolff sprach sich im Jahre 1923 nicht nur für die Ausdehnung des Eigentumsschutzes vom Sacheigentum an körperlichen Gegenständen auf jedes private Vermögensrecht aus, sondern sah auch die Befugnis des Gesetzgebers nach dem damaligen Artikel 153 Abs. 1 S. 2 der Weimarer Reichsverfassung zur Bestimmung von Inhalt und Schranken des Eigentums als durch die bürgerliche Eigentumsordnung vorverfassungsrechtlich geprägt an. Art. 153 der Reichsverfassung (WRV) – er entsprach im wesentlichen Art. 14 GG – betone „gegenüber linksradikalen Ideen, daß an den körperlichen Sachgütern ein Privatrecht möglich sein soll, das den Namen Eigentum verdient, bei dem also Beschränkungen des Herrschaftsbeliebens Ausnahmen sind" (a. a. O., S. 21 f).

Dahinter steckt das eigentumsrechtliche Leitbild der absoluten Sachherrschaft. Der demokratische Gesetzgeber ist auf die Befugnis beschränkt, Konflikte zwischen bürgerlich-rechtlichen Eigentümerinteressen zu entscheiden oder Konflikte von Eigentümern und Nichteigentümern in der Weise zu verhindern oder zu entschärfen, daß im Ergebnis ein Privatrecht „Eigentum" übrig bleibt. Neben den bereits vorhandenen subjektiven Rechten schützt Wolff also auch das Institut „Privateigentum".[6]

Die Ansicht von Martin Wolff fand rasch in die Entscheidungspraxis des Reichsgerichts Eingang. Sie diente in einer Reihe von Fällen zur Kontrolle von Landesgesetzen, in denen das RG den erforderlichen Mindeststandard privater Eigentumsrechte nicht als gewährleistet ansah.[7] In den beiden „Fluchtlinienurteilen"[8] behandelt das Gericht schließlich jede Ausweisung von Freiflächen in sog. Fluchtlinienplänen als Enteignung. Dem Eigentümer werde die Befugnis, nach Belieben zu bauen, durch die Fluchtlinie entzogen, wofür ihm die begünstigte Gemeinde eine Entschädigung zahlen müsse, auch wenn er auf der Fluchtlinie gar nicht bauen wolle. Diese Rechtsprechung hatte katastrophale Auswirkungen auf Stadtplanung und Gemeindefinanzen.[9] Die Entschädigungsansprüche, die das RG geschaffen hatte, mußten durch Notverordnung des Reichspräsidenten[10] wieder eingeschränkt werden.

Der Wortlaut des Eigentumsartikels 153 in der Weimarer Reichsverfassung hätte eine andere Interpretation nahegelegt. Er lautet: „Das Eigentum wird von der Verfassung gewährleistet. Sein Inhalt und seine Schranken ergeben sich aus den Gesetzen (Abs. 1). Eigentum verpflichtet. Sein Gebrauch soll zugleich Dienst sein für das Gemeine Beste (Abs. 3)."

Schon den Inhalt, nicht erst die Schranken des Eigentums bestimmen die Gesetze. Also ließen sich Planungsnormen, auch die Festsetzung von Bebauungsgrenzen, als inhaltsbestimmende Normen interpretieren, die das jeweilige Grundstückseigentum erst konkretisieren. Dies hieße aber Abschied nehmen von einem vorverfassungsrechtlichen Leitbild des bürgerlichen Privateigentums und damit der absoluten Sachherrschaft. Der Gesetzgeber und damit die Parlamentsmehrheit bestimmt, welchen Inhalt die Eigentumsrechte haben.

---

[6] Vgl. zum ganzen *Rittstieg*, Eigentum als Verfassungsproblem, 2. Aufl. 1976, S. 258 ff.; *Nagel*, Paritätische Mitbestimmung und Grundgesetz, 1988, S. 23 ff., 51 ff. und 128 ff. (Anhang).
[7] Vgl. RGZ 109, 310 – anhaltische Kohlenrente –, 111, 123 – Sachsen-Gotha –; 116, 268 – Hamburger Denkmalgesetz –.
[8] RGZ 128, 18; 132, 69.
[9] Vgl. *Rittstieg*, a.a.O., S. 268.
[10] 5.6.1931, RGBl. I, S. 279, 6. Teil, Kap. III.

Das Grundgesetz hielt sich in Art. 14 im wesentlichen an die Formulierungen des Art. 153 WRV. Nach Art. 14 Abs. 3 S. 4 entscheiden die ordentlichen Gerichte über die Höhe einer Enteignungsentschädigung. Der BGH übernahm schon in einer Grundsatzentscheidung des Großen Senats vom 10.6.1952[11] das Leitbild des Reichsgerichts. Der Gesetzgeber sollte zur „Sozialbindung" des absolut gedachten Privateigentums befugt sein. Er durfte aber nicht die Grenze zum entschädigungslosen „Sonderopfer" überschreiten, das den einzelnen Eigentümer im Verhältnis zu den anderen ungleich trifft. Als Eigentum war, wie in der Weimarer Republik, jedes subjektive, vermögenswerte (private) Recht geschützt, also auch das Recht am „eingerichteten und ausgeübten Gewerbebetrieb".[12] Alle diese privaten Rechte wurden zuerst einmal voll als durch Art. 14 geschützt angesehen, Begrenzungen und Interpretationen mußten als Sozialbindung gerechtfertigt werden. Durch Randkorrekturen vermied der BGH offensichtlich abwegige Ergebnisse. Im Bereich des Grundeigentums führte er als Korrektiv die „Situationsgebundenheit" des Eigentums ein: Der planungsrechtliche Ausschluß von Nutzungen, die auch der vernünftige und einsichtige Eigentümer von sich aus mit Rücksicht auf die gegebene besondere Situation nicht ins Auge fassen würde, sei nicht entschädigungspflichtig. Damit konnten Bauverbote und -beschränkungen als nicht entschädigungspflichtige Sozialbindung behandelt werden.[13] Zeitliche Beeinträchtigungen des Gewerbebetriebs durch Straßen- und U-Bahn-Bauarbeiten waren je nach Art und Dauer des Eingriffs entschädigungspflichtig oder nicht, die „Intensität" des Eingriffs wurde als Korrektiv zum „Sonderopfer" verwendet.[14]

Das Bundesverfassungsgericht hatte lange Zeit wenig Gelegenheit, zur Interpretation von Art. 14 GG Stellung zu nehmen. Die ordentlichen Gerichte, allen voran der BGH, waren mit der Zuerkennung von Enteignungsentschädigungen so großzügig, daß kaum Verfassungsbeschwerden eingelegt wurden. Die entschädigungspflichtigen öffentlichen Hände, vor allem die Gemeinden, die sich durch die BGH-Rechtsprechung hätten beschwert fühlen können, wurden höchstrichterlich nicht als grundrechtsfähig anerkannt. Typisch ist der Verlauf der Auseinandersetzung um das Kiesgrubenurteil des BGH aus dem Jahre 1972,[15] die letztlich zu einer Grundsatzentscheidung des BVerfG führte. Der BGH hatte zwei Städte, einen Landkreis und die in der Rechtsform der Aktiengesellschaft organisierten Stadtwerke einer der beiden Städte, zur Zahlung einer Enteignungsentschädigung verurteilt, weil sie mehreren Kiesgrubenbesitzern die wasserrechtliche Erlaubnis zur Auskiesung auf ihren Grundstücken untersagt hatten. Die Untersagungsbegründung, die Auskiesung gefährde die Wasserversorgung einer nahegelegenen Stadt und sei nach §§ 6, 19 des Wasserhaushaltsgesetzes verboten, hinderte den BGH nicht daran, die Entschädigungspflicht zu bejahen. Die Ausbeutung einer Kiesgrube sei von der Natur der Sache her gegeben, sie biete sich aus den Gegebenheiten der örtlichen Lage und der Beschaffenheit der Grundstücke bei vernünftiger und wirtschaftlicher Betrachtungsweise an.

---

[11] BGHZ 6, S. 270ff.
[12] Vgl. schon RG 58, S. 24–31; dazu *Wiethölter*, Zur politischen Funktion des Rechts am eingerichteten und ausgeübten Gewerbebetrieb, KJ 1970, S. 121–139; vgl. zum Schutz nach Art. 14 GG schon BVerfGE 1, S. 264, 276ff. und BGH NJW 1963, S. 484.
[13] Vgl. BGHZ 23, 30 – Grünflächen –; LM Art. 14 Nr. 60 – Buchendom –; Rittstieg, Grundgesetz und Eigentum, NJW 1982, S. 721.
[14] Vgl. z. B. BGHZ 57, S. 359, 366 – Frankfurter U-Bahn – und *v. Brünneck*, Die Eigentumsgarantie des Grundgesetzes, 1984, S. 179ff.
[15] BGHZ 60, S. 126ff.

II. Grundrechte und Wirtschaftstätigkeit

Die gegen das Urteil eingelegten Verfassungsbeschwerden wies das BVerfG[16] zurück, da keine Verletzungen von Grundrechten dieser öffentlichen Hände bzw. Unternehmen vorliegen könnten. Das Gericht wies jedoch sehr deutlich auf die Kritik an der Rechtsprechung des BGH hin. Überdies sei bereits 1976 das Wasserhaushaltsgesetz dahingehend ergänzt worden, daß das Grundeigentum nicht zu einer Gewässernutzung berechtigt, die einer vorherigen Erlaubnis oder Bewilligung auf gesetzlicher Grundlage bedarf (§ 1a WassHG). Ein Gericht, das zur Überzeugung kommt, daß eine anzuwendende Norm gegen Art. 14 GG verstoße, sei gehalten, das Verfahren nach Art. 100 Abs. 1 GG auszusetzen und eine Entscheidung des BVerfG herbeizuführen.

Damit war der BGH, der § 1a WassHG für verfassungswidrig hielt, gezwungen, die Entscheidung des BVerfG nach Art. 100 Abs. 1 GG herbeizuführen.[17] Das BVerfG nahm die Vorlage zum Anlaß, den Enteignungsbegriff und die Rechtsanwendung neu zu systematisieren.[18] Der Entscheidung lag folgender Fall zugrunde: Ein Kiesgrubenbesitzer beantragte die Erlaubnis zur Fortsetzung der Naßauskiesung, d.h. zum Abbau von Sand und Kies bis in den Grundwasserbereich hinein.

Die zuständige Behörde lehnte den Antrag ab, weil die öffentliche Wasserversorgung gefährdet werde. Sie berief sich u.a. auf § 1a WassHG.

In seinem Vorlagebeschluß war der BGH davon ausgegangen, daß der Eigentümer einer Kiesgrube bei vernünftiger und wirtschaftlicher Betrachtungsweise auch berechtigt sei, diese auszubeuten und daß dieses Recht durch das Wasserhaushaltsgesetz in enteignender Weise beschränkt werde. Versage nun das beschränkende Gesetz eine Enteignungsentschädigung, so sei dies verfassungswidrig.

Demgegenüber erklärte das Bundesverfassungsgericht die Vorschrift für verfassungsgemäß. Es behandelt die Ausbeutung der Grube als eine Gewässernutzung, die einer vorherigen Erlaubnis oder Bewilligung auf gesetzlicher Grundlage bedarf, als eine Bestimmung der verfassungsrechtlichen Rechtsstellung des Grundstückseigentümers, also nicht als Enteignung, sondern als Inhaltsbestimmung des Eigentums. Das Gericht trennt Legalenteignung (Enteignung durch Gesetz), Administrativenteignung (Enteignung aufgrund eines Gesetzes) und Inhaltsbestimmung des Eigentums (Art. 14 Abs. 1 S. 1 GG) scharf voneinander. Inhaltsbestimmung (Art. 14 Abs. 1 Satz 2 GG) bedeutet, so das Gericht, daß der Gesetzgeber generell und abstrakt die Rechte und Pflichten hinsichtlich solcher Rechtsgüter festlegt, die als Eigentum im Sinne der Verfassung zu verstehen sind (jedes subjektive, vermögenswerte Recht). Inhaltsbestimmung sei auf den Erlaß objektiv-rechtlicher Normierungen gerichtet, die den Inhalt des Eigentumsrechts vom Inkrafttreten des Gesetzes an für die Zukunft bestimmen. Die Inhaltsbestimmung des Eigentums müsse nach Art. 14 Abs. 1 Satz 2 durch Gesetz erfolgen. Dieses Gesetz müsse nicht nur in formeller, sondern auch in materieller Hinsicht mit dem Grundgesetz in Einklang stehen. Materiell verfassungsgemäß sei das Gesetz, wenn es sowohl die grundgesetzliche Anerkennung des Privateigentums durch Art. 14 Abs. 1 GG als auch das Sozialgebot des Art. 14 Abs. 2 GG beachte und deshalb die schutzwürdigen Interessen der Beteiligten in einen gerechten Ausgleich und ein ausgewogenes Verhältnis bringe. Zu beachten sei insbesondere der Grundsatz der Verhältnismäßigkeit, d.h. die Inhaltsbestimmung des Eigentums dürfe im konkreten Fall nicht unverhältnis-

---

[16] BVerfGE 45, S. 63ff., 80f.
[17] Vgl. den Vorlagebeschluß des BGH, NJW 1978, 2290.
[18] BVerfGE 58, S. 300ff.; Beschluß vom 15.7.1981.

mäßig und für den Betroffenen unzumutbar sein. Überschreite die Regelung die Zumutbarkeitsgrenze, so werde sie dadurch aber nicht zur Enteignung, sondern sei als inhaltsbestimmende Regelung unwirksam. Die Feststellung dieser Unwirksamkeit sei durch die Verwaltungsgerichte auszusprechen. Dort sei der rechtswidrige und unwirksame Verwaltungsakt anzufechten, durch den die handelnde Behörde bei einer Inhaltsbestimmung des Eigentums die Zumutbarkeitsgrenze überschreite.

Im Gegensatz zum Reichsgericht und zum Bundesgerichtshof erkennt das Bundesverfassungsgericht kein vorverfassungsrechtlich durch die bürgerliche Eigentumsordnung geprägtes Eigentum im Sinne von Art. 14 GG an. Wörtlich führt das Bundesverfassungsgericht aus: „Der Begriff des von der Verfassung gewährleisteten Eigentums muß aus der Verfassung selbst gewonnen werden. Aus Normen des einfachen Rechts, die im Range unterhalb der Verfassung stehen, kann weder der Begriff des Eigentums im verfassungsrechtlichen Sinn abgeleitet, noch kann aus der privatrechtlichen Rechtsstellung der Umfang der Gewährleistung des konkreten Eigentums bestimmt werden (BVerfGE 58, 300, 335)."

Bei der Bestimmung der verfassungsrechtlichen Stellung des Eigentümers wirken demnach bürgerliches Recht und öffentlichrechtliche Gesetze, also auch Wasserhaushaltsgesetze, gleichrangig zusammen. Erst aus der Zusammenschau aller in einem bestimmten Zeitpunkt geltenden Gesetze ergibt sich der Inhalt des Eigentums. Es ist eine bloße Frage der Gesetzgebungstechnik, ob die Rechtsstellung im einen Gesetz oder in der einen Norm umfassend definiert wird, um dann in einer anderen Norm eingeschränkt zu werden, oder ob Definition und Einschränkung miteinander in einem Gesetz oder in einer Norm verbunden werden.

Das Bundesverfassungsgericht fragt, ob bereits beim Erwerb des Eigentums die Befugnis zur wasserrechtlichen Beeinträchtigung des Grundwassers miterworben wurde. Zwar heißt es in § 903 des Bürgerlichen Gesetzbuches (BGB), daß der Eigentümer einer Sache, soweit nicht das Gesetz oder Rechte Dritter entgegenstehen, mit der Sache nach Belieben verfahren und andere von jeder Einwirkung ausschließen kann. Bereits bei Inkrafttreten des BGB sei aber die wasserrechtliche Nutzung des Eigentums nicht erfaßt gewesen. Schon damals sei der Landesgesetzgeber für das Wasserrecht, der Reichsgesetzgeber für die Regelung des Bodeneigentums zuständig gewesen. Da der Eigentümer somit ein Recht zur wasserrechtliche Nutzung des Grundeigentums nicht erworben habe, sei eine Inhaltsbestimmung seines Eigentums durch das Wasserhaushaltsgesetz zulässig, durch die die wasserrechtliche Benutzung an eine vorherige Erlaubnis oder Bewilligung gebunden wird. Diese Inhaltsbestimmung des Eigentums sei auch nicht unverhältnismäßig und unzumutbar, da die Versagung der Erlaubnis bzw. Bewilligung mit dem Schutz der Wasserversorgung einer nahegelegenen Stadt begründet werde. Eine Enteignungsentschädigung sei nicht zu bezahlen.

Anders hätte das Bundesverfassungsgericht den Fall entschieden, wenn von einer nach früherem Recht möglichen Nutzung bereits Gebrauch gemacht worden wäre und dieses Nutzungsrecht durch Gesetz entzogen würde. Dies wäre eine Legalenteignung (Enteignung durch Gesetz), die an die Voraussetzungen des Art. 14 Abs. 3 GG gebunden ist, insbesondere daran, daß eine Entschädigung gezahlt werden muß.

Eine Administrativenteignung (Enteignung aufgrund eines Gesetzes) würde z. B. dann vorliegen, wenn über das Grundstück des Kiesgrubenbesitzers eine Straße gebaut würde und die zuständige Behörde ihn für diese Zwecke enteignen würde. Auch eine solche Enteignung ist nach Art. 14 Abs. 3 GG entschädigungspflichtig.

d) „enteignungsgleicher" Eingriff

Der Bundesgerichtshof ging ursprünglich von einer völlig anderen Enteignungsrechtsprechung aus als das Bundesverfassungsgericht. Er trennt nicht zwischen Inhaltsbestimmung und Enteignung, sondern fragt nach der Intensität des staatlichen Eingriffs. Legt der Eingriff dem Betroffenen ein besonderes Opfer auf, so stellt er eine Enteignung dar. Überschreitet ein Eingriff diese Schwelle nicht, so ist er noch eine (ohne Entschädigung zulässige) Inhaltsbestimmung des Eigentums. Als enteignungsgleichen Eingriff bezeichnet der BGH einen rechtswidrigen Eingriff. Da schon bei einem rechtmäßigen Eingriff, der ein Sonderopfer auferlegt, eine Entschädigung verlangt werden könnte, muß dies – so der BGH – erst recht beim rechtswidrigen Eingriff gelten.

Der BGH beharrt nicht nur entgegen der für ihn eigentlich maßgeblichen Auffassung des Bundesverfassungsgerichts auf seiner Position, wonach eine konkrete, auf ein Gesetz gestützte Maßnahme vor die Zivilgerichte gebracht und dort als entschädigungspflichtige Enteignung behandelt werden kann (BGHZ 90, 4 einschränkend BGHZ 110, 12). Er führt auch die Rechtsprechung zum enteignungsgleichen Eingriff fort, indem er Enteignungsentschädigungen dann zuerkennt, wenn eine gesetzliche Rechtfertigung des Staatshandelns nicht besteht. So wurde einem Grundstückseigentümer wegen der mehrjährigen Geruchsbelästigung durch eine benachbarte Kläranlage eine Enteignungsentschädigung zugesprochen (BGHZ 91, 20). Im ersten Fall setzt sich der BGH über die Rechtsprechung des Bundesverfassungsgerichts hinweg.[19] Im zweiten Fall füllt der BGH jedoch eine Lücke aus. Sie besteht darin, daß Schäden der Bürger nicht nur durch den Vollzug von Gesetzen sowie von Inhalts- und Schrankenbestimmungen des Eigentums durch die Verwaltung, sondern auch durch Nebenwirkungen von nicht als Enteignung oder Inhaltsbestimmung gedachten Maßnahmen der öffentlichen Hand entstehen können. Stellvertretend für viele seien hier zwei Fälle genannt:

Buschkrugbrücke
Während der Straßen- und U-Bahnbauarbeiten, in deren Verlauf die Buschkrugbrücke in Berlin auseinandergeschnitten werden mußte, wurde die Straße solange gesperrt, daß ein Kino an der Buschkrugallee immer mehr Kundschaft verlor und schließlich geschlossen werden mußte.

Der BGH entschied, daß ein Anspruch auf Entschädigung wegen enteignungsgleichen (rechtswidrigen) Eingriffs bestehe, wenn Straßenbauarbeiten durch behördliche Schlamperei in erheblichem Maße verzögert werden und der Anlieger vermeidbare und unzumutbare Verzögerungen in Kauf nehmen muß. Selbst bei rechtmäßigem Eingriff kann ein Gewerbetreibender, für den die Verbindung zur Straße lebensnotwendig ist, bei drohender Existenzvernichtung eine Entschädigung verlangen (BGH NJW 1965, 1907).

Frankfurter U-Bahn
Während des Baues der Frankfurter U-Bahn wurde der Zugang zu einer stark von der Laufkundschaft abhängigen Drogerie für zweieinhalb Jahre so stark behindert, daß der Gewinn nicht mehr zur Bestreitung des Existenzminimums ausgereicht hätte. Hier bejahte der BGH eine Entschädigungspflicht (BGHZ 57, 359).

---

[19] Vgl. *Lege*, Enteignung und „Enteignung", zur Vereinbarkeit der BGH-Rechtsprechung mit Art. 14 GG, NJW 1990, 864, 870

Der BGH setzt diese Rechtsprechung heute noch fort (vgl. BGHZ 91, 20). Er kann sie aber nicht mehr auf Art. 14 GG stützen, weil dem die Entscheidung zur Naßauskiesung des Bundesverfassungsgerichts entgegensteht. Deshalb beruft er sich auf einen allgemeinen Aufopferungsgrundsatz, der aus §§ 74 und 75 der Einleitung zum preußischen allgemeinen Landrecht von 1794 folgt und nach der Auffassung des BGH als Richterrecht wirksam ist. Dieser Grundsatz wurde bereits früher zur Begründung einer Haftung für Impfschäden herangezogen (vgl. BGHZ 9, 83).

In der Tat gibt es bei Schäden aus rechtmäßigem Staatshandeln, die nur eine vermeidbare oder unvermeidliche Nebenfolge, nicht jedoch der Zweck dieses Handelns sind, keine Entschädigung aus Art. 14 GG. Es handelt sich weder um eine Enteignung, da der Staat nichts entziehen will, noch um eine Inhaltsbestimmung des Eigentums, da der Staat nicht gezielt in die Eigentumssphäre der Betroffenen eingreift. Dennoch erscheint eine Entschädigung sinnvoll. Dem einzelnen Bürger wird ein besonderes Opfer auferlegt, das zwar nicht Ziel, wohl aber Folge staatlichen Handelns ist. Eine Entschädigung ist aber nur dann zu gewähren, wenn der Eingriff unverhältnismäßig und unzumutbar ist.[20]

e) Unternehmensmitbestimmung (BVerfGE 50, 290)

Im Jahre 1979 entschied das Bundesverfassungsgericht über die Vereinbarkeit der Unternehmensmitbestimmung nach dem Gesetz von 1976 mit dem Grundgesetz. Das Gericht untersuchte insbesondere auch die Frage, ob das Mitbestimmungsgesetz von 1976 gegen den Eigentumsschutz aus Art. 14 GG verstoße. Das Mitbestimmungsgesetz 1976 bringt für die Arbeitnehmervertreter im Aufsichtsrat von Aktiengesellschaft und GmbH nur eine rechnerische Parität. Zum einen sitzt auf der Arbeitnehmerbank auch ein leitender Angestellter, der erfahrungsgemäß häufig mit der Kapitaleignerseite abstimmt. Zum anderen besitzt der Aufsichtsratsvorsitzende, nach dem Wahlverfahren in aller Regel ein Vertreter der Kapitaleignerseite, im Falle eines sogenannten Entscheidungspatts ein Doppelstimmrecht. Trotzdem wurde gegen dieses Gesetz Verfassungsbeschwerde eingelegt und unter Berufung auf Art. 14 GG behauptet, die Substanz des unternehmerischen Eigentums sei verletzt, der Aktionär oder GmbH-Gesellschafter sei jetzt einem ungewissen Entscheidungsablauf in den Vorständen und Aufsichtsräten ausgesetzt. Das Argument wurde vom Gericht verworfen. Insbesondere wurde der soziale Bezug des Eigentums an Produktionsmitteln herausgestellt. Dies gelte gerade für Großunternehmen. Damit wurde im Zusammenhang mit Art. 14 eine Position übernommen, die im Auftrag der Bundesregierung von den Professoren Kübler, Schmidt und Simitis im „Frankfurter Gutachten" entwickelt worden war.

Soweit es um die Funktion des Eigentums als Element der Sicherung der persönlichen Freiheit des einzelnen geht, genießt es nach der Rechtsprechung des BVerfG zu Art. 14 GG einen besonders ausgeprägten Schutz.[21] In seinem Mitbestimmungsurteil stellt das Gericht vor allem auf den Schutz vor Veräußerungsverboten und auf den Schutz des Eigentums ab, das durch eigene Leistung erworben wurde. Dagegen erkennt es eine umso weitergehende Befugnis des Gesetzgebers zur Inhalts- und Schrankenbestimmung an, je mehr das Eigentumsobjekt in einem sozialen Bezug und einer sozialen Funktion steht.[22] Der soziale Bezug äußert sich darin, daß Nut-

---

[20] Vgl. *Lege*, a.a.O. m.w.N. vgl. auch BGH NJW 1988, 478 (Waldsterben)
[21] Vgl. BVerfGE 14, S. 288, 293; 42, 64, 77; 42, 263, 293, 294f; 50, 290, 340.
[22] BVerfGE 50, 290, 340 m.w.N.

zung und Verfügung Belange anderer Menschen berühren, die auf die Nutzung des Eigentums angewiesen sind, um ihr eigenes Leben zu gestalten und ihre eigene Freiheit zu sichern. Umgekehrt bedarf es zur Nutzung des Anteilseigentums immer der Mitwirkung der Arbeitnehmer, andernfalls ist ein Funktionieren des Unternehmens und damit eine systemgerechte Nutzung des Anteilseigentums nicht möglich. Im übrigen ist auch die Befugnis der anderen Anteilseigner zur Mitgestaltung des Unternehmens ein sozialer Bezug des Anteilseigentums. Das Gericht erklärt die Mitbestimmung in Großunternehmen mit mehr als 2000 Beschäftigten für vereinbar mit Art. 14 GG. Der Eigentumsschutz der Anteilseigner müsse hier wegen des sozialen Bezugs des Eigentums zurücktreten.

Anknüpfend an die Entscheidung „Naßauskiesung" (BVerfGE 58, 300) lassen sich zusätzliche Argumente finden:

Bei der Abgleichung von Anteilsrechten der Gesellschafter und von Mitbestimmungsrechten der Arbeitnehmer handelt es sich nicht nur um ein eindimensionales Problem der Freiheitssicherung und des Grundrechtsschutzes, wie dies im Verhältnis zwischen Staat und Grundstückseigentümern der Fall ist und auch der Entscheidung „Naßauskiesung" zugrundeliegt (Grundrechte als **Abwehrrechte**). Der Gesetzgeber hat vielmehr einen Interessenausgleich zwischen den Menschen durch Recht herzustellen, zumindest zu ermöglichen. Hierbei sind auch die Grundrechte der Arbeitnehmer zu beachten, das Mitbestimmungsurteil nennt ausdrücklich die Berufsfreiheit, die für alle sozialen Schichten von Bedeutung sei.[23] Der Staat hat hier **mehrdimensionale Freiheitsprobleme** zu bewältigen, indem er unterschiedliche Gruppen im Unternehmen einander zuordnet und Normen schafft, die ein Ausbalancieren der gegenseitigen und vielfach gegensätzlichen Interessen ermöglichen.[24] Wie Kollisionen dieser Interessen, hinter denen kollidierende Grundrechte stehen können, aufzulösen oder sonst zu bewältigen sind, muß der Gesetzgeber selbst entscheiden. Die Verfassung schreibt ihm nichts vor – die Unternehmensmitbestimmung ist durch das Grundgesetz weder gefordert noch verboten –, er hat aber ihre Wertung zu beachten und Schutzaufträge insbesondere zur Sicherung von Grundrechten wahrzunehmen.[25]

Ob er enteignen oder eine inhaltsbestimmende Regelung treffen will, entscheidet der Gesetzgeber selbst. Ist ein inhaltsbestimmendes Gesetz z. B. wegen Verstoßes gegen den Grundsatz der Verhältnismäßigkeit (Rechtsstaatsprinzip, Art. 20 GG) nichtig, so ist es unwirksam (vgl. oben).

Das Bundesverfassungsgericht bejaht auch einen Eigentumsschutz von Kapitalgesellschaften gegen Eingriffe des Gesetzgebers in ihre innere Organisation und in das Verfahren ihrer Willensbildung, verneint aber eine Eigentumsverletzung durch das Mitbestimmungsgesetz.[26] Auch Organisations- und Verfahrensnormen haben, so das BVerfG, in aller Regel materielle Wirkungen und können gegen Grundrechte verstoßen. Nach Art. 19 Abs. 3 GG gelten die Grundrechte ja auch für inländische juristische Personen, soweit sie ihrem Wesen nach auf diese anwendbar sind.

Das Gericht will nur einen Mindeststandard einer funktionsfähigen Organisations-

---

[23] Vgl. BVerfGE 50, 290, 349.
[24] Vgl. *Schuppert*, Funktionellrechtliche Grenzen der Verfassungsinterpretation, 1980, S. 40 ff.
[25] Vgl. H. H. *Rupp*, Vom Wandel der Grundrechte, Archiv für öffentliches Recht 101, 1976, S. 161 ff., 175.
[26] BVerfGE 50, 290, 352.

und Willensbildungsstruktur sichern. Es erkennt damit zwar an, daß Grundrecht und Grundfreiheiten auch durch Organisation ausgeübt und gewährleistet werden können. Es verneint aber einen allgemeinen Bestandsschutz der Organisation.

Offen bleibt, woher das BVerfG die Maßstäbe für die Ausfüllung des Begriffs „Funktionsfähigkeit" nimmt. Das Grundgesetz registriert den gesellschaftlichen Wandel, der die individuell-subjektive Form der Freiheitsausübung weitgehend gesprengt hat. Deshalb garantiert es in Art. 19 Abs. 3 auch die organisatorischen Handlungsmöglichkeiten der Verbände, nicht nur die dahinterstehenden, vielfach vom Verband unterschiedlichen Individualrechte seiner Mitglieder. „Funktionsfähigkeit" des Unternehmens ist demnach etwas anderes als die Sicherung der Handlungsmöglichkeiten der Gesellschafter. Organisation bedeutet also auch, daß Zwecke, Rollen und Verhältnisse zwischen den Individuen dauerhaft institutionalisiert werden, die nicht auf die Persönlichkeit dieser Individuen reduzierbar sind.[27] Aus den Grundrechten ergeben sich jedoch inhaltliche Grenzen zur Regelung auch interner Organisationsstrukturen, wobei die Funktionsfähigkeit am jeweiligen Grundrecht zu messen ist.[28]

Der Eigentumsschutz an der inneren Organisation ist an der Funktion des Unternehmens auszurichten. Dies könnte formal so zu verstehen sein, **daß** Unternehmensentscheidungen getroffen werden können, ohne daß damit festgelegt wäre, **wer** welche Entscheidungs**inhalte** durchsetzen kann.[29] Diese Sicht wäre zu eng, werden doch die Organisationsformen vom BVerfG gerade wegen ihrer **materiellen** Wirkungen dem Eigentumsschutz unterstellt. Die Funktion kann auch nicht autonom vom Unternehmen selbst bestimmt werden, etwa in der Art, in der es seine wirtschaftlichen Ziele setzt. Es ist vielmehr notwendig, die Handlungen des Unternehmens (durch seine Organe) auf das institutionalisierte System „Unternehmen" zuzuordnen und aus einer Wertung dieser Handlungen Anhaltspunkte für die Ausfüllung der Unternehmensfunktion zu gewinnen. Die Wertmaßstäbe wiederum sind, da es sich um eine verfassungsrechtliche Bewertung handelt, aus dem Grundgesetz zu gewinnen.

Das Grundgesetz ist bekanntlich wirtschaftspolitisch offen. Es verschafft den Unternehmen einen weiten Handlungsspielraum, dem Gesetzgeber einen weiten Regelungsspielraum, solange er sich in den Grenzen hält, die ihm insbesondere durch die Grundrechte (darunter auch die allgemeine Handlungsfreiheit in Art. 2 Abs. 1 GG) und durch die Kompetenzzuweisungen des Grundgesetzes gezogen werden. Nur in Extremfällen ist ein Verstoß gegen Art. 14 GG wegen Funktionsunfähigkeit der inneren Organisation und Willensbildung denkbar.

f) Zusammenhang zwischen Art. 12 und Art. 14

Oldtimer Werbefahrten
Ein Unternehmer in Köln betrieb fünf Lastwagen, ein Londoner Taxi und zwei Pariser Busse. Er führ damit in der Innenstadt von Köln umher und betrieb ausschließlich Werbung. 1971 trat § 33 Abs. 1 Satz 2 StVO in Kraft. Dort heißt es: „Das Umherfahren und das Parken von Fahrzeugen nur zum Zweck der Werbung sind verboten."

---
[27] Vgl. *Teubner*, Organisationsdemokratie und Verbandsverfassung, 1978, S. 149ff.
[28] Vgl. *Ladeur* AK – GG Art. 19 Abs. 3 Rz. 23; *Badura*, Paritätische Mitbestimmung und Verfassung, 1985, S. 60.
[29] Vgl. referierend *Badura*, a.a.O.

II. Grundrechte und Wirtschaftstätigkeit   33

Der Unternehmer legte Verfassungsbeschwerde ein, da seine Berufsfreiheit verletzt sei. Der Bund besitzt Gesetzgebungskompetenz nach Art. 74 Nr. 22 GG (konkurrierende Gesetzgebung) für den Straßenverkehr; sie beinhaltet auch die Gefahrenabwehr im Bereich des Straßenverkehrs. Rechtsgrundlage für die Verordnung ist § 6 Abs. 1 Nr. 3 StVG. Unmittelbar soll nur das Fahren mit Werbeautos getroffen werden. Mittelbar ist jedoch auch die Fahrzeugwerbung als Beruf beeinträchtigt. Es gibt zwar vernünftige Erwägungen des Gemeinwohls für ein solches Verbot, insbesondere soll die Sicherheit und Leichtigkeit des Straßenverkehrs erhalten bleiben und eine Überlastung der Innenstädte vermieden werden. Andererseits gibt es auch Werbung an öffentlichen Verkehrsmitteln. Eine pauschale Regelung hielt das Gericht für unvertretbar. Als milderes Mittel wäre ein Erlaubnisverfahren mit Verbotsvorbehalt zu wählen gewesen, insofern ist die Lösung des Gesetzgebers (Verbot mit Ausnahmeerlaubnis) unverhältnismäßig und nach Art. 12 Abs. 1 GG nichtig.

Der Betroffene ging zum Bundesgerichtshof und verlangte eine Enteignungsentschädigung. In BGHZ 78, 41 wurde festgehalten, daß eine solche Entschädigung grundsätzlich verlangt werden kann. Das verletzte Eigentumsrecht sei der eingerichtete und ausgeübte Gewerbebetrieb. Durch die bis 1971 bestehende Regelung in der Straßenverkehrsordnung sei ein Vertrauenstatbestand geschaffen worden, auf den sich der Unternehmer verlassen habe. Deshalb habe er sich auf Verkehrsmittelwerbung spezialisiert. Da hier nur ein Erlaubnisverfahren mit Verbotsvorbehalt rechtmäßig gewesen wäre (vgl. oben), müsse man hypothetisch prüfen, ob bei einem solchen Verfahren ein Verbot des Fahrens mit Werbeträgern möglich gewesen wäre.

Der BGH entschied den Fall noch vor dem Naßauskiesungsbeschluß des Bundesverfassungsgerichts (BVerfGE 58, 300). Nach dessen scharfer Trennung zwischen der Enteignung und der (möglicherweise unzulässigen) Inhaltsbestimmung des Eigentums ergibt sich eine neue Beurteilung. Entgegen der Entscheidung des BGH (BGHZ 78, 41) ist nach der neuen Konzeption des BVerfG wohl keine Enteignungsentschädigung zu gewähren. Der Betroffene ist darauf beschränkt, die Verfügung, die ihm seine Werbefahrten verbietet, vor dem Verwaltungsgericht anzugreifen. In der Verletzung seiner Berufsfreiheit (vgl. BVerfGE 40, 371) liegt auch eine unzulässige Inhaltsbestimmung seines Eigentums, eine Entschädigung kann er aber nicht verlangen.

Schokoladenüberzug

A stellt Puffreisriegel mit einem Überzug aus Schokolade und einer Bindemasse aus glasiertem Fett und Kakaopulver her. Er kennzeichnet die Riegel mit der Aufschrift „Puffreisriegel in Pflanzenfettglasur mit Schokoladenüberzug". Die zuständige Behörde verbietet ihm, die Riegel in den Verkehr zu bringen, weil die Bindemasse mit Schokolade verwechselt werden könne. Sie stützt das Verbot auf eine Rechtsnorm, die später in einem anderen Fall vom Bundesverfassungsgericht wegen Verstoßes gegen Art. 12 Abs. 1 GG für nichtig erklärt wird. Es handle sich um eine verfassungswidrige Berufsausübungsregelung, die als absolutes Verkehrsverbot unverhältnismäßig sei und durch ein milderes Mittel des Eingriffs in die Berufsfreiheit ersetzt werden könne (BVerfGE 53, 135). Nun verlangt A eine Enteignungsentschädigung. Zu Recht?

Der BGH (BGHZ 111, 349) lehnt eine derartige Entschädigung ab. In Frage komme nur der Gesichtspunkt des enteignungsgleichen Eingriffs, der aus dem allgemeinen Aufopferungsgedanken der §§ 74, 75 der Einleitung zum preußischen allgemeinen Landrecht abgeleitet wird (BGHZ 102, 91). Es handle sich um eine rechtswidrige Beeinträchtigung des Eigentums, die auf eine Norm unterhalb der Ebene eines Gesetzes zurückzuführen sei. Die Maßnahme greife aber nicht in die Substanz des Gewerbebetriebs ein, da sie nur das „Wie" der Ausgestaltung eines einzelnen Produktes betreffe und nicht das „Ob" der Herstellung. Also handle es sich um eine, wenn auch rechtswidrige, Inhalts- und Schrankenbestimmung des Eigentums, nicht aber um eine entschädigungspflichtige Aufopferung, die nach enteignungsrechtlichen Grundsätzen zu einer Entschädigung führen würde. Nachzutragen bleibt, daß A gegen die behördliche Maßnahme klagen müßte, wenn er sie für rechtswidrig hält (vgl. auch BVerfG NJW 1992, 36 – Entscheidung nicht nach Art. 14 GG überprüfbar).

g) Wiederholung

In Kenntnis der BVerfG-Entscheidung „Naßauskiesung" beantragt der Kiesgrubeneigentümer A bei der zuständigen Behörde, ihm die Genehmigung zur „Trockenauskiesung" einer Kiesschicht zu erteilen, die bis in 10 m Tiefe reicht. Die grundwasserführende Schicht beginnt erst in 12 m Tiefe.

Es stellt sich heraus, daß durch die „Trockenauskiesung" die Wasserversorgung der nahegelegenen Stadt gefährdet wird, da das Wasserwerk nur 200 m entfernt ist und Schmutzteile in erheblichem Umfang in die Grundwasserschicht gelangen können.

a) Die Behörde lehnt den Antrag ab, Zu Recht?
b) Kann A eine Enteignungsentschädigung verlangen?

Lösungsvorschlag

a) Art. 12 GG kann grundsätzlich nur bei Regelungen verletzt sein, die sich zielgerichtet auf eine berufliche Tätigkeit beziehen. Dies ist hier nicht der Fall, A wird lediglich die Genehmigung zur Ausbeutung einer bestimmten Kiesschicht versagt.

A könnte durch das Verbot in seinem Grundrecht aus Art. 14 GG verletzt sein, da in sein Eigentum an der Kiesgrube eingegriffen wurde. Es ist zu prüfen, ob das Auskiesungsverbot eine zulässige Inhalts- und Schrankenbestimmung des Eigentums darstellt. Das Wasserhaushaltsgesetz definiert Inhalt und Schranken des Grundeigentums in zulässiger Weise (siehe Naßauskiesungsentscheidung des BVerfG – ist auszuführen).

Es macht keinen Unterschied, ob die Wasserversorgung der nahegelegenen Stadt wegen einer Auskiesung in der Grundwasserschicht oder unmittelbar in der Nähe dieser Schicht gefährdet wird. Die Inhalts- und Schrankenbestimmung ist nach Art. 14 GG zulässig.

Eine Enteignungsentschädigung kann nur verlangt werden, wenn eine Enteignung vorliegt.

b) Das BVerfG trennt zwischen Inhaltsbestimmung und Eigentumsentzug. Da hier kein Eigentum entzogen wurde, kommt eine Enteignungsentschädigung nach Art. 14 GG nicht in Frage.

Anmerkung: Einen ähnlichen Fall entschied der Bundesgerichtshof (BGHZ 84, 223, 230).

h) Vertiefung

Im Oktober 1981 führte Helmut Rittstieg auf einer Tagung der Evangelischen Akademie Hofgeismar zu den Funktionen des Eigentums im Rahmen eines Referats folgendes aus:

„Die Frage nach Funktionen des Eigentums ist gleichbedeutend mit der Frage, welche Wirkungen das Eigentum in der individuellen und gesellschaftlichen Existenz der Gegenwart entfaltet. Diese Fragestellung schließt notwendig eine Differenzierung nach unterschiedlichen Eigentumsobjekten ein, da es auf der Hand liegt, daß persönliches Sacheigentum, Bodeneigentum, Produktionsmitteleigentum oder Immaterialgüterrechte und Rechte aus Sozialversicherungen unterschiedliche Funktionen entfalten. In der Verfassungsdoktrin ist allerdings diese funktionale Differenzierung noch keineswegs eine Selbstverständlichkeit[30]. Die traditionelle sozialphilosophische Lehre vom Eigentum hat, beginnend mit dem englischen Naturrecht im 17. Jahrhundert, traditionell Eigentum als Einheit behandelt. Diese Abstraktheit des Eigentums machen sich die herkömmlichen Rechtfertigungen des Eigentums zu Nutze, um das Gesamtinstitut im sozialen Bewußtsein zu verankern und zu rechtfertigen. Jeder hat in irgendeiner Weise Eigentum und fühlt sich daher angesprochen, ohne zu bemerken, daß die Funktionen von Großeigentum an Produktionsmitteln ganz andere sein können als die Funktionen persönlichen Eigentums. Eine funktionale Differenzierung ist allerdings heute auch verfassungsrechtlich nicht mehr zu umgehen. Das zeigt etwa das Mitbestimmungsurteil des Bundesverfassungsgerichts vom 1. 3. 1979[31], das die gesetzgeberischen Befugnisse zur Umgestaltung des Produktionsmitteleigentums aus der spezifischen Funktion von Produktionsmitteln begründet.

1. Völlig unbestritten ist die **Ordnungsfunktion** des Eigentums. Jede Rechtsordnung muß in irgendeiner Weise Sachgüter Personen oder Personengemeinschaften zuordnen. Die Möglichkeit, Eigentum Personengemeinschaften zuzuordnen, impliziert, daß die individuelle Form des Eigentums nicht die einzig denkbare ist. Im übrigen kann die Ordnungsfunktion durch andere Detentionsformen erfüllt werden, die mit weniger weitgehenden Befugnissen ausgestattet sind. Träger der Ordnungsfunktion ist nämlich im bürgerlichen Recht auch der Besitzschutz. Im Rahmen von Personengemeinschaften kann die organisatorische Zuweisung ein funktionales Äquivalent des Eigentums darstellen. Das kommt in der Umgangssprache dadurch zum Ausdruck, daß der dienstlich zugewiesene Arbeitsraum und der Schreibtisch ohne weiteres als „mein" Dienstzimmer und als „mein" Schreibtisch bezeichnet werden. Diese Feststellungen deuten darauf hin, daß das bürgerlich-rechtliche Eigentum im Hinblick auf die reine Ordnungsfunktion einen überschüssigen Regelungsgehalt aufweist.

2. Im Zusammenhang seiner menschenrechtlichen Interpretation der Eigentumsgewährleistung hat das Bundesverfassungsgericht gerade auch im Mitbestimmungsurteil die **personale Funktion** des Eigentums hervorgehoben. Diese Sichtweise wurde insbesondere in der Philosophie des deutschen Idealismus herausgearbeitet. So bezeichnet *Hegel* das Eigentum in seiner Rechtsphilosophie als „äußere Sphäre" oder als „erstes Dasein" der Freiheit[32]. Daß diese Sichtweise eine reale Funktion des Eigentums bezeichnet, braucht kaum hervorgehoben zu werden. Menschliches

---

[30] Siehe zum Ganzen *Helmut Rittstieg*: Eigentum als Verfassungsproblem. Zur Geschichte und Gegenwart des bürgerlichen Verfassungsstaates. Darmstadt 1975. *Karl Renner*: Die Rechtsinstitute des Privatrechts und ihre soziale Funktion. Tübingen 1929, bes. S. 175ff.
[31] BVerfGE 50, 290ff.
[32] *Georg Wilhelm Friedrich Hegel*: Grundlinien der Philosophie des Rechts. §§41, 45, in G. W. F. Hegel: Werke in zwanzig Bänden (Theorie-Werkausgabe) VII. Frankfurt 1970, S. 102, 107.

Handeln und menschliche Persönlichkeitsentfaltung bedürfen eines Betätigungsfeldes im Bereich der körperlichen Gegenstände.

Allerdings hat diese Funktion des Eigentums als äußerer Bereich der Freiheit ihre Grenzen und darf nicht verabsolutiert werden. Das zeigen die nachfolgenden Erwägungen:

(a) Die Eigentumsfreiheit erschöpft nur einen Teil personaler Möglichkeiten. Künstlerische und geistige Betätigung, zwischenmenschliche Kontakte und zahlreiche Möglichkeiten des Lebensgenusses liegen auf einer Ebene jenseits der Eigentümerfreiheit. Wenn *Hegel* sagt, Eigentum sei das „erste Dasein" der Freiheit, so muß man fortfahren, nach dem weiteren und höherem Dasein zu fragen.

(b) Die Freiheit, verstanden als Eigentümerfreiheit, hat auch immer den Aspekt der Abgrenzung und der Ausgrenzung des anderen. Eigentümerfreiheit ist wesentlich mit der Vorstellung verbunden, Freiheit bestehe darin, den eigenen Vorteil zu vermehren und andere auszugrenzen. Als Freiheit zum Wettbewerb ist sie eine ungesellige Form der Freiheit, deren Überbetonung mit manifesten gesellschaftlichen Problemen, wie etwa der Vereinsamung, verbunden ist. Es ist eine alte Erfahrung der europäischen Moralphilosophie, die in jüngerer Zeit vom Psychonalytiker *Erich Fromm* erneut hervorgehoben wurde,[33] daß die Verabsolutierung des Erwerbes und des Eigentumsstrebens zu einer neurotischen Verengung der Persönlichkeit führt. Eine Gesellschaft, deren einzig anerkannter Wert die persönliche Bereicherung ist, ist eine kranke Gesellschaft. Das zeigt sich in manchen Erscheinungen, die in der Bundesrepublik Deutschland zu beobachten sind. Gegen diese Verengung des gesellschaftlich anerkannten Wertsystems wendet sich bewußt oder unbewußt ein Teil des Protestes der jungen Generation.

(c) Daß gerade auch das persönliche Eigentum Instrument der Unfreiheit sein kann, belegt die von Soziologen hervorgehobene Beobachtung, daß in der Unter- und Mittelschicht das Eigentum an langlebigen Konsumgütern ebenso wie Haus und Garten die wesentlichen Statussymbole sind. Der Erwerb derartiger Güter wird zum wesentlichen Moment sozialer Geltung und damit zum sozialen Zwang. Das führt wiederum zu einem Zugriff auf künftiges Eigentum in Gestalt von Ratenkrediten und Grunderwerbsdarlehen. In der Verpflichtung, derartigen Zugriff auf künftiges Einkommen abzuarbeiten, kommt die durch Eigentumserwerb bedingte Unfreiheit sinnfällig zum Ausdruck.

Mit den Grenzen des wirtschaftlichen Wachstums zeigen sich auch die Grenzen der Freiheit durch Eigentum. Die Welt ist nicht geeignet, für alle Gegenstand unbegrenzter Appropriation zu sein. Mangels der Möglichkeit für jeden Einzelnen, die für sein Leben benötigten Gegenstände einschließlich der Produktionsmittel und der Behausung zu Eigentum zu erwerben – das schien unter vorindustriellen Bedingungen angesichts der Weite des amerikanischen Kontinents für die europäischen Einwanderer dort noch möglich –, bedeutet Eigentum jenseits des persönlichen Bereichs nur für den Eigentümer einen Zuwachs an Freiheit. Gleichzeitig ist es ein Instrument zur ökonomischen Unterwerfung des einen unter den Willen des anderen. Vielleicht ist die durch Eigentum vermittelte Unterwerfung die erträglichste Form, solange sie durch den Markt objektiviert wird und dem Abhängigen, sei es in seiner Rolle als Arbeitnehmer oder als Mieter, das Ausweichen auf andere Eigentü-

---

[33] Z. B. *Erich Fromm:* Haben oder Sein. Die seelischen Grundlagen einer neuen Gesellschaft. Stuttgart 1976.

mer gestattet. Auch unter diesen Voraussetzungen bleibt es allerdings bei einem Transfer von Freiheit zwischen Nichteigentümern und Eigentümern.[34] Derjenige, der eine Kapitalrendite oder die Grundrente empfängt, gewinnt an Handlungsfreiheit, während der andere, der sie zahlt, seine Arbeitskraft verkaufen muß, um die Mittel zu erwerben, die ihm Zugang zu den benötigten Sachgütern ermöglichen. In diesem Zusammenhang kann auf die Gedanken der englischen Utilitaristen des 19. Jahrhunderts verwiesen werden. *Jeremy Bentham* hob hervor, daß die Ungleichheit der Eigentumsverteilung eine Verfehlung des maximalen gesellschaftlichen Nutzens bedeute, weil der Grenznutzen zusätzlichen Eigentums bei gleicher Glücksfähigkeit jeweils für den Ärmsten am größten sei. Die Gleichheit des Eigentums werde allerdings nicht glücklich machen, wenn kein Eigentum zu verteilen sei. Und wichtigster Antrieb für wirtschaftliche Aktivitäten sei eben die Möglichkeit des Eigentumserwerbs.

3. Eine traditionelle Funktion des Eigentums ist es, mit seiner Hilfe für die Wechselfälle des Lebens und für das Alter **Vorsorge zu treffen**. Diese Vorsorgefunktion erfüllt Eigentum nach wie vor. Es ist jedoch bekannt, daß für die Masse der Bevölkerung die wichtigsten Vorsorgefunktionen nicht durch Eigentum, sondern durch das Sozialrecht erfüllt werden. Dem entspricht es, daß das Bundesverfassungsgericht Anwartschaften und Ansprüche aus der Rentenversicherung in die Eigentumsgewährleistung einbezogen hat.[35] Man sollte sich allerdings nicht darüber täuschen, daß Rentenerwartungen ganz andere Grundlagen haben als das bürgerliche Eigentum. Durch den Ausbau der sozialen Sicherung wurden Funktionen des Eigentums auf Rechtsinstitute anderer Art übertragen.

4. Die **ökonomischen Funktionen** des Eigentums werden vor allem in zwei Richtungen gesehen:

(a) Eigentum soll die sparsame **Ressourcenverwendung** sichern. Da der Eigentümer in der Beschaffenheit seiner Sache und in den Früchten, die sie ihm bringt, mit den gegenständlichen und ökonomischen Folgen seiner Eigentumsverwendung konfrontiert wird, läßt sich das Eigentum als Rechtsinstitut auch im Sinne eines kybernetischen Regelkreises verstehen. Die Folgen der Eigentumsverwendung fallen auf den Eigentümer zurück, und das veranlaßt den Eigentümer zu einer entsprechend sorgsamen Verwendung. Als Beispiel wird in diesem Zusammenhang gern die Landwirtschaft in den Ostblockstaaten angeführt. Der Vernachlässigung von Kolchosländereien und ihrem geringen Ertrag wird die sorgsame Pflege der Privatländereien der Kolchosbauern und ihr größerer Ertrag gegenübergestellt.

Auch diese Argumentation darf allerdings nicht verabsolutiert werden. Eigentum ist mit Sicherheit nicht das einzige Stimulans sorgsamer Ressourcenverwendung. Bei vielen Eigentumsverwendungen ist im übrigen der genannte kybernetische Regelkreis gerade nicht geschlossen, wenn nämlich die Eigentumsverwendung Auswirkungen auf andere, insbesondere auf die Umwelt hat. In der Ökonomie wird von „sozialen Kosten" gesprochen, weil bestimmte Auswirkungen der wirtschaftlichen Betätigung sich nicht in der Betriebsabrechnung niederschlagen. Die Vorschrift des Art. 14 Abs. 2 GG „Eigentum verpflichtet" gewinnt gerade aus der Tatsache ihren Sinn, daß Eigentum in vielen Fällen keinen geschlossenen Regelkreis darstellt.

---

[34] *C. B. Macpherson:* Die politische Theorie des Besitzindividualismus. Von Hobbes bis Locke. Frankfurt 1974 (Suhrkamp Taschenbuch Wissenschaft 41).
[35] BVerfGE 53, 257ff.

Dem entsprechen zahlreiche Zuwendungen der Öffentlichen Hand zugunsten des Eigentums in Gestalt von Infrastrukturleistungen, Subventionen usw. Auch diese öffentlichen Zuwendungen wären ohne öffentliche Funktion des Eigentums nicht gerechtfertigt.

(b) Es wurde bereits erwähnt, daß seit den englischen Utilaristen des 19. Jahrhunderts die Möglichkeit des Eigentumserwerbs als das wichtigste Stimulans wirtschaftlicher Betätigung gilt. Es ist kein Zweifel, daß die Eigentumsmarktgesellschaft insoweit enorme Erfolge gehabt hat. Die wirtschaftliche Entwicklung der westlichen Industrienationen und ihr gegenwärtiger Lebensstandard wurde im wesentlichen durch dieses Stimulans bestimmt.

Eigentum kann allerdings nur dort als unmittelbares Stimulans wirtschaftlicher Betätigung dienen, wo es der Eigentümer noch selbst verwaltet. Unmittelbarer Wirkungsbereich dieser Funktion ist daher der Bereich mittelständischer Wirtschaft, in der Eigentum und Unternehmertätigkeit noch nicht auseinanderfallen. In der Großindustrie ist der Unternehmerbetrieb zur Ausnahme geworden. Dieses Faktum und die daraus folgenden institutionellen Veränderungen wurden bereits 1932 von *Adolf A. Berle* und *Gardiner C. Means* hervorgehoben.[36]

Weitere Ernüchterungen ergaben sich insoweit aus der Erkenntnis, daß das Gewinnprinzip nicht selbsttätig zu einem gesamtgesellschaftlichen Optimum führt. Zur Geschichte der westlichen Industriegesellschaften gehören nicht nur die Erfolge in Gestalt hohen Lebensstandards, sondern auch Zeiten wirtschaftlicher Depression und der Arbeitslosigkeit. In bestimmten konjunkturell und strukturell bedingten wirtschaftlichen Situationen weicht das individuelle Nutzenkalkül des einzelnen Eigentümers deutlich vom gesamtgesellschaftlichen Interesse ab.

5. Eine **politische Funktion** des Eigentums wird darin gesehen, daß es als Element gesellschaftlicher Gewaltenteilung dient. Manche Vertreter der Pluralismustheorie bezeichnen die bürgerliche Eigentumsordnung geradezu als Voraussetzung politischer Freiheit. Diese Position vertritt etwa *Helmut Schelsky*.[37] Als Beleg für diese Position wird der Mangel politischer Freiheit in den Ostblockstaaten herangezogen, in denen Staat und Wirtschaft von derselben Partei beherrscht werden.

Allerdings ist auch diese Funktion des Eigentums nicht unproblematisch. Nach dem Zusammenbruch des Nationalsozialismus wurde von allen Parteien die Eigentumsordnung der Weimarer Republik mit als Voraussetzung des Faschismus angesehen. Die historische These geht dahin, daß die Gefährdung dieser Eigentumsordnung durch die Wirtschaftskrise und durch alternative Positionen die gesellschaftlich Herrschenden veranlaßt habe, den Faschismus als Ausweg zu wählen.

Unter bestimmten Voraussetzungen kann Eigentum auch zum Element politischer Unfreiheit werden. So sind auch in der Bundesrepublik Deutschland bestimmte Kommunen von Großunternehmen beherrscht. Einige multinationale Konzerne können sich fast völlig der einzelstaatlichen Einflußnahme entziehen ..."

In seinem Mitbestimmungsurteil von 1979 stellt das Bundesverfassungsgericht auf die personale Funktion ab, um den Eigentumsschutz zu begründen. Der soziale

---

[36] *Adolf A. Berle/Gardiner C. Means:* The Modern Corporation and Private Property. New York 1932.

[37] *Helmut Schelsky:* Mehr Demokratie oder mehr Freiheit?, in *H. Schelsky:* Systemüberwindung, Demokratisierung und Gewaltenteilung. 3. Aufl. München 1973, S. 55–60.

Bezug des Eigentums rechtfertigt die Schrankensetzungen durch den Gesetzgeber. Den sozialen Bezug des Eigentums sieht das Gericht darin, daß Nutzung und Verfügung nicht innerhalb der Sphäre des Eigentümers bleiben, sondern Belange anderer Rechtsgenossen berühren, die auf die Nutzung des Eigentumsobjekts angewiesen sind (BVerfGE 50, 290, 341). Gesetzgeber und Verwaltung haben einerseits das Zuordnungsverhältnis und die Substanz des Eigentums zu schützen, andererseits den Rechten und Interessen der Nichteigentümer Rechnung zu tragen, insbesondere auch ihre Grundrechte zu effektivieren, soweit sie ihrerseits auf die Nutzung des Eigentumsobjekts zu ihrer Freiheitssicherung und verantwortlichen Lebensgestaltung angewiesen sind. Das Gericht hat sich also mit den Funktionen des Eigentums insoweit befaßt, als es daraus verfassungsrechtliche Argumente für die Reichweite des Schutzes aus Art. 14 GG ableitete.

4. Koalitionsfreiheit – Artikel 9 Abs. 3 GG

a) Texte

Die Vereinigungsfreiheit zur Wahrung und Förderung der Arbeits- und Wirtschaftsbedingungen ist für Jedermann und für alle Berufe gewährleistet. Alle Abreden und Maßnahmen, welche diese Freiheit einzuschränken oder zu behindern suchen, sind rechtswidrig (Artikel 159 der Weimarer Reichsverfassung von 1919).

Die Arbeiter und Angestellten sind dazu berufen, gleichberechtigt in Gemeinschaft mit den Unternehmern an der Regelung der Lohn- und Arbeitsbedingungen sowie an der gesamten wirtschaftlichen Entwicklung der produktiven Kräfte mitzuwirken. Die beiderseitigen Organisationen und ihre Vereinbarungen werden anerkannt (Artikel 165 der Weimarer Reichsverfassung).

Das Recht, zur Wahrung und Förderung der Arbeits- und Wirtschaftsbedingungen Vereinigungen zu bilden, ist für Jedermann und für alle Berufe gewährleistet. Abreden, die dieses Recht einschränken oder zu behindern suchen, sind nichtig, hierauf gerichtete Maßnahmen sind rechtswidrig. Maßnahmen nach den Artikel 12a, 35 Abs. 2 und 3, Artikel 87a Abs. 4 und Artikel 91 dürfen sich nicht gegen Arbeitskämpfe richten, die zur Wahrung und Förderung der Arbeits- und Wirtschaftsbedingungen von Vereinigungen im Sinne des Satzes 1 geführt werden (Artikel 9 Abs. 3 GG).

b) Historische Grundlagen

Im 19. Jahrhundert galt noch das Koalitionsverbot, wie es im Preußischen Allgemeinen Landrecht verankert war. Auf dieser Grundlage wurde auch die Preußische Gewerbeordnung von 1845 verabschiedet. In der Revolution von 1848 wurde gegen das Koalitionsverbot ein freies Vereinigungsrecht gefordert. Nach dem Scheitern dieser Revolution setzte sich der Gedanke der Koalitionsfreiheit in Zusammenhang mit dem der Gewerbefreiheit dennoch durch. So wurde 1869 in der Gewerbeordnung des Norddeutschen Bundes, die später für das Deutsche Reich übernommen wurde, die Koalitionsfreiheit verankert (§ 152 Abs. 1). Nach den Sozialistengesetzen von 1878 wurden die Koalitionen in ihrer Betätigung stark eingeengt. Später konnten sie sich aber trotz vielfältiger Behinderungen durch Polizei und Gerichte wegen ihrer starken personellen Verankerung in der Arbeiterschaft entfalten. 1913 waren über 2,5 Mio. Arbeitnehmer gewerkschaftlich organisiert. Für 2 Mio. Arbeitnehmer waren etwa 13 500 Tarifverträge abgeschlossen worden.

Nach 1918 wurden in Zusammenhang mit dem Abkommen über die zentrale Arbeitsgemeinschaft die „roten" Gewerkschaften, die Tarifautonomie und das Streikrecht anerkannt. Voraussetzung für die Gewerkschaftseigenschaft war die „Gegnerfreiheit", d.h. die wirtschaftsfriedlichen, von den Unternehmern gegründeten oder bevorzugten Wirtschaftsverbände waren nicht als Tarifparteien anerkannt. Im Jahre 1922 waren 14,6 Mio. Arbeitnehmer durch Tarifverträge erfaßt. Danach ging die Schlagkraft und Bedeutung der Gewerkschaften zurück. Insbesondere wirkte sich auch die staatliche Zwangsschlichtung, 1923 eingeführt, negativ auf die Autonomie der Tarifvertragsparteien aus. Im Zusammenhang mit der Schwächung der Arbeiterbewegung und dem Erstarken des Nationalsozialismus in der Wirtschaftskrise nach 1929 kamen Tarifverträge, wenn überhaupt, nur noch durch staatliche Zwangsschlichtung zustande. Nach der Machtergreifung im Jahre 1933 wurde schließlich die NS-Arbeitsfront eingeführt. Sie beruhte auf dem Prinzip von Führer und Gefolgschaft. Arbeitnehmerrechte bestanden kaum noch, die Koalitionsfreiheit war abgeschafft.

Nach 1945 wurden die Gewerkschaften wieder aufgebaut. Im Grundgesetz von 1949 wurde die Koalitionsfreiheit in Art. 9 Abs. 3 verankert. Die Formulierung entspricht in etwa Art. 159 der Weimarer Reichsverfassung. Daneben enthalten die meisten Länderverfassungen die Garantie der Koalitionsfreiheit.

c) Koalitionsbegriff

Koalitionen sind nur solche Vereinigungen, die entweder Arbeitnehmer oder Arbeitgeber zur Wahrung der Arbeits- und Wirtschaftsinteressen gegenüber der anderen Seite als Mitglieder haben. Zum Koalitionsbegriff gehört die Gegnerfreiheit und die Unabhängigkeit auch von der Staatsseite. Koalitionen müssen auf dem Prinzip des freiwilligen Beitritts beruhen und demokratisch strukturiert sein. Koalitionen müssen nicht auf Dauer angelegt sein, auch Spontan-Koalitionen sind durch Art. 9 Abs. 3 geschützt. Zum Koalitionsbegriff gehört nicht die Tarifwilligkeit oder die Tariffähigkeit. Es ist der freien Entscheidung der Koalition überlassen, mit welchen Mitteln sie die Arbeits- und Wirtschaftsbedingungen zu gestalten versucht. Ebensowenig muß die Koalition zum Arbeitskampf bereit sein (vgl. BVerfGE 18, 18 – Verband katholischer Hausgehilfinnen). Die Koalition muß weder parteipolitisch noch konfessionell neutral sein. Die Einheitsgewerkschaft ist zwar politisch wünschenswert, aber nicht durch die Verfassung vorgeschrieben. Als Gewerkschaft im Sinne des Tarifrechts wird eine Vereinigung anerkannt, die tariffähig und tarifwillig ist. Dies erfordert in aller Regel neben einer dauerhaften Organisation auch die Bereitschaft zum Arbeitskampf. Der Gewerkschaftsbegriff ist also enger als der Koalitionsbegriff. Anstelle der Arbeitskampfbereitschaft genügt bei Beamtengewerkschaften und ähnlichen Organisationen eine ausreichende soziale Mächtigkeit, mit der Druck auf den sozialen Gegenspieler ausgeübt werden kann.

d) Fälle

– Eine „Vereinigung zur Wahrung und Förderung der Arbeits- und Wirtschaftsbedingungen in der Fotoindustrie", die Arbeitgeber und Arbeitnehmer in ihren Reihen gegen die japanische Herausforderung vereinigt, ist keine Koalition im Sinne von Art. 9 Abs. 3. Es handelt sich um einen gemischten Zusammenschluß. Die Vereinigung ist nicht gegnerfrei.

– BAG BB 1979, 887: **Aufkleber auf Schutzhelme**
Es ist nicht zulässig, gegen den Willen des Arbeitgebers, der Eigentümer der Schutzhelme ist, Aufkleber der IG Bau-Steine-Erden auf dem Helm anzubringen. Der Arbeitgeber kann nach § 1004 BGB wegen Beeinträchtigung seines Eigentums Be-

II. Grundrechte und Wirtschaftstätigkeit

seitigung verlangen. Zu prüfen war hier nicht das Individualrecht aus Art. 9 Abs. 3 auf Gründung einer Koalition oder auf Betätigung in der Koalition, sondern auch der in Art. 9 Abs. 3 verankerte Bestandsschutz der Koalition, der sich u. a. in ihrer Tarifautonomie und ihrer Streikfähigkeit ausdrückt. BAG und Bundesverfassungsgericht beschränken den Bestandsschutz der Koalition auf einen Kernbereich der koalitionspolitischen Betätigung. Die Werbung mit Ansteckllnadeln ist z. B. zulässig. Zulässig ist auch die Verteilung von Flugblättern in den Pausen. Nicht für zulässig hält das BAG die Inanspruchnahme fremden Eigentums für Werbungszwecke im Fall des Schutzhelms. Die Entscheidung erscheint problematisch, weil sie überspitzt auf den Eigentumsschutz des Arbeitgebers gegenüber der Freiheit der Koalitionsbetätigung abstellt.

– BAG, AP Art. 5 GG Arbeitskampf Nr. 64–66: **Aussperrung in der Druckindustrie** 1978 streikte die IG Druck und Papier in einigen Zeitungsverlagen für einen Tarifvertrag zum Schutz der Arbeitnehmerrechte bei der Einführung neuer Technologien. Die Arbeitgeberseite reagierte mit einer bundesweiten befristeten Aussperrung, von der selektiv nur die in der IG Druck und Papier organisierten Arbeitnehmer erfaßt wurden. Die IG Druck und Papier organisierte Massenklagen der betroffenen Arbeitnehmer, die bis zum Bundesarbeitsgericht verfolgt wurden. Das BAG leitete das Recht zur Aussperrung der Arbeitgeberseite aus dem Tarifvertragsgesetz ab, nicht jedoch aus Art. 9 Abs. 3 GG. Die Aussperrung ist also nicht ebenso wie das Streikrecht verfassungsrechtlich garantiert. Im übrigen unterliegt die Aussperrung dem Grundsatz der Verhältnismäßigkeit, maßgeblich für ihre Intensität ist der Umfang des Angriffsstreiks. Auf einen Teilstreik kann mit Teilaussperrung geantwortet werden, bei einem Flächenstreik mit Flächenaussperrung. Ob die Antwort hier unverhältnismäßig war, weil bundesweit ausgesperrt wurde, mag dahingestellt bleiben. Schließlich war die Aussperrung nur befristet, während der Angriffsstreik unbefristet durchgeführt wurde. Entscheidend für die Verfassungswidrigkeit der Maßnahme war, daß sie selektiv gegen die in der IG Druck und Papier Organisierten durchgeführt wurde. Eine solche Selektivität stellt einen rechtswidrigen Angriff auf die Koalitionsfreiheit der Betroffenen dar.

– Am 16.11.1982 entschied das BAG darüber, ob der **Verband der oberen Angestellten der Eisen- und Stahlindustrie** (VOE) tariffähig und damit eine **Gewerkschaft** ist. Der Verband hat etwa die Hälfte der oberen Führungskräfte dieses Unternehmensbereichs organisiert. Er ist tarifwillig. In seiner Satzung hat er sich den Abschluß von Tarifverträgen zum Ziel gesetzt. Dies wird auch von seinen Mitgliedern getragen, wie eine Umfrage im Jahre 1977 erwiesen hat. Er hat dieses Ziel allerdings in den letzten Jahren nicht mit Nachdruck verfolgt, da die Arbeitgeberverbände sich weigern, die Arbeitsbedingungen von Führungskräften tarifvertraglich zu regeln. Der Abschluß eines Tarifvertrags hätte nur mit einem Arbeitskampf erreicht werden können. Da hierzu aber rechtmäßig nur eine Gewerkschaft aufrufen kann, will der Verband seine Gewerkschaftseigenschaft klären. Das BAG bejaht diese, da der Verband genügend mächtig gegenüber der tarifpolitischen Gegenseite, tarifwillig und bereit zum Arbeitskampf sei (BAG AP Nr. 32 zu § 2 TVG).

– Am 21.6.1988 entschied das BAG darüber, ob **Warnstreiks** auch dann zulässig sind, wenn die Tarifverhandlungen nicht förmlich für gescheitert erklärt worden sind. Die Gewerkschaft Handel, Banken und Versicherungen hatte Warnstreiks in der Form der sogenannten neuen Beweglichkeit durchgeführt. Sie kündigte die Streiks vorher nicht an und beschränkte sie auf kurze Warnstreiks an wechselnden Orten. Das BAG verlangt für die Zulässigkeit von Streiks, daß sie nach Ablauf der Friedenspflicht das letzte Mittel zur Durchsetzung von Forderungen während laufender Tarifverhandlungen darstellen. Gegenüber kritischen Meinungen zu früheren Warnstreiksentscheidungen, in denen das BAG dieses ultima-ratio-Prinzip nur auf längerfristige oder zeitlich unbegrenzte Arbeitskämpfe bezog (vgl. BAG DB 1977, 824; DB 1984, 2583), verlangt das Gericht jetzt, daß auch ein Warnstreik in der Form der neuen Beweglichkeit als letztes Kampfmittel an dem ultima-ratio-Prinzip ausgerichtet wird. Das Gericht überläßt es aber den Tarifparteien, wann sie die Verhandlungsmöglichkeiten ohne begleitende Arbeitskampfmaßnahmen als ausgeschöpft ansehen. Das ultima-ratio-Prinzip verlangt nicht, daß die Tarifverhandlungen förmlich für gescheitert erklärt werden, damit Streiks zulässig sind. In der Eröffnung von Streiks liegt vielmehr die freie und nicht nachprüfbare Entscheidung der Tarifvertragspartei über die Erschöpfung der Verhandlungsmöglichkeiten (BAG DB 1988, 1952).

e) Wiederholung

Eine Gewerkschaft verlangt von dem Unternehmer U, daß er die Wahl ihrer gewerkschaftlichen Vertrauensleute in seinem Betrieb – außerhalb der Arbeitszeit und während der Pausen – gestatte. Zu Recht?

Lösungsskizze

Da eine gesetzliche Regelung nicht besteht, kann die Gewerkschaft ihren Anspruch nur aus Art. 9 Abs. 3 GG direkt herleiten. Art. 9 Abs. 3 gewährleistet nicht nur die individuelle, sondern auch die kollektive Koalitionsfreiheit, also die Freiheit der koalitionsmäßigen Betätigung. Der Gesetzgeber und die Gerichte haben das Grundrecht dadurch zu sichern, daß sie einen Kernbereich einer Organisation und eines Verfahrens sicherstellen, mit deren Hilfe sich die Koalition betätigen kann. Zu fragen ist, ob die Wahl der gewerkschaftlichen Vertrauensleute im Betrieb zum Kernbereich dieser verfassungsmäßig gewährleisteten Koalitionstätigkeiten gehört.

Die Vertrauensleute arbeiten im Rahmen der gewerkschaftlichen Organisation im Betrieb. Zu ihren Aufgaben gehört es, die Mitglieder zu informieren, neue Mitglieder zu werben, bei der Vorbereitung und Durchführung von Betriebsrats- und Aufsichtsratswahlen mitzuwirken sowie allgemein die Gewerkschaftspolitik im Betrieb zu vertreten. Demnach sind die Vertrauensleute Bindeglied zwischen dem hauptamtlichen Funktionärskörper der Gewerkschaft und den Mitgliedern im Betrieb. Das Bundesarbeitsgericht (BAGE 31, 166) folgert daraus, daß die Organisation und die Tätigkeit von Vertrauensleuten zum Kernbereich der koalitionspolitischen Betätigung gehört. Das Gericht fragt jedoch weiter, ob auch die Wahl der Vertrauensleute im Betrieb zu diesem Kernbereich gehöre. Das Gericht argumentiert, die Wahl der Vertrauensleute selbst diene nicht der Wahrung und Förderung der Arbeits- und Wirtschaftsbedingungen, sie sei ein innergewerkschaftlicher Organisationsakt, der erst die personellen Voraussetzungen der koalitionspolitischen Betätigung schaffe. Zwar sei die Wahl der Vertrauensleute für die Funktionsfähigkeit der Gewerkschaften unerläßlich, es sei jedoch nicht notwendig, daß die Wahl gerade im Betrieb stattfinde. Die Gewerkschaft könne daher nicht von U verlangen, daß sie die Vertrauensleute in seinem Betrieb wählen darf. Fraglich ist allerdings, ob man die Wahl der Vertrauensleute von ihrer betrieblichen Betätigung abspalten kann. Die Freiheit der koalitionspolitischen Betätigung wird jedenfalls beeinträchtigt, wenn die Gewerkschaft ihre Vertrauensleute außerhalb des Betriebes wählen muß. Es fragt sich, ob diese Beeinträchtigung nach Art. 9 Abs. 3 GG zulässig ist.

f) Vertiefung

Das Bundesverfassungsgericht weist im Rahmen seiner Rechtsprechung zur Berufsfreiheit mit Recht darauf hin, daß Art. 12 die Arbeit in ihrer Beziehung zur Persönlichkeit des Menschen im ganzen sehe, die sich erst darin voll ausformt und vollendet, daß der Einzelne sich einer Tätigkeit widmet, die für ihn Lebensaufgabe und Lebensgrundlage ist und durch die er zugleich seinen Beitrag zur gesellschaftlichen Gesamtleistung erbringt (BVerfGE 7, 377, 397). Demnach gewinnt das Grundrecht der Berufsfreiheit Bedeutung für alle sozialen Schichten, die Arbeit hat für alle gleichen Wert und gleiche Würde; die Berufsfreiheit steht auch dem Arbeitnehmer zu (BVerfGE 50, 290, 349, 365). Der Schutz des Arbeitnehmers darf sich jedoch nicht darin erschöpfen, daß er seinen Arbeitsplatz frei wählen und verlassen kann. Da er gegenüber dem Arbeitgeber strukturell benachteiligt ist – er hat kein Eigentum an Produktionsmitteln –, ist er zur Vertretung seiner rechtlich geschützten Interessen auf eine kollektive, solidarische Vertretung angewiesen. Eine solche Interessenvertretung garantiert Art. 9 Abs. 3 GG, indem er das Recht, zur Wahrung und Förderung der Arbeits- und Wirtschaftsbedingungen Vereinigungen zu bilden, gewährleistet.

Durch Art. 9 Abs. 3 ist nicht nur der Einzelne in seinem Recht auf Gründung und Beitritt zur Koalition geschützt. Vielmehr muß auch die Koalition selbst in den Schutzbereich des Grundrechts fallen, andernfalls würde das Grundrecht auf Zusammenschluß zur Koalition faktisch leerlaufen. Auch hier gilt die Grundüberlegung, daß organisations- und verfahrensrechtliche Vorkehrungen erforderlich sind, um dem Grundrecht zu seiner praktischen Verwirklichung zu verhelfen.

Durch Art. 9 Abs. 3 ist nicht nur die Arbeitnehmerseite geschützt, auch die Bildung und Betätigung von Arbeitgeberkoalitionen ist frei. Im Verhältnis zu den Arbeitnehmern bedarf die Arbeitgeberseite dieses Grundrechts jedoch nicht zu dem Zweck, die Arbeits- und Wirtschaftsbedingungen selbst bestimmen zu können; die Arbeitgeber besitzen dieses Recht bereits kraft ihres Eigentums an Produktionsmitteln und ihrer daraus folgenden starken Stellung beim Abschluß des Arbeitsvertrages. Dem Staat gegenüber sind sie jedoch darauf angewiesen, daß dieser sie nicht durch Eingriffe wie z.B. Zwangsschlichtungen in ihrer koalitionsmäßigen Betätigung beeinträchtigt. Da die Koalitionsfreiheit jedermann und allen Berufen zusteht, sind außer Arbeitern und Angestellten auch Beamte erfaßt. Dies gilt auch für ausländische Arbeitnehmer, während z.B. die Berufsfreiheit des Art. 12 Abs. 1 nur Deutschen zusteht.

Die Koalition muß den Zweck verfolgen, die Arbeits- und Wirtschaftsbedingungen zu wahren und zu fördern. Sie muß die Interessen ihrer Mitglieder dem jeweiligen sozialen Gegenspieler gegenüber wahrnehmen. Sie unterscheidet sich demnach von den Parteien, die im allgemeinpolitischen Raum aktiv sind. Insbesondere muß die Koalition von ihrem sozialen Gegenspieler und vom Staat oder politischen Parteien unabhängig sein. Die sogenannte Unabhängigkeit oder Gegnerfreiheit hat sich historisch in der Weimarer Republik als Koalitionsmerkmal durchgesetzt. Nicht den Schutz einer Koalition genießen demnach sogenannte wirtschaftsfriedliche Verbände, die auch „gelbe Gewerkschaften" genannt werden. Unschädlich ist es, wenn einzelne Arbeitgeber aus Überzeugung oder Tradition Mitglieder der Gewerkschaften sind. Durch derartige Randerscheinungen wird die Gegnerfreiheit nicht beeinträchtigt. In der Regel umfaßt die Koalition Arbeitnehmer aus mehreren Unternehmen. Es gibt jedoch auch Gewerkschaften, die auf ein Unternehmen begrenzt sind wie z.B. die Gewerkschaft der Eisenbahner Deutschlands (GdED) und die Deutsche Postgewerkschaft (DPG). Da die Ruhrkohle AG beinahe ein Monopol im Steinkohlebergbau innehat, nähert sich auch die Gewerkschaft Bergbau und Energie den beiden zuvorgenannten Gewerkschaften an.

Versteht man die Koalitionsfreiheit in erster Linie als personales Freiheitsrecht, wie dies auch das Bundesverfassungsgericht in seinem Mitbestimmungsurteil (BVerfGE 50, 290, 367) tut, so muß eine Arbeitnehmerkoalition auch eine demokratische Struktur haben. Die demokratische Organisation und das demokratische Verfahren sind notwendig, um das Freiheitsgrundrecht des einzelnen Mitglieds der Koalition zu sichern. Zur demokratischen Struktur gehört insbesondere, daß die Vorstandsmitglieder auf Zeit gewählt werden, die beschlußfassenden Organe der Koalition durch Wahlen der Mitglieder legitimiert sind und jedes Mitglied ein Stimmrecht hat.

Ob es notwendiges Merkmal einer Arbeitnehmerkoalition ist, daß sie zum Arbeitskampf bereit ist, hängt von der jeweiligen sozialen Situation ab, in der die Koalition wirkt. Da den Beamtengewerkschaften durch die herrschende Meinung das Streikrecht verwehrt wird, kann zu ihrer Anerkennung nach dieser Auffassung nicht erforderlich sein, daß sie Arbeitskämpfe durchführen. Für andere Organisationen wie z. B. den Verband katholischer Hausgehilfinnen verzichtet das Bundesverfassungsgericht ebenfalls auf das Erfordernis der Arbeitskampfbereitschaft (BVerfGE 18, 18). Es soll hier ausreichen, daß die Organisation mächtig genug ist, um Druck auf den sozialen Gegenspieler auszuüben.

Eine Koalition, die sich noch in der Aufbauphase befindet, ist noch nicht genügend mächtig. Trotzdem darf ihr der Schutz der Koalitionsfreiheit nicht entzogen werden. Eine andere Frage ist es jedoch, ob sie auch als Gewerkschaft im Sinne des Tarifvertragsgesetzes anerkannt wird. Hier verlangt die Rechtsprechung, daß die Koalition von der Arbeitgeberseite ernst genommen wird, das heißt, daß ihre Verhandlungsangebote nicht einfach übersehen werden (vgl. die oben aufgeführten Fälle).

Nach der Rechtsprechung gehört es auch zum Koalitionsbegriff, daß das geltende Tarifrecht als verbindlich anerkannt wird.[38] Bei dieser Einschränkung besteht die Gefahr, daß unerwünschte Organisationen vom Schutz des Art. 9 Abs. 3 ohne verfassungsrechtliche Legitimation ausgenommen werden. Zu Recht weist Däubler[39] darauf hin, daß noch niemand auf die Idee verfallen ist, das Recht eines Sportvereins oder einer Aktiengesellschaft zum Abschluß von Verträgen davon abhängig zu machen, daß sie vorher die Vorschriften des BGB als für sich verbindlich anerkannt haben.

Niemand darf wegen seiner Mitgliedschaft in einer Koalition benachteiligt werden. Dieses Diskriminierungsverbot ist zwar unter Juristen unbestritten. In der Praxis ist aber vielfach festzustellen, daß gerade in Klein- und Mittelbetrieben der Beitritt zu Gewerkschaften und die gewerkschaftliche Betätigung negativ bewertet werden. Die Durchsetzung des Diskriminierungsverbots ist hier schwierig. In der Praxis wird es selten möglich sein, die Maßnahme eines Arbeitgebers als unzulässige Diskriminierung wegen koalitionspolitischer Betätigung zu beweisen. Jedenfalls stellt die Verweigerung einer unbezahlten Freistellung zur Wahrnehmung einer betriebsexternen Funktion in der Gewerkschaft eine verbotene Diskriminierung dar. Auch

---

[38] BVerfGE 4, 96, 107; 18, 18, 28; BAGE 21, 98, 101.
[39] *Däubler,* Das Arbeitsrecht, Band 1, 7. Aufl. 1985, S. 74.

ist es notwendig, zur effektiven Sicherung des Grundrechts der Koalitionsfreiheit zugunsten des diskriminierten Arbeitnehmers eine Beweiserleichterung in Analogie zu § 611a Abs. 1 S. 3 BGB durchzusetzen.[40]

Das Bundesverfassungsgericht betrachtet auch die negative Koalitionsfreiheit als durch Art. 9 Abs. 3 GG geschützt (BVerfGE 50, 290, 367). Hieran ist der Grundsatz richtig, daß der Einzelne frei sein muß, sich nicht zu engagieren und keiner Vereinigung beitreten zu müssen. Dies bedeutet aber nicht, daß dieses Recht den gleichen Schutz wie die positive Freiheit genießt oder gar so weit ausgedehnt wird, daß die positive Koalitionsfreiheit dadurch gefährdet wird. Zu Recht weist Däubler[41] darauf hin, daß man das Verbot einer Tarifklausel, die bestimmte (weit unter dem Gewerkschaftsbeitrag bleibende) Leistungen den Organisierten vorbehält, nicht auf die negative Koalitionsfreiheit stützen könne. Man könne nicht einem Gewerkschaftsmitglied zumuten, ein Prozent seines Monatseinkommens für die Organisation aufzuwenden, während der Außenseiter dagegen geschützt wird, daß er kraft Tarifvertrags einen geringen Nachteil in Kauf nehmen muß. Unabhängig davon, ob man die negative Koalitionsfreiheit nur im Rahmen von Art. 9 Abs. 1 (Vereinigungsfreiheit) als geschützt ansieht oder ob man sie dem Schutz des Art. 9 Abs. 3 unterstellt, muß jedenfalls im Ergebnis der Schutz der positiven Koalitionsfreiheit den Vorrang genießen.

Die Koalition ist auch in ihrem Bestand und in ihrer Betätigung geschützt. Eine zwangsweise Auflösung der Koalition ist nur unter den Voraussetzungen des Art. 9 Abs. 2 GG (Verstoß gegen Strafgesetze, gegen die verfassungsmäßige Ordnung und den Gedanken der Völkerverständigung) und nur aufgrund gerichtlicher Entscheidung möglich. Nicht zulässig ist eine bloße Maßnahme der Verwaltung (vgl. § 16 Vereinsgesetz). Zum Koalitionsbestand gehört auch das Recht, die internen Verhältnisse der Koalition nach eigenen Vorstellungen autonom zu gestalten. Deshalb ist es verboten, staatliche oder gar gesetzliche Gewerkschaftsstatute zu erlassen, durch die der Entscheidungsspielraum der Mitglieder über den Rahmen hinaus eingeschränkt wird, den Art. 9 Abs. 3 selbst zieht. Zur Autonomie der Koalition gehört auch die unbeeinflußte interne Willensbildung im Verhältnis zum Staat und zur koalitionspolitischen Gegenseite. Deshalb können Äußerungen im gewerkschaftsinternen Bereich nicht als Verletzung arbeitsvertraglicher Pflichten gewertet werden.

Untrennbar verbunden mit dem Schutz des Koalitionsbestandes ist die freie Betätigung der Koalition. Die Koalition muß das Recht haben, ihre Mitglieder am Arbeitsplatz zu werben und zu betreuen. Das Bundesverfassungsgericht betrachtet daher das Verteilen von Flugblättern im Betrieb und die Plakatwerbung durch betriebsangehörige Gewerkschaftsmitglieder als durch Art. 9 Abs. 3 geschützt.[42] Kritikwürdig sind Entscheidungen des Bundesverfassungsgerichts, wonach für das Zutrittsrecht von außerbetrieblichen Gewerkschaftern zur Betreuung der Mitglieder in Diensten der Kirche von diesen Grundsätzen eine Ausnahme gemacht wird,[43] auch wenn die Kirchen verfassungsrechtlich privilegiert sind (vgl. Art. 140 GG).

---

[40] Vgl. *Däubler/Hege,* Koalitionsfreiheit, 1976, Rdz. 158; *Kittner,* Alternativkommentar zum Grundgesetz, Rdz. 81 zu Art. 9 Abs. 3.
[41] Arbeitsrecht Band 1, 7. Aufl. 1985, S. 78
[42] Vgl. BAG BB 1984, S. 212 mit weiteren Nachweisen.
[43] Vgl. BVerfG NJW 1981, 1829; ebenso BAG DB 1982, 1015.

Diskriminierungsverbot und Bestandsschutz der Koalition greifen ineinander, wenn der Arbeitgeber nicht Organisierten finanzielle oder sonstige Vorteile gewährt, um das Verhalten der so Unterstützten gegenüber der Koalition zu beeinflussen. Es ist insbesondere unzulässig, während einer Aussperrung an Nichtorganisierte eine Aussperrungsunterstützung zu bezahlen.

Zum Bestandsschutz der Koalition gehört es auch, daß sie vor Gericht selbständig klagen[44] und sich gegen unlautere Werbemethoden von Konkurrenzorganisationen zur Wehr setzen kann.[45]

Die Betätigungsfreiheit der Koalition ist insbesondere in vier Bereichen besonders geschützt worden:

1. Die Gewerkschaften haben das Recht der verbandsmäßigen Gestaltung der Löhne und Arbeitsbedingungen, insbesondere durch den Abschluß von Tarifverträgen.[46] Dieser Bereich hat durch das Tarifvertragsgesetz und die Rechtsprechung eine eingehende Normierung erfahren.

2. Die Koalitionen können zur Durchsetzung von Mindestarbeitsbedingungen Arbeitskämpfe durchführen, insbesondere Streiks organisieren.[47] Dies wird durch Art. 9 Abs. 3 S. 3 ausdrücklich bestätigt.

3. Die Koalitionen können sich im Rahmen der Betriebsverfassung und der Personalvertretung frei betätigen.[48] Art. 9 Abs. 3 verbietet eine völlige Trennung der Koalition von der betrieblichen Interessenvertretung.

4. Die Koalitionen dürfen die in ihnen organisierten Gruppeninteressen gegenüber dem Staat und den politischen Parteien vertreten (BVerfGE 28, 295, 305).

Alle diese Freiheiten sind nach der ständigen Rechtsprechung des Bundesverfassungsgerichts nicht allgemein, sondern nur in einem Kernbereich geschützt.[49] Als das Bundesverfassungsgericht zum ersten Mal im Zusammenhang mit der Koalitionsfreiheit von einem „Kernbereich" sprach, geschah dies, um zum Ausdruck zu bringen, daß den Koalitionen im Interesse einer sinnvollen Nutzung ihrer Koalitionsfreiheit ein Tarifvertragssystem zur Verfügung gestellt werden müsse. Mit der Koalitionsfreiheit sei zugleich der „Kernbereich des Tarifvertragssystems" gewährleistet bzw. „im Grundrecht des Art. 9 Abs. 3 (müsse) ein verfassungsrechtlich geschützter Kernbereich auch in der Richtung liegen, daß ein Tarifvertragssystem im Sinne des modernen Arbeitsrechts überhaupt bereitzustellen ist" (BVerfGE 4, 96, 106). Es handelt sich hier um einen Fall der sozialstaatlichen Grundrechtssicherung durch Organisation und Verfahren.[50] Neuerdings erweckt die Rechtsprechung des Bundesverfassungsgerichts jedoch immer mehr den Anschein, als ob der Schutz der Koalition von vornherein nur auf einen Kernbereich der koalitionsspezifischen Betätigung beschränkt sei. Besonders kritikwürdig ist die Formel, die der zweite Senat benutzt. Demnach ist Art. 9 Abs. 3 nur insoweit ein verfassungskräftiger Schutz der gewerkschaftlichen Betätigung, als diese für die Erhaltung und Sicherung der Existenz der Koalition als unerläßlich betrachtet werden muß.[51] Das ist das gleiche,

---

[44] Vgl. BGHZ 50, 325, 329.
[45] BGHZ 42, 210; 50, 325, 327.
[46] BVerfGE 4, 96, 106; 18, 18, 27.
[47] Vgl. BAG DB 1980, 1266, 1269; NZA 1984, 397; NJW 1989, 187; BVerfG DB 1991, 1676.
[48] BVerfGE 19, 303, 313.
[49] Vgl. BVerfGE 4, 96, 108; 19, 303, 320; 28, 295, 305; 38, 386, 393.
[50] *Kittner*, Alternativkommentar zum GG, Rdz. 33 zu Art. 9 Abs. 3.
[51] BVerfG NJW 1981, 1829, 1830.

wie wenn man sagen würde, die Kunstfreiheit erfordere lediglich die Verwendung einiger bestimmter Farben zum Malen, weil das ausreiche, damit ein Maler vom Verkauf seiner Gemälde leben könne (so Kittner in Alternativkommentar zum GG, Rdz. 32 zu Art. 9 Abs. 3). Gerade, wenn man berücksichtigt, wie weit die Rechtsprechung den Eigentumsschutz ausgedehnt hat, kann man eine so weitgehende Beschränkung der Koalitionsfreiheit nicht hinnehmen. Der Eigentumsschutz ist nach Art. 14 Abs. 1 und 2 GG nicht unbeschränkt gewährleistet, vielmehr werden Inhalt und Schranken des Eigentums durch die Gesetze bestimmt. Demgegenüber ist Art. 9 Abs. 3 GG ein vorbehaltlos garantiertes Grundrecht. Der Schutzbereich müßte demnach ebensoweit wie bei der Kunstfreiheit gehen.

Eine Kernbereichstheorie als Konzept der Grundrechtssicherung durch Organisation und Verfahren, also als Sicherstellung eines Minimums staatlicher Gewährleistung der koalitionspolitischen Betätigung, ist richtig. Falsch ist jedoch eine Uminterpretation des Freiheitsrechts aus Art. 9 Abs. 3 in eine Institutsgarantie, bei der die Freiheitsrechte zu bloßen „Sozialfaktoren" degradiert werden.[52] Entscheidend für die Interpretation von Inhalt und Grenzen der Koalitionsfreiheit in Konkurrenz zu anderen Grundrechten muß der freiheitsrechtliche Gehalt des Grundrechts auch in seiner kollektiven Ausprägung bleiben.

5. Gleichheitssatz – Art. 3 GG

a) Texte

Französische Erklärung der Menschen- und Bürgerrechte von 1793.
Tous les hommes sont égaux par la nature et devant la loi (alle Menschen sind durch die Natur und vor dem Gesetz gleich).

§ 137 der Paulskirchenverfassung von 1849
Vor dem Gesetze gilt kein Unterschied der Stände. Der Adel als Stand ist aufgehoben.
Alle Standesvorrechte sind abgeschafft.
Die Deutschen sind vor dem Gesetze gleich.
Alle Titel, insoweit sie nicht mit dem Amte verbunden sind, sind aufgehoben und dürfen nie wieder eingeführt werden.
Kein Staatsangehöriger darf von einem auswärtigen Staate einen Orden annehmen.
Die öffentlichen Ämter sind für alle Befähigten gleich zugänglich.
Die Wehrpflicht ist für alle gleich; Stellvertretung bei derselben findet nicht statt.

Art. 109 der Weimarer Reichsverfassung von 1919
Alle Deutschen sind vor dem Gesetze gleich.
Männer und Frauen haben grundsätzlich dieselben staatsbürgerlichen Rechte und Pflichten.
Öffentlich-rechtliche Vorrechte oder Nachteile der Geburt oder des Standes sind aufzuheben. Adelsbezeichnungen gelten nur als Teil des Namens und dürfen nicht mehr verliehen werden.
Titel dürfen nur verliehen werden wenn sie ein Amt oder einen Beruf bezeichnen; akademische Grade sind hierdurch nicht betroffen.
Orden und Ehrenzeichen dürfen vom Staat nicht verliehen werden.
Kein Deutscher darf von einer ausländischen Regierung Titel oder Orden annehmen.

---
[52] Vgl. *Schaumann*, JZ 1970, 53; *Kittner*, Alternativkommentar zum GG, Rdz. 33 zu Art. 9 Abs. 3.

Art. 3 des Grundgesetzes
Alle Menschen sind vor dem Gesetz gleich.
Männer und Frauen sind gleichberechtigt.
Niemand darf wegen seines Geschlechtes, seiner Abstammung, seiner Rasse, seiner Sprache, seiner Heimat und Herkunft, seines Glaubens, seiner religiösen oder politischen Anschauung benachteiligt oder bevorzugt werden.

b) Der allgemeine Gleichheitssatz

Am 30.5.1990 hatte das Bundesverfassungsgericht die Frage zu entscheiden, ob es gegen den allgemeinen Gleichheitssatz des Art. 3 Abs. 1 GG verstößt, daß die Kündigungsfristen für Arbeiter kürzer sind als für Angestellte (E 82, 126, 156).

Den Arbeitern billigt § 622 Abs. 2 des Bürgerlichen Gesetzbuchs (BGB) 2 Wochen Kündigungsfrist zu. Für den Angestellten beträgt die Frist 6 Wochen. Diese Frist kann zwar einzelvertraglich auf einen Monat herabgesetzt werden, dies ist aber nicht die Regel. Für Angestellte gelten zudem feste Kündigungstermine. Bei der regelmäßigen Frist ist dies der Schluß des Kalendervierteljahrs, bei der Mindestfrist das Monatsende. Die Kündigung eines Arbeiters ist erst nach längerer Betriebszugehörigkeit an Termine gebunden.

Die Kombination von Frist und Termin kann zu einer erheblichen Verlängerung der Zeitspanne führen, die zwischen einer Kündigung und der Beendigung des Arbeitsverhältnisses liegt. Entschließt sich ein Arbeitgeber in der zweiten Hälfte eines Quartals zur Kündigung eines Angestellten, dann kann er das Arbeitsverhältnis nach § 622 Abs. 1 BGB erst mit Ablauf des übernächsten Vierteljahres beendigen. Die Kündigungstermine bewirken weiteren Schutz. Angebot und Nachfrage auf dem Arbeitsmarkt werden auf bestimmte Zeitpunkte konzentriert; das erleichtert die Arbeitsplatzsuche.

Auch bei den verlängerten Kündigungsfristen nach § 622 Abs. 2 BGB bleiben die Arbeiter benachteiligt. Nach 5 Jahren können sie mit einer Frist von einem Monat zum Monatsende, Angestellte hingegen mit einer Dreimonatsfrist zum Quartalsende gekündigt werden (§ 2 des Angestelltenkündigungsschutzgesetzes). Das Maß der Ungleichbehandlung bleibt bei weiter zunehmender Betriebszugehörigkeit in etwa konstant. Erst nach 20 Jahren verringert sich der Abstand. Die Kündigungsfristen der Arbeiter sind dann halb so lang wie die der Angestellten.

Das Gericht hält einige der Argumente, die für die kürzeren Kündigungsfristen der Arbeiter angeführt werden, von vornherein für ungeeignet, weil es an einem Legitimationszusammenhang zwischen ihnen und den Kündigungsfristen fehlt. So wird behauptet, die Angestellten verrichteten überwiegend geistige, die Arbeiter hingegen überwiegend körperliche Arbeit. Das Gericht läßt es dahingestellt sein, ob sich dieses Abgrenzungskriterium in der heutigen Zeit noch durchhalten läßt. Jedenfalls rechtfertigt es nicht die ungleichen Kündigungsfristen, weil sich aus der Art ihrer Tätigkeit allein kein erhöhtes Schutzbedürfnis der Angestellten ergibt. Nichts anderes gilt für die vielfach behauptete besondere Gruppenmentalität der Angestellten. Die Benachteiligung der Arbeiter läßt sich auch nicht damit rechtfertigen, daß die betroffenen Bevölkerungskreise von der Notwendigkeit kürzerer Kündigungsfristen für Arbeiter überzeugt seien. Zum einen dürfte das Bewußtsein der beteiligten Kreise durch die seit langem bestehende Rechtslage wesentlich geprägt sein. Zum anderen ist in Mantelverträgen die gesetzliche Kündigungsfrist der Arbeiter verlängert worden, die Orientierung der anderen Manteltarife an der gesetzlichen Rege-

II. Grundrechte und Wirtschaftstätigkeit

lung ist kein Indiz für mangelndes Interesse der Arbeiter an längeren Kündigungsfristen.

Es wird behauptet, daß die Angestellten eine längere vorberufliche Ausbildung benötigen und deshalb später in das Erwerbsleben eintreten. Aus diesem Gesichtspunkt der kürzeren Gesamtarbeitszeit läßt sich aber eine Benachteiligung der Arbeiter bei den Kündigungsfristen nicht begründen, weil diese nicht dazu bestimmt sind, die aktive Arbeitszeit insgesamt zu verlängern, sondern den Übergang zu einer neuen Stelle erleichtern sollen. Schließlich trifft das Argument von der kürzeren Gesamtarbeitszeit vor allem auf die Angestellten mit akademischer Ausbildung zu. Ihretwegen allein rechtfertigt sich die Begünstigung der Gesamtgruppe der Angestellten nicht.

Ebensowenig läßt sich die Ungleichbehandlung mit einem dadurch angeblich erzielbaren Leistungsansporn begründen. Ein Arbeiter kann im allgemeinen nur nach Änderung seines Tätigkeitsbereiches und nicht durch bessere Leistung Angestellter werden, da zwischen beiden Arbeitnehmergruppen nur eine geringe Durchlässigkeit besteht. Im übrigen könnte durch das Argument vom Leistungsanreiz keine Diskriminierung der Gruppe der Arbeiter gerechtfertigt werden.

Eingehender setzt sich das Gericht mit drei Argumenten zusammen, aus denen sich zwar ungleiche Kündigungsfristen an sich begründen ließen, die aber nicht hinreichend gruppenspezifisch ausgewählt sind.

Zum ersten sind Angestellte nach den vorliegenden Statistiken im Durchschnitt einige Wochen länger arbeitslos als Arbeiter. Man könnte die längeren Kündigungsfristen also mit gruppenspezifischen Schwierigkeiten der Angestellten bei der Stellensuche begründen. Derartige Schwierigkeiten lassen sich aber nur bei höher und hochqualifizierten Arbeitnehmern nachweisen; diese Gruppe ist bei den Angestellten überrepräsentiert. Dies erklärt auch die im Durchschnitt geringfügig längere Dauer der Arbeitslosigkeit von Angestellten. Der Anteil der Höherqualifizierten an der Gesamtgruppe der Angestellten ist jedoch nicht so groß, daß die bestehende Ungleichheit eine Privilegierung der Gesamtgruppe der Angestellten gegenüber den Arbeitern rechtfertigen würde. Über die Hälfte aller Arbeitnehmer sind Angestellte, mehr als ein Drittel davon einfache Angestellte. Das sind über 4 Millionen Arbeitnehmer. Ihr Tätigkeitsfeld umfaßt Arbeiten, die ohne besondere Vorbildung und ohne herausgehobene Qualifikation erledigt werden können. Das Angebot derartiger Stellen ist ähnlich breit gestreut wie das für gewöhnliche manuelle Tätigkeiten. Es gibt keinen Grund für die Annahme, daß einfache Angestellte mehr Zeit für die Suche nach einem neuen Arbeitsplatz benötigten als Arbeiter mit entsprechend geringem Spezialisierungsgrad.

Angesichts dieser Zahlen lassen sich längere Kündigungsfristen für die gesamte Gruppe der Angestellten nicht mit dem Hinweis auf besondere Schwierigkeiten bei der Stellensuche rechtfertigen. Jede gesetzliche Regelung muß verallgemeinern. Der Gesetzgeber darf vor allem bei der Ordnung von Massenerscheinungen generalisierende, typisierende und pauschalierende Regelungen verwenden und dabei von dem Gesamtbild ausgehen, das sich aus den vorliegenden Erfahrungen ergibt. Unbedenklich ist eine Typisierung aber nur, solange eine verhältnismäßig kleine Gruppe benachteiligt wird und der Gleichheitsverstoß nicht sehr intensiv ist. Es geht nicht an, eine größere Zahl von Betroffenen ohne rechtfertigenden Grund stärker zu belasten. Dasselbe gilt, wenn eine privilegierende Regelung ohne rechtfertigenden Grund auf eine große Gruppe von Normadressaten erstreckt wird. Die Privilegierung büßt damit ihre Rechtfertigung vor der Gruppe der Benachteiligten ein, die ihren Anspruch auf Gleichbehandlung einfordert.

Zum zweiten befaßte sich das Bundesverfassungsgericht ausführlicher mit dem Argument, daß eine Verlängerung der Kündigungsfristen für Arbeiter die Kündigungen und die Sozialpläne verteuern würde. Grundsätzlich sei das Interesse des Arbeitgebers hier geeignet, differenzierende Regelungen im Recht des Arbeitsvertrages einzuführen. Der Schutz der Arbeitnehmer durch eine gesetzliche Festlegung von Kündigungsfristen berührt auch die wirtschaftlichen Interessen der Arbeitgeber. Der pauschale Hinweis auf eine Verteuerung von Kündigungen und Sozialplänen ist aber kein sachlicher Grund, der die Ungleichbehandlung der Arbeiter gegenüber den Angestellten begründen könnte. Wenn der Gesetzgeber es für notwendig hält, die Arbeitgeber von den Folgekosten bei Kündigungen zu entlasten, dann darf er dieses Ziel nicht einseitig auf Kosten einer der beiden Gruppen von Arbeitnehmern verfolgen.

Schließlich befaßt sich das Gericht mit dem Argument, die Unternehmer müßten in der Lage sein, im produktiven Bereich schneller Personal zu entlassen. Das Gericht erkennt ein Bedürfnis an erhöhter personalwirtschaftlicher Flexibilität im produktiven Bereich grundsätzlich an. Der Gesetzgeber kann daher grundsätzlich unter Hinweis auf die funktions- oder betriebsspezifischen Interessen der Arbeitgeber die Kündigungsfristen differenzieren. Er darf aber nicht die Arbeiter mit dem produktiven Bereich gleichsetzen und daher ihre Kündigungsfristen kürzer als die der Angestellten ausgestalten. Zwar sind auch heute noch in der Produktion überwiegend Arbeiter tätig, aber keineswegs alle Arbeiter stehen im Produktionsprozeß. Im Jahre 1989 waren nur etwa 2/3 der Arbeiter (rund 7 Millionen) im produzierenden Gewerbe und in der Landwirtschaft beschäftigt. Für rund 3,5 Millionen Arbeiter, die im Dienstleistungsbereich tätig sind, trifft damit der rechtfertigende Grund nicht zu. Auch wenn man in Rechnung stellt, daß der Gesetzgeber in einem weiten Rahmen typisierende und pauschalierende Regelungen treffen kann, sind das zu viele, um die Regelung insgesamt noch als gerechtfertigt erscheinen zu lassen. Hinzu kommt, daß das Argument von der notwendigen Flexibilität des produktiven Bereichs die Ungleichbehandlung der Arbeiter nur bei betriebsbedingten Kündigungen abdeckt. Bei normaler Konjunkturlage sind jedoch fast zwei Drittel aller Kündigungen verhaltens- oder personenbedingt, also nicht mit den funktions- oder betriebsspezifischen Interessen der Arbeitgeber begründet.

Insgesamt kommt das Gericht zu dem Ergebnis, daß die Ungleichbehandlung der Arbeiter bei den gesetzlichen Kündigungsfristen gegen den Gleichheitsgrundsatz des Art. 3 Abs. 1 GG verstößt (BVerfGE 82, 176).

Das Gericht könnte die entsprechende gesetzliche Norm für nichtig erklären (§ 82 Abs. 1 in Verbindung mit § 78 Abs. 1 des Bundesverfassungsgerichtsgesetzes). Dies gilt jedoch dann nicht, wenn sich ein Verfassungsverstoß aus dem Zusammenwirken mehrerer Vorschriften ergibt und eine Korrektur auf verschiedene Weise vorgenommen werden kann. In einer solchen Lage muß das Bundesverfassungsgericht sich grundsätzlich darauf beschränken, die diskriminierende Bestimmung für unvereinbar mit dem Grundgesetz zu erklären. Diese darf dann bis zur Neuregelung von staatlichen Stellen nicht mehr angewandt werden. Der Gesetzgeber ist verpflichtet, die Rechtslage unverzüglich mit dem Grundgesetz in Einklang zu bringen. Die Gerichte müssen anhängige Verfahren, bei denen die Entscheidung von der verfassungswidrigen Norm abhängt, aussetzen, bis eine Neuregelung in Kraft tritt. Damit dieser Schwebezustand nicht zu lange dauert, kann das Bundesverfassungsgericht dem Gesetzgeber eine angemessene Frist zur Neuregelung setzen. In der Entscheidung vom 30.5.1990 hat es eine solche Frist gesetzt, und zwar bis zum 30.6.1993. Bis dahin sind die für Angestellte geltenden Kündigungsfristen im Wege „ergänzender Rechtsanwendung" auch auf Arbeiter anzuwenden (vgl. LAG Frankfurt/M. DB 1991, 178).

Aus der Entscheidung wird ein grundsätzliches Problem der Anwendung des Gleichheitssatzes deutlich. Eine absolute Gleichheit zweier Sachverhalte gibt es nicht. Deshalb muß es bei einer staatlichen Regelung möglich sein, typisierende Merkmale einzuführen und sich auf die Gleichbehandlung derjenigen zu beschränken, die diese Merkmale erfüllen. Der Gleichheitssatz übt also nur eine Randkontrolle aus. Dem Staat wird untersagt, die Differenzierung nach typisierenden Merkmalen willkürlich vorzunehmen. Die Ungleichbehandlung oder Differenzierung bedarf vielmehr eines sachlichen Grundes. Danach darf weder wesentlich Gleiches willkürlich ungleich, noch wesentlich Ungleiches willkürlich gleich behandelt werden. Eine Gruppe von Normadressaten darf im Vergleich zu anderen Normadressaten nicht anders behandelt werden, obwohl zwischen beiden Gruppen keine Unterschiede von solcher Art und von solchem Gewicht bestehen, daß sie die ungleiche Behandlung rechtfertigen könnten. Ob und in welchem Ausmaß der Gesetzgeber differenzieren darf, ergibt sich aus dem Zweck der gesetzlichen Regelung. Zu fragen ist, in welchem Zusammenhang der zu regelnde Sachverhalt mit der besonderen Eigenart und Zielsetzung der gesetzlichen Regelung steht. Die Prüfung eines Verstoßes gegen Art. 3 Abs. 1 GG verläuft in drei Stufen:

1. Feststellung einer Ungleichbehandlung und des dafür maßgeblichen Kriteriums.
2. Ermittlung des Ziels der Ungleichbehandlung aus dem Gesetzestext.
3. Prüfung, ob das Kriterium einen hinreichenden sachlichen Bezug zu diesem Ziel des Gesetzgebers aufweist und ob das Ausmaß der Ungleichbehandlung durch das gesetzgeberische Ziel gerechtfertigt ist.

Fallbeispiele:

Der Sohn des A besucht den kommunalen Kindergarten in der Stadt F. Die städtische Gebührensatzung staffelt die Kindergartengebühren nach dem Einkommen der Eltern. Danach hat der wohlhabende A den Höchstsatz zu zahlen. Er klagt dagegen vor dem Verwaltungsgericht mit der Begründung, dies verstoße gegen den Gleichheitssatz des Art. 3 Abs. 1 GG, wonach alle Menschen vor dem Gesetz gleich sind. Stellt man bei der Gebühr auf die Nutzung des Kindergartens ab, so unterscheidet sich der Sohn des A nicht von anderen Kindern. Eine ungleiche Gebühr ist danach mit Art. 3 Abs. 1 GG unvereinbar. Stellt man hingegen auf die Funktion des Kindergartens ab, den Kindern elementare Grundlagen für ihre spätere Bildung und damit für das spätere Leben zu vermitteln, so ist eine Nutzung des Kindergartens eine wesentliche Voraussetzung für die Herstellung von Chancengleichheit. Wird die gleiche Gebühr erhoben, so werden die Kinder aus sozial schwächeren Schichten stärker belastet. Chancengleichheit wird erst hergestellt, wenn die Gebühr sozial gestaffelt wird. Danach wäre die soziale Staffelung nach dem Gleichheitssatz und dem Sozialstaatsprinzip zulässig und zweckmäßig.

Art. 3 Abs. 1 garantiert primär die staatsbürgerliche Gleichbehandlung. Ursprünglich wurde dies als ausschließlich formale Gerechtigkeit verstanden. Daraus folgte keineswegs die Pflicht des Staates zu einer Angleichung der sozialen Existenzbedingungen seiner Bürger. Deshalb konnte sich eine Interpretation des Gleichheitssatzes im Sinne eines Ausgleichs der sozialen Unterschiede auch nicht durchsetzen.

Legt man den Gleichheitssatz nur als Gebot an Gesetzgebung und Verwaltung aus, die formale Gleichheit zu beachten, so ist die soziale Gebührenstaffelung im kommunalen Kindergarten verfassungswidrig nach Art. 3 Abs. 1 GG (so VGH Kassel NJW 1977, 452). Die Entscheidung ist problematisch, da das Sozialstaatsprinzip den Staat verpflichtet, für einen sozialen Ausgleich Sorge zu tragen. Insofern könnte man auch eine soziale Gebührenstaffelung zulassen (bestritten).

Beispiele für eine Anwendung des allgemeinen Gleichheitssatzes im Zusammenhang mit anderen Grundrechten bieten die Fälle Mineralölbevorratung (BVerfGE 30, 292) und Numerus clausus 1 und 2 (BVerfGE 33, 303; 43, 291) zu Art. 12. Hier rechtfertigt sich eine Verstärkung des Willkürverbots aus dem Zweck, das Freiheitsrecht der Berufs- und Ausbildungsfreiheit zu schützen. Weit vorgewagt bei einer Auslegung des Willkürverbotes aus Art. 3 hat sich das Bundesverfassungsgericht in BVerfGE 42, 64, als es eine Regelung zur Zwangsversteigerung für offensichtlich ungerecht und damit im Sinne von Art. 3 Abs. 1 willkürlich ansah.

Auf Art. 3 Abs. 1 berief sich das Bundesverfassungsgericht auch in der Frage der Enteignungen in der sowjetischen Besatzungszone nach 1945 und vor Gründung der DDR im Jahre 1949 (E 84, 90). Durch Art. 4 Nr. 5 des Einigungsvertrages war Art. 143 Abs. 3 GG geändert worden; danach blieben diese Enteignungen bestandskräftig. Bei den Verhandlungen um den Einigungsvertrag und die Wiedervereinigung („2 + 4-Verhandlungen") hatten die DDR und die Sowjetunion auch darauf bestanden, daß diese Enteignungen nicht rückgängig gemacht würden. Das Gericht bestätigt die Bestandskraft dieser Enteignungen nach Art. 79 Abs. 3 GG, da es sich um Maßnahmen einer fremden Staatsgewalt vor Inkrafttreten des Grundgesetzes handle. Da der Einigungsvertrag aber für die nach 1949 durch die Staatsgewalt der DDR Enteigneten sogar den Grundsatz der Rückgabe vorsieht, erklärt es das Gericht für nach Art. 3 Abs. 1 GG geboten, daß der Gesetzgeber auch für die Enteignungen vor 1949 eine Ausgleichsregelung schafft. Bei der Bemessung von Wiedergutmachungsleistungen darf er im Rahmen des ihm ohnehin zustehenden Gestaltungsraums auch darauf Rücksicht nehmen, welche finanziellen Möglichkeiten er unter Berücksichtigung der sonstigen Staatsaufgaben hat. Die für den Ausgleich von Kriegsfolgeschäden entwickelten Grundsätze gelten insoweit entsprechend. Der Gesetzgeber darf danach das Gesamtvolumen der wiedergutzumachenden Schäden – zu denen nicht nur Schäden an Eigentum gehören – berücksichtigen. Bei der Gewichtung der Eigentumsschäden ist zu bedenken, daß in der fraglichen Zeit auch andere Güter – etwa Leben, Gesundheit, Freiheit und berufliches Fortkommen – beeinträchtigt worden sind.

c) Besondere Ausprägungen des Gleichheitssatzes

– Gleichbehandlung von Katholiken und Protestanten
B ist evangelisch. Er bewirbt sich in einer katholischen Gemeinde um eine Schulratsstelle. Er wird mit der Begründung abgelehnt, er sei evangelisch. Dies verstößt gegen § 33 Abs. 2 und 3 GG, der die gleiche Zulassung zu einem öffentlichen Amt ohne Rücksicht auf die Religion gewährleistet. Also wäre eine derartige Diskriminierung verfassungswidrig und nichtig.

– BVerwGE 40, 17: „Hebammerich", Gleichheit von Mann und Frau
A bewirbt sich um die Zulassung zur Hebammenausbildung bei der Hebammenlehranstalt einer Universität. Männliche Bewerber werden nach § 4 Abs. 1 des Hebammengesetzes von 1938 nicht zugelassen. Verstößt dies gegen Art. 3 Abs. 2 und 3 GG?

Das Verbot der Ungleichbehandlung von Mann und Frau bedeutet nicht, daß Männer und Frauen in jeder Beziehung schematisch gleich zu behandeln wären. Es ist z. B. nicht sinnvoll, den besonderen Schutz von Schwangeren auch auf Männer auszudehnen. Eine Ungleichbehandlung von Mann und Frau darf nicht lediglich durch ihr unterschiedliches Geschlecht legitimiert werden; wird ein anderer von der Rechtsordnung zugelassener Gesichtspunkt zur unterschiedlichen Behandlung herangezogen, so verstößt dies nicht gegen den Gleichheitssatz. Das Gericht entschied, daß Schwangere zwar erfahrungsgemäß mit der Geburtshilfe eines Arztes einverstanden seien, jedoch auf einer weiblichen Hebamme beharren. Ein Hebammerich sei eine unzumutbare Beeinträchtigung der Persönlichkeitsrechte der Schwangeren. Die Geburt sei die Sphäre der Frau. Die Norm sei nicht verfassungswidrig. Inzwischen werden Männer zum Hebammenberuf zugelassen. Das Urteil erscheint rückblickend betrachtet problematisch, weil ein männlicher Arzt Geburtshelfer sein kann, ohne daß hier die Verletzung der Persönlichkeitsrechte der Frauen gerügt würde. Inzwischen gibt es den Beruf des (männlichen) sogenannten Entbindungshelfers nach dem Hebammengesetz von 1985.

– **Verbot der Diskriminierung von Frauen**
Eine Diplom-Kauffrau bewirbt sich um eine Management-Nachwuchsposition. Das ausschreibende Unternehmen antwortet ihr mit dem Hinweis, daß für solche Positionen nur Männer in Frage kämen. Dies verstößt gegen das Diskriminierungsverbot des § 611a Abs. 1 S. 1 BGB.[53] Nach seinem Wortlaut verbietet § 611a BGB die Benachteiligung wegen des Geschlechts. Damit sind die **offenen Diskriminierungen** wie im Fall der Diplom-Kauffrau erfaßt.

Schwieriger ist das Problem der verdeckten oder **mittelbaren Diskriminierung**. Sie kommt vor allem in Betracht, wenn Leistungsvoraussetzungen vom Arbeitgeber zwar geschlechtsneutral formuliert werden, wenn Frauen diese Voraussetzungen aber nicht oder nur mit unverhältnismäßigen Schwierigkeiten erfüllen können. Dies kann gegen das in Art. 119 des EWG-Vertrages verankerte Gebot des gleichen Entgelts von Männern und Frauen verstoßen.[54]

Ein typisches Beispiel mittelbarer Diskriminierung ist die ungerechtfertigte Benachteiligung von Teilzeitkräften. Deshalb legte das BAG 1984 dem Europäischen Gerichtshof (EuGH) die Frage vor, ob es gegen Art. 119 EWG-Vertrag verstößt, wenn ein Kaufhausunternehmen Teilzeitkräfte von seiner betrieblichen Altersversorgung ausnimmt, obwohl von dieser Ausnahme unverhältnismäßig mehr Frauen als Männer betroffen sind und Gründe betrieblicher Zweckmäßigkeit dafür nicht angeführt werden können (BAG DB 1984, 1577 = E 46, 71). Diese Frage bejahte der EuGH grundsätzlich. Es komme darauf an, welches Ziel das Unternehmen mit der Benachteiligung von Teilzeitkräften verfolge. Nur wenn dieses einem „wirklichen Bedürfnis" entspreche und wenn die differenzierende Regelung geeignet und erforderlich sei, um dieses Ziel zu erreichen, sei eine Diskriminierung der betroffenen Frauen nicht anzunehmen.[55]

Auf der Grundlage dieser Auslegung des EWG-Vertrags entschied das BAG über die Versorgungsordnungen von zwei Kaufhäusern. Nach diesen konnten Ruhegeld-

---
[53] Vgl. ArbG Hamburg BB 1983, 1858 f. und *Bertelsmann*, BB 1983, 1807 f.
[54] EuGH NJW 1981, 2639 – Fall Jenkins.
[55] EuGH NZA 1986, 599; dazu *Pfarr* NZA 1986, 585.

ansprüche nur entstehen, wenn die Arbeitnehmer Wartezeiten von 15 bis 20 Jahren in Vollzeitarbeit erfüllten. Frauen sind aber wegen ihrer familiären Bindungen und Belastungen häufig nicht in der Lage, 15 oder 20 Jahre lang Vollzeitarbeit zu leisten. Um den Vorwurf der „mittelbaren Diskriminierung" abzuwehren, beriefen sich die beklagten Kaufhäuser auf ihr Interesse, Verkäuferinnen einen Anreiz zu bieten, Vollzeitarbeit zu leisten. In einem Fall konnten sie aber nach Ansicht des BAG ein „wirkliches Bedürfnis" dafür nicht dartun. Schon deshalb war die Ausnahmeregelung für Teilzeitkräfte nichtig. Sie war weder geeignet noch erforderlich, um das gewünschte Ziel zu erreichen (BAG BB 1987, 829).

Um auch Grenzfälle bewältigen zu können, haben Pfarr und Bertelsmann [56] folgende **Definition der unzulässigen mittelbaren Diskriminierung** entwickelt:

1. Ein Arbeitgeber gestaltet eine Vereinbarung oder Maßnahme so aus, daß sie ohne unmittelbare Anknüpfung an das Geschlecht formuliert ist und sowohl von Frauen wie von Männern erfüllt werden kann.

2. Der Anteil der Angehörigen des einen Geschlechts, die von der Ausgestaltung nachteilig betroffen sind oder sein können, ist erheblich größer als der Anteil der Angehörigen des anderen Geschlechts.

3. Diese nachteilige Wirkung der Ausgestaltung auf die Angehörigen eines Geschlechts kann nicht anders als mit dem Geschlecht oder den Geschlechtsrollen erklärt werden.

4. Die Ausgestaltung der Vereinbarung oder Maßnahme ist nicht gerechtfertigt. Gerechtfertigt ist sie, wenn
    a) sie von der Art der auszuübenden Tätigkeit her zwingend geboten ist oder
    b) sie ein objektiv gerechtfertigtes Ziel verfolgt und die nachteilige Wirkung durch zumutbare Änderungen oder Ergänzungen nicht zu beseitigen oder zu mildern ist.

5. Aufgrund der mittelbar diskriminierenden Ausgestaltung der Vereinbarung oder Maßnahme wird eine Arbeitsperson wegen des Geschlechts oder der Wahrnehmung einer Geschlechtsrolle benachteiligt.

Der Europäische Gerichtshof geht noch einen Schritt weiter. Er betrachtet es als einen Verstoß gegen die Richtlinie 207/76 (vom 9.2.1976, zur Verwirklichung des Grundsatzes der Gleichbehandlung hinsichtlich des Zugangs zur Beschäftigung, zur Berufsbildung, zum beruflichen Aufstieg und in bezug auf die Arbeitsbedingungen), wenn es ein Arbeitgeber ablehnt, die beste von mehreren Bewerberinnen einzustellen, weil sie schwanger ist (DB 1991, 286, – Fall Dekker – m. Anm. von Wißmann, DB 1991, 650ff.). Eine Benachteiligung wegen geschlechtsspezifischer Merkmale ist also auch gegenüber Angehörigen des gleichen Geschlechts unzulässig. Das BVerfG (DB 1992, 377) hält fest, daß das Nachtarbeitsverbot für Arbeiterinnen gegen Art. 3 Abs. 1 und 3 GG verstoße. Unzulässig sei die Diskriminierung nicht nur gegenüber den männlichen Arbeitern, sondern auch gegenüber den weiblichen Angestellten.

Werden in einem Betrieb Gleitzeiten vereinbart und hierbei Teilzeitbeschäftigte ausgenommen, so verstößt dies gegen Art 3 GG, §611a BGB und Art. 119 des EWG-

---

[56] Vgl. zum ganzen ausführlich *Pfarr/Bertelsmann*, Gleichbehandlungsgesetz, 1985, insbes. S. 39.

Vertrages, wenn erheblich mehr Frauen als Männer teilzeitbeschäftigt sind und es keine sachliche Erklärung für die Ungleichbehandlung gibt (LAG Frankfurt/M., 10.11.1989, 12 Sa 255/89 rechtskräftig; EuGH NZA 1992, 687 und BAG JR 1992, 308).

Inzwischen wurden in einer Reihe von Bundesländern sogenannte Gleichstellungsgesetze verabschiedet, nach denen bei gleicher Qualifikation Frauen vor Männern bevorzugt werden sollen. Das OVG Münster bezweifelt, daß diese Bevorzugung der Frauen mit dem allgemeinen Gleichheitssatz des Artikels 3 Abs. 1 vereinbar sei. Es hat eine entsprechende Frage nach Artikel 100 GG dem Bundesverfassungsgericht zur Vorabentscheidung vorgelegt.[57]

d) Vertiefung

Gusy (Der Gleichheitsschutz des Grundgesetzes, JuS 1982, 30 ff., 31 und 32) zeigt die Entwicklung des Gleichheitsschutzes in historischer Sicht anschaulich auf:

„a) Seit der Herrschaftszersplitterung ausgangs des Mittelalters waren die Lehnsherren zur Sicherung des inneren Friedens und zur Schutzgewährung kaum noch in der Lage. Zudem ging die Verantwortung für die Funktionsfähigkeit der ökonomischen Grundlagen der Gesellschaft vom grundbesitzenden Adel weitgehend auf das gewerbetreibende Großbürgertum über. So verloren die überkommenen Privilegien ihre Legitimation; die alten Vorrechte blieben zwar weitgehend bestehen, wurden aber zunehmend als hinderlich und drückend empfunden.[58] Insbesondere die aufstrebenden Bürger erhoben die Forderung, entsprechend ihrer wirtschaftlichen Stellung und Verantwortung politischen Einfluß zu erhalten. Da dem die traditionellen Feudalrechte des Adels entgegenstanden, erhob sich in zunehmendem Maße die Forderung nach Gleichheit aller Menschen.

Diese Forderung setzte sich zunächst in den USA durch, wo die neue Staatsordnung ohne traditionelle ständische Elemente errichtet werden konnte. Section 1 der Virginia Bill of Rights lautete: „Alle Menschen sind von der Natur aus in gleicher Weise frei ...". Die Französische Revolution folgte dem Aufruf nach „Freiheit, Gleichheit, Brüderlichkeit". Art. 1 der „Déclaration des droits de l'homme et du citoyen" von 1789 statuierte: „Die Menschen sind und bleiben von Geburt frei und gleich an Rechten."

Entsprechend der Forderung des wirtschaftlich dominierenden Großbürgertums sollte die Gleichheit jedoch keine wirtschaftliche sein; durch diese hätte die reich gewordene Bourgeoisie zugunsten der breiten Masse der Armen nur verlieren können.[59] So wurde während der Französischen Revolution weitgehend nur kirchlicher und feudaler Besitz verstaatlicht, private Manufakturen blieben dagegen zumeist unangetastet. Vielmehr wurde die Gleichheit in staatsbürgerlicher Hinsicht erstrebt; gleiche Bürger sollten gegenüber dem Staat gleiche Rechte und Pflichten haben. Diese Gleichheitsvorstellung wird schon durch den Wortlaut der zitierten Menschenrechtsartikel zum Ausdruck gebracht.

Entsprechend dieser Wendung gegen das traditionelle Feudalsystem gestaltete sich die Gleichheitskonzeption des Liberalismus im 19. Jahrhundert. Danach war der Staat den Bürgern rechtlich übergeordnet; unter den Menschen herrschte in der Gesellschaft dagegen rechtliche Gleichheit, ein einheitliches Recht war auf alle glei-

---

[57] vgl. auch *Gusy*, der Gleichheitssatz, NJW 1988, 2505–2512).
[58] Eingehend hierzu *Rittstieg*, Eigentum als Verfassungsproblem, 1976, S. 224–227.
[59] Vertiefend hierzu *Herzog*, Staatslehre, 1971, S. 379ff.

chermaßen anwendbar.[60] Vor diesem Hintergrund entstand in Art. 6 der Belgischen Verfassung von 1831 die Formel: „Es gibt im Staat keine Standesunterschiede. *Alle Bürger sind vor dem Gesetz gleich* ..." Stand schon in der Belgischen Verfassung der „allgemeine Gleichheitssatz" in unmittelbarem systematischem Zusammenhang mit der Aufhebung der Standesprivilegien, so enthielt § 137 des Verfassungsentwurfs der Paulskirche eine Fülle staatsbürgerlicher Gleichheitsnormen, zwischen denen sich auch der allgemeine Gleichheitssatz (Abs. II) verbindet; soziale Gleichheit ist dagegen kein Anliegen des Verfassungsentwurfs. Ähnlich lautet auch Art. 109 WRV, in dem noch Adels- und Ordensproblemen zentrale Bedeutung zukommt. Die Formulierung des § 137 II des Paulskirchenentwurfs ist in Art. 3 I GG wörtlich übernommen; dagegen fehlt in Art. 3 GG der systematische Zusammenhang der allgemeinen mit der staatsbürgerlichen Gleichheit.

Tatsächlich nahm die faktische Bedeutung der verfassungsrechtlichen Sicherung der staatsbürgerlichen Gleichheit ab. Spätestens unter der Geltung der Weimarer Reichsverfassung waren die letzten ständischen Relikte beseitigt, das traditionelle Ziel des Gleichheitspostulats der bürgerlichen Bewegung war insofern erreicht. Wurde dementsprechend dem herkömmlich ausgelegten Gleichheitssatz nur geringe Bedeutung beigemessen, so erlangte die gesellschaftliche Entwicklung vom Stände- zum Klassenstaat gleichheitsgefährdende Relevanz. Wies die ständische Ordnung den Menschen unterschiedliche Rechte und Pflichten zu, so definiert sich in der *Klassengesellschaft* bei formal gleichen Rechten und Pflichten die soziale Stellung des Einzelnen aus seinen ökonomischen Möglichkeiten, diese Rechte wahrzunehmen. Wesentliches Kriterium der Stellung des einzelnen war und ist nicht mehr seine ständische Zuordnung, sondern seine wirtschaftliche Lage. Diese Entwicklung setzte nicht abrupt ein, sondern verlief in Stufen: Waren anfangs des 19. Jahrhunderts dank des Zensuswahlrechts die wirtschaftlich Mächtigen auch politisch Privilegierte, so endete diese Entwicklung mit der Einführung des allgemeinen Wahlrechts, das in Preußen zunächst als Drei-Klassen-Wahlrecht, bis zum Anfang des 20. Jahrhunderts überall als allgemeines und gleiches Wahlrecht eingeführt wurde. Ungleichheit wird so nicht mehr durch Standesunterschiede, sondern durch unterschiedliche ökonomische Potenz begründet. Die Gesellschaft als „Hort der Freiheit" war so zugleich Ursprung der sozialen Differenzierung.

b) Der sozialistische Jurist *Anton von Menger* bezeichnete den auf die staatsbürgerliche Gleichheit reduzierten Gleichheitssatz als „Zerrbild der Gleichheit"; „in dieser verstümmelten Form sei „die Gleichheit vor dem Gesetz in die Verfassung zahlreicher Kulturstaaten übergegangen".[61] Allerdings fügte er hinzu, das Ideal der ökonomischen Gleichheit könne nur in entfernter Annäherung verwirklicht werden. Auf einen *Ausgleich der sozialen Unterschiede* ist auch die Gleichheitsinterpretation von *Wolfgang Abendroth* angelegt.

Für ihn bestehen bei der Inhaltsbestimmung des sozialen Rechtsstaatsgedankens im Grundgesetz Schwierigkeiten, da der Gerechtigkeitsmaßstab zwischen verschiedenen Sozialgruppen zumeist strittig sei. Erforderlich sei vor allem eine zeitgemäße Interpretation des Gleichheitssatzes. Dabei müsse man sich bewußt bleiben, daß die Stellung des Sozialstaatsgedankens im Rechtsgrundsatz der demokratischen und sozialen Rechtsstaatlichkeit darauf angelegt sei, den materiellen Rechtsstaatsgedanken der Demokratie auf die Wirtschafts- und Sozialordnung und auf das kultu-

---

[60] Hier nahm etwa die Lehre von der „Allgemeinheit des Gesetzes" ihren Ausgangspunkt.
[61] *Menger*, Neue Staatslehre, 1904, S. 64.

relle Leben auszudehnen, um von hier aus dem Sozialstaatsgedanken konkreten Gehalt zu verleihen. So erzwinge die innere Verbindung von Demokratie und Sozialstaatlichkeit eine Interpretation des Gleichheitssatzes nicht nur im Verhältnis der Individuen, sondern auch im Verhältnis der sozialen Gruppen zueinander, welche deren Ungleichheit in Richtung auf die Demokratisierung der Gesellschaft ausgleiche.[62]

c) Soziale Gleichheit stellt sich in der Gesellschaft auch im Falle einer Interpretation des Gleichheitssatzes als Medium sozialer Egalisierung nicht von selbst ein, sie bedarf der staatlichen Verwirklichung durch Maßnahmen der Gesetzgebung und der Verwaltung. Soll das grundgesetzliche Gleichheitsgebot dazu verpflichten, so wird *Art. 3 I GG als Verfassungsauftrag* zur Herstellung sozialer Gleichheit ausgelegt.[63] Eine solche Interpretation läßt den allgemeinen Gleichheitssatz als soziales Grundrecht erscheinen. Damit begegnet diese Auffassung all denjenigen Einwänden, die auch gegen die Schaffung sozialer Leistungsrechte angeführt werden.[64] Insbesondere kollidiert sie mit Art. 1 III GG, nach dem die Grundrechte im Zweifel unmittelbar anwendbares Recht darstellen. Verfassungsaufträge zur Herstellung sozialstaatlicher Lagen sind nicht ohne weitere Ausführung realisierbar. Das macht etwa der Wortlaut des Art. 6 V GG deutlich: Gleiche Chancen für „uneheliche" Kinder stellen sich nicht von selbst ein, sondern müssen erst durch die Gesetzgebung geschaffen werden.[65] Der Wortlaut des Art. 6 V GG geht von einem Zustand sozialer Gleichheit aus, der durch den Staat erst herzustellen ist. Dagegen enthält Art. 3 I GG einen solchen Auftrag nicht; er geht davon aus, daß alle Menschen vor dem Gesetz gleich „sind". Soll demnach der allgemeine Gleichheitssatz unmittelbar anwendbares Recht darstellen, so kann er keinen Verfassungsauftrag zur Herstellung gleicher Chancen enthalten.

Andererseits wurde das traditionelle Verständnis der Gleichheit als staatsbürgerliche Gleichheit nicht unverändert aufrechterhalten. Schon Art. 109 WRV lautet: „Alle Deutschen sind vor dem Gesetz gleich. Männer und Frauen haben grundsätzlich dieselben staatsbürgerlichen Rechte und Pflichten…" War hier von „staatsbürgerlicher Gleichheit" ausdrücklich nur in Art. 109 S. 2 die Rede, so wurde Art. 109 S. 1 in einem weiteren Sinne ausgelegt: Nicht mehr nur staatsbürgerliche Gleichheit, sondern Rechtsgleichheit schlechthin sollte garantiert werden. Diese sollte, da die Realität völlige Gleichheit nicht kennt, nicht im Sinne des sozial egalitären „jedem das Gleiche", sondern gemäß dem Verständnis eines „jedem das Seine" interpretiert werden. Ausgangspunkt dieser Auffassung ist die Herleitung des Gleichheitsgebotes aus dem Ziel der Gerechtigkeit.[66] So wurde der Gleichheitssatz als *Gebot der Verwirklichung* ausschließlich *formaler Gerechtigkeit* neu interpretiert. Eine so verstandene Gerechtigkeit sollte durch den Gleichheitssatz nicht zur Herstellung aufgegeben sein, sondern dem staatlichen Handeln als Verfassungsgebot vorausliegen: Gerechtigkeit war vom Gesetzgeber zu achten, nicht herzustellen. Der Auftrag zur Herstellung eines sozialen Ausgleichs wurde dementsprechend für

---

[62] *Abendroth*, in: Festschr. f. Bergsträsser, 1964, S. 288f.
[63] Mehr hierzu bei *Podlech*, Gehalt und Funktionen des allg. Gleichheitssatzes, 1971, S. 200–208.
[64] *Gusy*, JA 1980, 82f.
[65] *Denninger*, StaatsR II, 1979, S. 154f.; grdl. dazu *Hesse*, AöR 77 (1951/52), 178–187.
[66] Ausgangspunkt dieser Auffassung ist die Abhandlung von *Leibholz*, Die Gleichheit vor dem Gesetz, 2. Aufl. (1959), S. 72; s. auch *Hesse*, AöR 77 (1951/52), 197–204.

das Grundgesetz nicht dem Gleichheitssatz, sondern dem Sozialstaatsprinzip (Art. 20 I GG) entnommen. Die Gegenmeinung blieb in der Minderheit."
Ausgehend von dieser genetischen Analyse des Gleichheitssatzes lehnt Gusy mit Recht Tendenzen in Literatur und Rechtsprechung ab, das Gerechtigkeitsgebot aus Art. 3 Abs. 1 GG in Sachgerechtigkeitsgrundsätze zu verfestigen, die den Gesetzgeber an systematische Folgerichtigkeiten oder selbst gesetzte Vorgaben binden. Sehr wohl aber folgt aus dem Willkürverbot ein Begründungsgebot für das Handeln des Staates. Auch darf nicht eine formal gleiche Behandlung aller sozialen Schichten die wirtschaftlichen Vorteile der Bessergestellten stabilisieren. Es kommt deshalb darauf an, Gleichheitssatz und Sozialstaatsgebot einander zuzuordnen. Das Dilemma zwischen Freiheit und Gleichheit kann Gusy nicht individuell, sondern nur bezogen auf die Gesamtheit der Staatsbürger lösen. Er weist mit Recht darauf hin, daß Chancengleichheit für alle zwar eine Verkürzung der Freiheit bisher Privilegierter bedeutet, gleichzeitig aber die Masse der Unterprivilegierten und damit die Mehrheit der Bevölkerung besserstellt. Anzufügen bleibt, daß die Modalitäten, wie Chancengleichheit verwirklicht wird, in der Praxis leicht zu bürokratischen Lösungen führen, die zwar gewisse Privilegien nivellieren, die Gesamtleistung des zu steuernden gesellschaftlichen Teilsystems jedoch zu Lasten gerade auch der Unterprivilegierten insgesamt verschlechtern. Gleichheit im Max Weberschen „Gehäuse der Hörigkeit" ist nicht erstrebenswert, das Gleichheits-/Freiheitsdilemma bleibt Problem der praktischen Politik.

6. Die Vereinigungsfreiheit des Art. 9 Abs. 1 GG

Mit dem Recht, Vereine und Gesellschaften zu bilden, gewährleistet Art. 9 Abs. 1 GG das Prinzip freier sozialer Gruppenbildung im Gegensatz zu ständisch-korporativen Ordnungen früherer Zeiten und zur planmäßigen Formung und Organisation durch den Staat. Art. 9 Abs. 1 geht von einem Bild des Menschen aus, der nicht isoliertes und selbstherrliches Individuum, sondern gemeinschaftsbezogene und gemeinschaftsgebundene Person ist (vgl. BVerfGE 50, 290, 353). Die Freiheit des Staatsbürgers, sich mit anderen zu jedem verfassungsmäßig erlaubten Zweck zusammenzuschließen, umfaßt die Gründungs- und Beitrittsfreiheit sowie die Freiheit, aus einer Vereinigung auszutreten oder ihr fernzubleiben. Diese Vereinigungsfreiheit ist jedoch in mehr oder minder großem Umfang auf Regelungen angewiesen, welche die freien Zusammenschlüsse und ihr Leben in die allgemeine Rechtsordnung einfügen, die Sicherheit des Rechtsverkehrs gewährleisten, Rechte der Mitglieder sichern und den schutzbedürftigen Belangen Dritter oder auch öffentlichen Interessen Rechnung tragen (vgl. BVerfGE 50, 290, 354). Es ist demnach notwendig, die Vereinigungsfreiheit gesetzlich auszugestalten. Bei dieser Ausgestaltung ist der Gesetzgeber nicht an die bisherigen Formen des Vereins- und Gesellschaftsrechts gebunden, er hat sich jedoch am Schutzgut des Art. 9 Abs. 1 GG zu orientieren, das heißt der Gesetzgeber hat eine hinreichende Vielfalt von Rechtsformen zur Verfügung zu stellen, die den verschiedenen Typen von Vereinigungen angemessen ist. Insbesondere muß er die Funktionsfähigkeit der Vereinigungen und ihrer Organe gewährleisten. Bei großen Kapitalgesellschaften tritt der Gedanke des personalen Schutzes, der dem Art. 9 Abs. 1 GG zugrundeliegt, jedoch bis zur Bedeutungslosigkeit zurück. Das Bundesverfassungsgericht hat in seinem Mitbestimmungsurteil von 1979 zu Recht auf die Bedenken hingewiesen, die sich gegen die Anwendbarkeit des Art. 9 Abs. 1 in solchen Fällen ergeben, in denen juristische Personen Anteilseigner sind (BVerfGE 50, 290, 356). Ebenso hat es darauf verwie-

II. Grundrechte und Wirtschaftstätigkeit 59

sen, daß in Konzernen und bei Mehrheitsbeteiligungen der in der Vereinigungsfreiheit enthaltene Gedanke sich in freier Assoziation selbstbestimmender Mitglieder zurückgedrängt wird. Schließlich hat es auf seine frühere Rechtsprechung verwiesen, wonach die Aktie primär als bloßes Vermögensrecht betrachtet und demgemäß weder die Zwangszuteilung von Aktien (BVerfGE 4, 7, 26) noch der Entzug der Mitgliedschaft in einer Aktiengesellschaft im Fall der Mehrheitsumwandlung (BVerfGE 14, 263, 273) als Verstoß gegen Art. 9 Abs. 1 GG gewertet wird.

7. Die allgemeine Handlungsfreiheit – Art. 2 Abs. 1 GG

vgl. oben die Darstellung des Investitionshilfeurteils auf S. 9

a) Vorbemerkung

Die allgemeine Handlungsfreiheit ist ein Auffanggrundrecht. Sie gilt nur, wenn nicht speziellere Grundrechte vorgehen. So schließt z. B. die Anwendung von Art. 12 die des Art. 2 Abs. 1 aus. Im übrigen ist Art. 2 Abs. 1 nur im Rahmen der verfassungsmäßigen Ordnung gewährleistet, dazu gehören alle verfassungsmäßig zustandegekommenen Gesetze, soweit sie ihrerseits im Lichte der Bedeutung der allgemeinen Handlungsfreiheit verabschiedet worden sind. Eine Grenze für die Handlungsfreiheit bedeuten auch das Sittengesetz und die Rechte Dritter. Die allgemeine Handlungsfreiheit umfaßt die Freiheit, Verträge abzuschließen und allgemein über seine eigenen Angelegenheiten selbst zu bestimmen.

Bedeutsam geworden sind Entscheidungen zur Frage, ob der Einzelne sich zwangsweise in einen Verband eingliedern lassen muß, dem er nicht angehören will. Das Bundesverfassungsgericht geht von dem Grundsatz aus, daß ein solcher Zwangsverband öffentliche Aufgaben erfüllen muß, die bei freiwilliger Mitgliedschaft nicht sachgerecht erledigt werden könnten. Es wird geprüft, ob die Übertragung der Aufgaben auf einen Zwangsverband legitim ist.

b) Fälle

BVerfGE 10, 89 – Erftverband

Es geht um die Zwangseingliederung in einen öffentlich-rechtlichen Wasserverband. Das Gericht hielt dies für zulässig, da es sich um legitime öffentliche Aufgaben handle. Über die Zweckmäßigkeit des Verbandes im Einzelfall sei im Rahmen des gesetzgeberischen Ermessens zu entscheiden.

BVerfGE 15, 235 – Industrie- und Handelskammern

Die Einrichtung derartiger Kammern wird vom Gericht für zulässig gehalten. Die Delegation öffentlicher Aufgaben auf einen solchen Verband wird als legitim und zweckmäßig betrachtet. Im übrigen könnten diese Aufgaben bei freiwilliger Mitgliedschaft nicht sachgerecht wahrgenommen werden. Insbesondere sei es auch zulässig, einen Beitrag zu erheben.

BVerwGE 59, 231: Kein allgemeinpolitisches Mandat der verfaßten Studentenschaft

Das Bundesverwaltungsgericht bejaht die Zulässigkeit der verfaßten Studentenschaft, verbietet aber gleichzeitig das allgemein politische Mandat. Dies verstoße gegen Art. 2 Abs. 1. Der einzelne Student könne von der Studentenschaft durch Unterlassungsklage fordern, daß sie von der Wahrnehmung des allgemein politischen Mandats abläßt. Die Beschränkung auf ein hochschulpolitisches Mandat läßt sich in der Praxis nicht durchhalten.[67]

BVerfGE 65, 1 – Informationelle Selbstbestimmung

Aus der Allgemeinen Handlungsfreiheit nach Art. 2 Abs. 1 GG und der in Art. 1 Abs. 1 GG geschützten Menschenwürde hat das Bundesverfassungsgericht ein **Grundrecht auf informationelle Selbstbestimmung** entwickelt. Der Begriff wurde im Urteil vom 15.12.1983 zum Volkszählungsgesetz (BVerfGE 65, 1 ff.) geprägt. Dieses Gesetz war noch zu Zeiten der sozialliberalen Koalition vom Bundestag ohne Kontroversen verabschiedet worden. Nach § 9 Abs. 1 bis 3 des Gesetzes durften die Angaben der Volkszählung mit Melderegistern verglichen und zu deren Berichtigung verwendet werden. Einzelangaben ohne Namen durften an die zuständigen obersten Bundes- und Landesbehörden übermittelt werden. Für Zwecke der Regionalplanung, des Vermessungswesens, der gemeindlichen Planung und des Umweltschutzes durften die erforderlichen Einzelangaben ohne Namen an Gemeinden und Gemeindeverbände übermittelt werden.

Das Gericht erklärte es für geboten, aus der allgemeinen Handlungsfreiheit nach Art. 2 Abs. 1 GG und der Menschenwürde nach Art. 1 Abs. 1 GG die Befugnis des einzelnen Bürgers abzuleiten, grundsätzlich selbst über die Preisgabe und Verwendung seiner persönlichen Daten zu bestimmen (informationelle Selbstbestimmung). Einschränkungen sind, so das Gericht, nur im überwiegenden Allgemeininteresse zulässig. Sie bedürfen einer verfassungsgemäßen gesetzlichen Grundlage, die dem rechtsstaatlichen Gebot der Normenklarheit (vgl. unten) entspricht. Der Gesetzgeber muß bei seinen Regelungen ferner den Grundsatz der Verhältnismäßigkeit beachten, sowie die organisatorischen und verfahrensrechtlichen Vorkehrungen treffen, um der Gefahr der Rechtsverletzung entgegenzuwirken. Bei der Datenerhebung für statistische Zwecke – anonym und nicht individualisierbar – kann keine enge und konkrete Zweckbindung der erhobenen Daten verlangt werden. Das statistische Erhebungsprogramm des Volkszählungsgesetzes von 1983 ist grundsätzlich verfassungsgemäß, bedarf aber zur Sicherung des Rechts auf informationelle Selbstbestimmung der ergänzenden verfahrensrechtlichen Regelungen bei der Datenerhebung. Verfassungswidrig sind die Übermittlungsregelungen in § 9 Abs. 1 bis 3 des Gesetzes. Hier werden die Daten individualisiert. Das Gebot der engen und konkreten Zweckbindung wird nicht beachtet. Es ist nicht vorhersehbar, zu welchem konkreten Zweck welche Behörden die Daten verwenden. Bei der Bearbeitung personenbezogener Daten außerhalb der statistischen Ämter bedarf es einer Organisation zur Sicherung der Zweckbindung.

Das Urteil wirkt zwar unmittelbar nur im Verhältnis zwischen Staat und Bürger. Konkret gesagt mußte der Bundestag ein neues Volkszählungsgesetz verabschieden. Die Auswirkungen des Urteils auf die Arbeitsverhältnisse der Arbeitnehmer sind jedoch unverkennbar. Das Personalinformationssystem eines Großunternehmens enthält mehr Wissen über den einzelnen als die Datenverarbeitungsanlage einer Gemeinde. Bei abweichendem Verhalten gegenüber den Anforderungen des Staates droht ein Bußgeld, bei abweichendem Verhalten im Betrieb womöglich sogar der Verlust des Arbeitsplatzes. Das Bundesdatenschutzgesetz von 1977 enthält zu viele Lücken, um den Arbeitnehmer wirksam zu schützen. Erforderlich ist eine „informationelle Gewaltenteilung"[68], wonach Daten nur zu dem Zweck

---
[67] Vgl. *Becker* in *Denninger*, HRG, § 41 Rz. 18 ff.
[68] Vgl. *Däubler*, Das Arbeitsrecht 2, 7. Aufl. 1990, S. 283

verwendet werden dürfen, zu dem sie erhoben wurden. Hierzu ist eine Kontrolle der Datenverarbeitung erforderlich.

c) Vertiefung

Bernhard Nagel Privatautonomie und Unternehmenspolitik
(Auszug aus: Kießler, O. / Kittner, M. / Nagel, B.: Unternehmensverfassung, Recht und Betriebswirtschaftslehre, 1983, S. 95 ff.)

1. Einführung

An der ökonomischen Macht des modernen Großunternehmens und des Konzerns setzen Diskussionen im Zivil- und Unternehmensrecht an, die nur scheinbar getrennt verlaufen, in Wahrheit aber zusammengehören. Diskutiert werden Funktion und Grenzen der Privatautonomie, eines Grundpfeilers der traditionellen Zivilrechtsdogmatik. Man versucht, zu Aussagen über die Möglichkeiten und Grenzen der Unternehmenspolitik zu kommen, die eine Richtschnur sowohl für die Außenbeziehungen als auch für die Binnenstruktur des Unternehmens angeben können. Die Entfaltungsfreiheit des Unternehmens im äußeren, also die Vertrags- und Wettbewerbsfreiheit, ist mit gesetzlichen Schutzzwecken abzuklären, die z. B. zugunsten der Konsumenten, der Mieter oder der Umwelt verfolgt werden sollen. Die Entfaltungsfreiheit kann auch durch ordnungspolitische Ziele verschiedenster Art, z. B. die Branchenstruktur-, Regional-, Geld-, Konjunktur- und Arbeitsmarktpolitik, konterkariert werden. Ähnliches gilt für die Binnenstruktur des Unternehmens. Die Entscheidungsspielräume der Unternehmensleitung werden durch die Kontrollbefugnisse der Repräsentanten von Kapital und Arbeit eingegrenzt und an einem wie immer zu definierenden und zu interpretierenden Unternehmensinteresse ausgerichtet. Gleichwohl wird in der juristischen Dogmatik noch immer an der Privatautonomie als Eckpfeiler festgehalten. Es fragt sich, ob dies richtig ist.

II. Außenbeziehungen des Unternehmens

1. Entwicklung des Rechtsinstituts Privatautonomie

a) Konnexinstitut zum Privateigentum

Der Grundsatz der Privatautonomie im bundesrepublikanischen Zivilrecht bedeutet zunächst das Belassen einer *staatsfreien Rechtssphäre*, die dem Bürger die Möglichkeit eröffnet, auf eigene Verantwortung Verträge mit anderen abzuschließen. Dies ist ein historischer Fortschritt gegenüber den Beschränkungen der Feudalzeit. Ein prägnantes Beispiel sind die Kleiderordnungen des Mittelalters, durch welche die „Vertragsfreiheit" der Bürger eingeschränkt wurde. Es ist ein Fortschritt auch gegenüber den Beschränkungen, die der Merkantilismus der produktiven wirtschaftlichen Tätigkeit des Bürgertums auferlegte. Die Funktion dieser Freiheit ist ökonomisch gesehen die freie Entfaltung *des Privateigentums*, das zum Tausch auf dem Markt angeboten werden kann, weshalb die Vertragsfreiheit zu Recht als Konnexinstitut zum Eigentum bezeichnet wird.[69] Eine besondere Situation gilt auf dem Arbeitsmarkt: Wer hier seine Arbeitskraft verkauft, ist „doppelt frei", frei von Produktionsmitteln und frei von Arbeitsbeschränkungen. Er garantiert durch diese

---

[69] *Neumann, F.*: Der Funktionswandel des Gesetzes im Recht der bürgerlichen Gesellschaft, in: *ders.*, Demokratischer und autoritärer Staat, Frankfurt/Wien 1967, S. 31, 40; *Renner, K.*: Die Rechtsinstitute des Privatrechts und ihre Funktion, 2. Aufl., Tübingen 1929.

„Transaktion" die Grundlage der kapitalistischen Produktionsweise. Durch Nichteingreifen in das Marktgeschehen schützt der Staat das Privateigentum auch der ökonomisch Mächtigen, *Max Weber*[70] spricht von einer *„ökonomischen Ermächtigung"*. Der Staat tritt als Garant nicht nur der Zirkulations-, sondern auch der Produktionssphäre auf, neben der Gleichheit des Marktes schützt er die Herrschaft des Produktionsmittelbesitzers.

Das liberale Postulat der Trennung von Staat und Wirtschaft verweist den Staat darauf, in erster Linie den *Status* des Bürgers zu regeln, ihm jedoch die Freiheit auf der Ebene des *Kontrakts* zu lassen.[71] Am Fall des Studenten, der einen Ferienjob sucht, oder des Absolventen, der sich um Arbeit bemüht, läßt sich jedoch zeigen, daß sich die tatsächliche Freiheit eines Bürgers, d. h. sein ökonomischer und sozialer Handlungsspielraum, in Statusfragen (z. B. Zugang zu Schule und Hochschule, Ausbildungsförderung, Arbeitsförderung, soziale Fürsorge) nicht wesentlich von der Freiheit beim Abschluß einer Reihe von Verträgen unterscheidet (z. B. Arbeitsvertrag, Kauf größerer Objekte aufgrund von AGB, Mietvertrag, Maklervertrag). Die Vorstellung von der Äquivalenz der privatautonomen Vertragspartner verträgt sich für einen großen Teil der Bürger nur schlecht mit der sozialen Wirklichkeit.

b) Privatautonomie und Wettbewerbsfreiheit

Der Privatautonomie entspricht im Wirtschaftsrecht die *Wettbewerbsfreiheit*, beide werden zu Recht oft zusammen genannt. Während die Wettbewerbsfreiheit unmittelbar an der Tauschbeziehung in der Zirkulationssphäre anknüpft, umfaßt die Privatautonomie ein viel größeres Gebiet der individuellen Betätigung, greift aber letztlich auch auf die Tauschbeziehung zurück. Ebenso wie der Ordoliberalismus[72] die Wettbewerbsfreiheit nicht mehr als ohne weiteres vorgegeben betrachtet, die „gute" Wettbewerbsordnung vielmehr durch gezielte Eingriffe zu verwirklichen sucht, gehen Gesetzgebung und Rechtsprechung zunehmend dazu über, die gestörte „gute" Privatrechtsordnung nicht vorauszusetzen, sondern durch Intervention erst herzustellen. Zu denken ist in diesem Zusammenhang an die immer stärkere Verwendung von Generalklauseln wie Treu und Glauben und an die Kontrolle von Allgemeinen Geschäftsbedingungen.

c) Rechtsdogmatik und soziale Wirklichkeit

Die traditionelle Rechtswissenschaft verwickelt sich bei der Begründung und Durchsetzung der Privatautonomie in *Widersprüche*: Sie ist dem Schein der Gleichheit in der Zirkulationssphäre verhaftet und verdeckt die Polarität der Produktionssphäre. Sie zeigt nicht mehr den Zusammenhang zwischen Privateigentum und Privatautonomie auf, durch den sich die Vertragsfreiheit in ihrer historischen Entwicklung erklären läßt. Statt dessen abstrahiert sie von der sozialen Wirklichkeit und verselbständigt die juristische Begriffswelt. In Wirklichkeit schlägt die fingierte Marktgleichheit zum Vorteil der ökonomisch Stärkeren und ihrer Sonderinteressen aus, während scheinbar die allgemeinen Interessen an der Freiheit des Individuums geschützt werden sollen.

---

[70] *Weber, M.*: Wirtschaft und Gesellschaft, Tübingen 1922, S. 412f.
[71] Vgl. zur Begriffsbildung und zur historischen Entwicklung *Friedmann, W.*: Recht und sozialer Wandel, Frankfurt/M. 1969.
[72] Vgl. statt aller *Böhm, F.*: Wettbewerb und Monopolkampf, Berlin 1933; *Eucken, W.*: Grundsätze der Wirtschaftspolitik, Bern u.a. 1952.

II. Grundrechte und Wirtschaftstätigkeit

Daß die prinzipielle Geltung der Privatautonomie für große Unternehmenseinheiten nicht selbstverständlich, sondern Ergebnis einer historischen Entwicklung ist, zeigt insbesondere auch der Streit um die Zulassung juristischer Personen zum Rechtsverkehr. Denjenigen, die sich früher um das Konzessionssystem und das Prinzip der freien Körperschaftsbildung stritten, war die politische Bedeutung ihres Streits klar. Es ging um die Zulassung von intermediären Gewalten zwischen dem Staat und dem einzelnen Bürger.[73] Heute ist die Zulassung von Unternehmenskorporationen nicht mehr umstritten, es fragt sich jedoch angesichts der wachsenden Macht von Großunternehmen und Konzernen, ob die Freiheit ihrer Betätigung noch durch die schlichte Gleichsetzung mit der Gewerbefreiheit des kleinen Einzelkaufmanns als gewährleistet angesehen werden kann, ob sie also die Privatautonomie im Außenverhältnis mit derselben theoretisch-juristischen Begründung in Anspruch nehmen können, die der Kleinhändler oder der Privatmann verwendet. Der Jurist fühlt sich hier in seiner Rolle bei der Rechtsanwendung unbehaglich: Entweder er erkennt im konkreten Fall die Rechtssetzungsmacht des Unternehmens an, dann setzt er Sonderinteressen durch, legitimiert sein Handeln aber mit den Allgemeininteressen. Oder er erkennt sie nicht an. Dann bewährt sich nicht eine (abgehobene) Rechtsordnung, sondern es werden die schlimmsten Auswüchse des Systems kuriert. Die Folge ist: Es kann weitergehen. Wenn die Rechtsordnung den Schutz des Unternehmens verstärkt und die öffentliche Funktion des Unternehmens betont, so zeigt sich, daß die Privatheit der vertraglichen Herrschaftsmechanismen zunehmend hinfällig wird.

2. Relativierung der Privatautonomie

a) Soziale Wirklichkeit

Die ökonomische und gesellschaftliche Macht von Großunternehmen ist unbestritten. Die Konzentrationsforschung als ein Zweig der Wirtschaftsforschung untersucht das Unternehmenswachstum und das Wachstum der Umsatzanteile gerade der größten Unternehmen vor allem deshalb, weil sie aus diesem Befund eine zunehmende Vermachtung der Wirtschaft folgert. Auch die Schaffung der unabhängigen Monopolkommission durch die Kartellgesetznovelle von 1973 soll der empirischen Erfassung dieser wirtschaftlichen Macht dienen. Die bisherigen vier, alle zwei Jahre erscheinenden Hauptgutachten der Monopolkommission bestätigen für die Zeit seit 1974 eine wachsende Konzentration gerade bei Großunternehmen.[74] Diese Unternehmen, und unter ihnen vorzugsweise die multinationalen Unternehmen und Konzerne, setzen ihre Macht zur Erreichung und Sicherung von marktbeherrschenden Positionen ein; hierzu kaufen sie z. B. andere Unternehmen auf oder bilden Kartelle; sie diktieren ihren Geschäftspartnern die Vertragsbedingungen. Beim Erwerb von Grundstücken, bei der Ansiedlung neuer Industrien oder bei sonstigen unternehmenspolitischen Entscheidungen erreichen sie es vielfach, die staatlichen Stellen zu besonderen, kaum oder nicht vertretbaren Vergünstigungen zu bewegen.[75] Dadurch entsteht eine Machtstruktur, die eine Herausforderung nicht nur für die Wirtschaftspolitik, sondern auch für die Gesellschaftspolitik darstellt.

---

[73] Vgl. hierzu eingehend *Ott. C.*: Recht und Realität der Unternehmenskorporation, Tübingen 1977, S. 36–121: die Begriffsbildung stammt von ihm.

[74] Die Hauptgutachten erscheinen seit 1976 im Zweijahresrhythmus; zur Konzentration vgl. auch *Nagel, B.*: Fusion und Fusionskontrolle, in: *Cox, H/Jens, U./Markert, K.*(Hrsg.): Handbuch des Wettbewerbs, München 1981, S. 331–365 m.w.N.

[75] Vgl. *Hölzler, H.*: Die Wettbewerbsproblematik multinationaler Unternehmen, in: *Cox, H./Jens, u./Markert, K.* (Hrsg.), a.a.O., A. 457–484 m.w.N.; vgl. weiter *Kisker,*

b) Ansätze zur Verarbeitung in der juristischen Dogmatik

Da die juristische Dogmatik den Handelsgesellschaften entweder in ihrer Eigenschaft als juristische Personen Rechtsfähigkeit zubilligt oder sie doch als quasijuristische Personen im wesentlichen in die gleiche Rechts- und Pflichtenstellung rückt, müßte sie ihnen an sich in formaler Gleichsetzung mit natürlichen Personen auch die volle Freiheit der wirtschaftlichen Betätigung zubilligen. Im Ergebnis ist eine derart unbeschränkte Entfaltungsgarantie heute als Forderung unrealistisch, zumal eine Reihe von Gesetzen die Vertragsfreiheit gerade von Großunternehmen einschränkt, ohne freilich für sie das Prinzip der Privatautonomie anzutasten. Zu denken ist hier insbesondere an die Fusionskontrolle, die Mißbrauchsaufsicht, das Diskriminierungsverbot und das Kartellverbot im Gesetz gegen Wettbewerbsbeschränkungen (GWB). Bekämpft wird freilich nicht die schiere Unternehmensgröße, sondern der Verstoß gegen ein dem Gesetz zugrundeliegendes Wettbewerbspostulat. Die Diskussion muß jedoch tiefer gehen. Im Zusammenhang mit der Kontrolle wirtschaftlicher und gesellschaftlicher Macht muß nach der Funktion der Privatautonomie und der Vertragsfreiheit gefragt werden, in die eingegriffen werden soll.

In der juristischen Diskussion taucht diese Problemstellung bereits auf. *Steindorff*[76] untersucht anknüpfend an *Ludwig Raiser*[77] die *wirtschaftsordnende und steuernde Funktion des Privatrechts*. Indem er diese Frage stellt, akzeptiert er die Privatautonomie nicht mehr als ohne weiteres vorgegeben. Als vom Privatrecht zu leistende Funktionen nennt er auch Ordnungsfunktionen wie die Ausgestaltung der Verantwortung, insbesondere der Publizität, und des Sozialschutzes. Zu einem ersten Bereich von allgemeinen und speziellen Rechenschaftslasten sowie von organisatorischen Lenkungsinstrumenten des Zivilrechts gehören z.B. die Kontrolle von AGB, der Begründungszwang bei der Ausübung von Gestaltungsrechten, die Einschränkung von Widerrufsvorbehalten und die Mitbestimmung der Betroffenen. Zum zweiten Bereich, der Steuerung der Wirtschaft im öffentlichen Interesse, gehören z.B. die Gefährdungshaftung, Verkehrssicherungspflichten und Schutznormen, vor allem zugunsten der Verbraucher. Er weist zu Recht darauf hin, daß im Unternehmensrecht das Zivilrecht zunehmend seine „dienende Funktion" aufgebe. Es kann nach *Steindorffs* Auffassung zur Verwirklichung einer Wirtschaftsordnung beitragen, die nicht allein auf Markt und Wettbewerb vertraut, sondern bestimmten Schutzverpflichtungen und Gemeinwohlzielen unterstellt wird.

Ott[78] arbeitet die grundsätzliche Problematik autonomer Macht- und Herrschaftszentren in der pluralistischen Gesellschaft heraus, indem er den Widerspruch zwischen Recht und Realität der modernen Unternehmenskorporation aufzeigt. Er kritisiert die Jurisprudenz für ihr Verharren auf Leitbildern, die von der sozialen Wirklichkeit längst überholt sind. So sei das als juristische Person selbstständig gewordene Großunternehmen zu einer Schaltstelle der gesellschaftlichen Entwicklung geworden, das weithin den sozialen Status und die Lebenschancen des einzelnen sowie die Lebensqualität aller bestimme. Dabei habe es die Schranken der

---

K.P./Heinrich, R./Müller, H.E./Richter, R./Struve, P.: Multinationale Konzerne, ihr Einfluß auf die Lage der Beschäftigten, Köln/Frankfurt/M. 1982.

[76] Vgl. *Steindorff, E.*: Wirtschaftsordnung und -steuerung durch Privatrecht?, in: Festschrift für Ludwig Raiser, Tübingen 1974, S. 621–643.
[77] Vgl. *Raiser, L.*: Die Zukunft des Privatrechts, Berlin/New York 1971.
[78] Vgl. *Ott, C.*, FN 73.

Rechtsordnung in allen wesentlichen Punkten durchbrochen und seine Rechtsstellung faktisch selbst bestimmt. *Ott* untersucht dann Interessen und Organisation im Unternehmensinnern und schlägt eine pluralistische Unternehmensverfassung vor.

c) Eigener Ansatz

aa) Verfassungsrechtliche Zulässigkeit

Es bietet sich an, auch im Außenverhältnis den zulässigen Handlungsspielraum des Unternehmens neu zu bestimmen. Entfaltet ein Unternehmen als intermediäre Gewalt große wirtschaftliche und gesellschaftliche Macht, so bedarf die ihm gewährte Privatautonomie einer gesellschaftspolitischen Relativierung: Privatautonomie und Vertragsfreiheit werden nicht mehr als a priori vorgegeben betrachtet, sie werden nicht um ihrer selbst willen geschützt, sondern um ihrer guten Dienste für die Gesellschaft willen. Es muß also nach der Funktion der Privatautonomie gefragt werden, wobei die gesellschaftspolitisch wünschenswerten Funktionsbereiche analytisch zu erfassen und gegeneinander abzugrenzen sind. Keinesfalls soll in die Privatautonomie, in die gesellschaftliche und wirtschaftliche, ja allgemeine Handlungsfreiheit des einzelnen Bürgers eingegriffen werden. Dies stünde im Widerspruch zum Grundrecht der allgemeinen Handlungsfreiheit in Art. 2 Abs. 1 GG. Wohl aber muß es zulässig sein, die Handlungsfreiheit eines Unternehmens zu relativieren, das als juristische oder quasi-juristische Person korporativ verfaßt ist. Diese Möglichkeit folgt aus Art. 19 Abs. 3 GG. Demnach gelten die Grundrechte auch für inländische juristische Personen, freilich nur, soweit sie ihrem Wesen nach auf diese anwendbar sind. Da die Grundrechte ihrem Wesen nach primär Würde und Freiheit des einzelnen Menschen[79] schützen, darüber hinaus ein Wertsystem errichten, das vorwiegend dem Schutz des einzelnen gegen den Staat dient,[80] ist die Erweiterung der Grundrechtsfreiheit auf juristische Personen nur möglich und sinnvoll, wenn sie sich in einer „grundrechtsfähigen Situation"[81] befinden. Soweit Großunternehmen als intermediäre Gewalten Macht in einem Umfang anhäufen, daß dies für die allgemeine Handlungsfreiheit der von ihnen abhängigen natürlichen Personen, d. h. Kunden, Lieferanten, Arbeitnehmer, Nachbarn, nicht nur potentiell, sondern vielfach aktuell gefährlich wird, befinden sie sich m. E. nicht in einer grundrechtsfähigen Situation. Keinesfalls kann ihr Schutz, der nach Art. 2 Abs. 1 GG unter dem Vorbehalt des Gesetzes (verfassungsmäßige Ordnung), der Sitte und der Rechte der andern (d. h. der gefährdeten oder jedenfalls beeinflußten natürlichen Personen) steht, zu einer ungerechtfertigten Beeinträchtigung der Rechte und schützenswerten Interessen anderer führen. Also öffnet sich der Weg für eine Relativierung der Privatautonomie bei Unternehmenskorporationen ...

---

[79] Vgl. BVerfGE 45, 63, 79; 21, 362, 369.
[80] Vgl. zum Wertsystem und zum naturrechtlichen Ursprung der Grundrechte statt aller *Dürig, G.,* in: *Maunz, M./Dürig, G./Herzog, R./Scholz, R.:* Grundgesetz, Rdnr. 1f. zu Art. 19 Abs. 3.
[81] Vgl. *Hendrichs, S.,* in: *von Münch, J.:* Grundgesetzkommentar, 2. Aufl. 1981, Art. 19 Rdnr. 36 m.w.N.

8. Sozialstaatsprinzip – Art. 20 GG

a) Einführung

Nach Art. 20 Abs. 1 GG ist die Bundesrepublik ein „sozialer Bundesstaat". Das Grundgesetz führt diesen Begriff nicht näher aus. Um das Prinzip des Sozialstaats gab es im Parlamentarischen Rat auch keinen Streit. Da im Grundgesetz keine sozialen Grundrechte verankert sind, bot sich das Sozialstaatsprinzip des Art. 20 als Interpretationsmaxime zu den vielen Persönlichkeits- und Freiheitsrechten geradezu an. Schon 1958 hielt das Bundesverfassungsgericht fest, daß die Staatsauffassung des Grundgesetzes gegenüber der Vorstellung des liberalen Bürgertums von der Stellung des einzelnen zur im Staat verkörperten Gemeinschaft „eine Hinwendung zu einer egalitär-sozialstaatlichen Denkweise" bedeute. Weil das Sozialstaatsprinzip jedoch inhaltlich so unbestimmt ist, bereitet seine Interpretation und inhaltliche Konkretisierung erhebliche Schwierigkeiten.

Einigkeit besteht heute darüber, daß das Sozialstaatsprinzip nicht einen Anspruch des Bürgers gewährleistet, sondern eine Verpflichtung des Staates festhält. Er ist verpflichtet, soziale Ungerechtigkeiten abzubauen und Chancengleichheit herzustellen. Dies legitimiert ihn auch zur Umverteilung, z. B. über das Steuersystem (vgl. BVerfGE 5, 85, 206; 53, 257, 301). Der Weg dazu ist in erster Linie die Gesetzgebung. Was jeweils praktisch zu geschehen hat, ist in ständiger Auseinandersetzung aller an der Gestaltung des sozialen Lebens beteiligten Menschen und Gruppen zu ermitteln. Das Sozialstaatsprinzip zielt auf Ausgleich und Schonung der Interessen aller, auf eine annähernd gleichmäßige Förderung des Wohles aller Bürger und auf eine annähernd gleiche Verteilung der Lasten (vgl. BVerfGE 5, 85, 198).

Seine Wirkung entfaltet das Sozialstaatsprinzip insbesondere bei der Auslegung von unbestimmten Rechtsbegriffen. Der Gesetzgeber kann aus dem Sozialstaatsprinzip zusätzliche Legitimation beziehen, wenn er in Grundrechtspositionen der Bürger eingreift. Dies hat das BVerfG im Mitbestimmungsurteil (BVerfGE 50, 290, 340) anerkannt, indem es den Sozialbezug des Eigentums zur Rechtfertigung der Mitbestimmung heranzog. Das Sozialstaatsprinzip wirkt auch grundrechtsverstärkend. So erweitert es das Willkürverbot des allgemeinen Gleichheitssatzes (Art. 3 Abs. 1 GG) zu einer Zielvorgabe materieller Gleichheit, die insbesondere beim Zugang zu öffentlichen Leistungen bedeutsam wird. Hierzu zählt nicht nur die Sozialhilfe für den Bürger, der in Not geraten ist (vgl. hierzu BVerfGE 1, 97, 104; 9, 124, 133; 11, 105, 117; 28, 324, 348), sondern auch der Grundsatz gleichberechtigter Teilhabe in Gesellschaft und Staat, der auch eine Veränderung des status quo gesellschaftlicher Macht- und Vermögenslagen rechtfertigt. So rechtfertigt das Sozialstaatsprinzip die Freistellung gering verdienender Steuerpflichtiger vom Konjunkturzuschlag (BVerfGE 29, 402, 412) und eine Angleichung der Situation von Bemittelten und Unbemittelten im Bereich des Rechtsschutzes durch die Prozeßkostenhilfe (BVerfGE 9, 124, 131).

In einer Zusammenschau der Berufs- und Ausbildungsfreiheit des Art. 12 Abs. 1 GG, des Gleichheitssatzes in Art. 3 Abs. 1 GG und des Sozialstaatsprinzips in Art. 20 Abs. 1 GG erkennt das BVerfG ein Recht jedes Staatsbürgers auf Zulassung zum Hochschulstudium an, wenn er die subjektiven Zulassungsvoraussetzungen erfüllt (BVerfGE 33, 303, 331, 43, 291; vgl. oben). Dieses Recht steht unter dem „Vorbehalt des Möglichen". Der Staat braucht knappe, staatliche Mittel im Bildungsbereich nicht bevorzugt für privilegierte Teile der Bevölkerung auszugeben. Das Sozial-

II. Grundrechte und Wirtschaftstätigkeit 67

staatsprinzip begründet das Recht auf Bildung im Hochschulbereich (mit) und begrenzt es zugleich im Verhältnis zu konkurrierenden Bildungsansprüchen.

b) Vertiefung

20 Thesen zum **Sozialstaatsprinzip** (SSP) von Michael Kittner (1983):
1. Sedes materiae ist Art. 20 GG. Die Formel vom „republikanischen, demokratischen und sozialen Rechtsstaat" in Art. 28 GG ist lediglich „Homogenisierungsgebot" für Länder und Gemeinden („Diese Vorschrift beschränkt lediglich den Landesverfassungsgeber: ... Das begründet nur eine Pflicht der Länder dem Bund gegenüber hinsichtlich der Gestaltung ihrer Verfassung", BVerfGE 22, 204).
2. Das SSP zielt auf „einen Ausgleich der sozialen Gegensätze und damit ... eine **gerechte Sozialordnung**" (BVerfGE 22, 182, 204).
3. SSP als Vehikel zur Herstellung einer „gerechten Sozialordnung" ist erkennbar und praktizierbar nur hinsichtlich des Kontrastes zwischen „ungerechter" (gegenwärtiger) und „gerechter" (zukünftiger) Sozialordnung. SSP als Rechtsgrundsatz impliziert damit die Realanalyse der „Sozialordnung", sprich: Lebensverhältnisse (staatlicher Aufbau und gesellschaftliche Bedingungen) in der Bundesrepublik Deutschland.
4. „Gerecht" oder „ungerecht" sind weder empirisch noch logisch unvermittelt sich ergebende Alternativen; Erkennbarkeit und Plausibilisierung bedürfen der Wertung. Deren Kriterien sind dem GG zu entnehmen. Mit Blick auf die durch Art. 79 Abs. 3 GG festgelegte gleichrangige „Normhöhe" sind dies die Würde des Menschen und das Demokratieprinzip.
5. Die Notwendigkeit „sozialer" Politik ergibt sich aus der durch die vorhandene Organisation der gesellschaftlichen Produktion und Güterverteilung fortlaufend erzeugten Ungleichheit. Aus dem Zweiklang von Würde des Menschen und Demokratie ergibt sich der (grundsätzliche) Anspruch eines jeden Menschen auf gleichberechtigte Teilhabe in Gesellschaft und Staat und am Ergebnis der gesellschaftlichen Produktion. Die Kodifizierung eines „SSP" meint den „Ausgleich" dieser Disparitäten.
6. Das SSP ist Legitimation für einen materiellen Gleichheitssatz. Es konstituiert die Möglichkeit wie die Pflicht des Gesetzgebers, sozialer Ungleichheit mit komplementären, d.h. formal ungleichen Regelungen zu begegnen.
7. Die wertende Ausfüllung des SSP durch Würde des Menschen und Demokratiegebot verlangt den Ausgleich sachlich nicht zwingend gebotener Unterschiede zwischen „oben" und „unten". Mit anderen Worten: Zugleich mit dem Anspruch des GG, eine „freiheitliche" demokratische Grundordnung zu konstituieren, wohnt dem SSP ein umfassendes Programm der Demokratisierung von Staat und Gesellschaft inne. Die demokratische Legitimation gesellschaftlicher Machtposition ist dabei umso dringender, desto größer mit dem Näherrücken von Staat und Gesellschaft die Gefahr der Usurpation des Staates durch „die" Wirtschaft wird.
8. Das Demokratiepotential des SSP steht gegen konservativ-karitative bis technokratische Sozialstaatsmodelle: Weder geht es nur um hoheitliche Zuteilung von Sozialleistungen, noch darf die Entsprechung mit dem „Gemeinwohl" zum

entscheidenden Kriterium dafür gemacht werden, ob das SSP im Einzelfall „zieht" (vgl. aber Benda, RdA 1979, S. 7, der damit prompt zur Rechtfertigung der Arbeitskampfrechtsprechung des BAG wegen der Gemeinwohlorientierung der Sozialadäquanz/Verhältnismäßigkeits-Formeln kommt). Das SSP tritt vielmehr ungeteilt den jeweils sozial Schwächeren zur Seite. Das gilt auch und gerade bei Betätigung der Koalitionsfreiheit gem. Art. 9 Abs. 3 GG, die nicht unter Anrufung des „Gemeinwohls" ausgerechnet im Namen des SSP domestiziert werden darf. (In diesem Sinne ist folgende Aussage des BVerfG im KPD-Urteil zu instrumentalisieren: „Für den politisch-sozialen Bereich bedeutet das, daß es nicht genügt, wenn eine Obrigkeit sich bemüht, noch so gut für das Wohl von Untergebenen zu sorgen; der Einzelne soll vielmehr in möglichst weitem Umfange verantwortlich auch an den Entscheidungen für die Gesamtheit mitwirken. Der Staat hat ihm dazu den Weg zu öffnen"; BVerfGE 5, 85, 204f. Dies erfolgt auf dem Gebiet der Arbeits- und Wirtschaftsbedingungen mit Hilfe der durch Art. 9 Abs. 3 GG geschützten Koalition: Demokratie durch Gegenmacht).

9. Mit dem SSP wird die vor- und versorgende, die planende und lenkende und umverteilende Aktivität des Staates gegenüber der „Gesellschaft", sprich: seinen Bürgern, legitimiert. In dem Dualismus „Staat und Gesellschaft" sichert es ein je erforderliches (demokratisch als erforderlich bestimmtes) Handlungspotential zur Veränderung des status quo gesellschaftlicher Macht- und Vermögenslagen. Das SSP ist damit Absage sowohl gegenüber konservativen Vorstellungen eines bis auf unumgängliche „Reparaturen" abstinenten Staates als auch gegenüber einem resigniert gezeichneten Bild vom ohnmächtigen Staat in den Klauen des „Monopolkapitals".

10. Das Rechtsstaatsprinzip spielt dabei schon wegen des zu Ziff. 2 Gesagten nicht die Rolle eines gleichrangig-kontraproduktiven „Bremsers" in inhaltlichen Fragen. Es sagt nicht mehr (aber auch nicht weniger), als daß die Herstellung von Demokratie und Sozialstaatlichkeit in den Formen des durch die übrigen Vorschriften des GG (aber unterhalb der „Ewigkeitsgarantie" des Art. 79 Abs. 3 GG) garantierten Rechtlichkeit ablaufen soll. Rechtsstaatlichkeit ist so gesehen gegenüber Demokratie und Sozialstaatlichkeit als **inhaltlichen** Prinzipien zuvörderst **prozedurales** Prinzip. („Es besteht das Ideal der ‚sozialen Demokratie in den Formen des Rechtsstaats'", BVerfGE 5, 85, 198).

11. Freiheit ist gegenüber dem SSP nicht antithetisch, wie dies unter der Flagge des angeblichen Konflikts „Sozialstaat versus Rechtsstaat" suggeriert wird. Im Gegenteil: Freiheit für die Vielen ist nur durch sozialstaatliche Gewährleistungen und Umverteilung möglich.

12. Das SSP als eines der obersten Staatsziele wird rechtlich auf verschiedene Weise, auf verschiedenen Ebenen operationalisiert: Es ist ständiger Gesetzgebungsauftrag („Sozialpflicht des Staates", BVerfGE 9, 121, 131), Eingriffsgrundlage (BVerfGE 8, 274, 329) sowie Auslegungsgrundsatz für Gerichte und Verwaltung (BVerfGE 1, 97, 105).

13. Das SSP wird auf der Ebene des GG in verschiedener Weise konkretisiert:
    – durch weite Gesetzgebungszuständigkeiten des Bundes (Art. 74, 91a und 105 GG) sowie seine Verpflichtung auf das „gesamtwirtschaftliche Gleichgewicht" (Art. 109 Abs. 3 GG);
    – durch Allgemeinwohlbindung und weite Gesetzesdisponibilität der Eigen-

II. Grundrechte und Wirtschaftstätigkeit 69

tumsgarantie und der allgemeinen Handlungsfreiheit sowie die Möglichkeit der Vergesellschaftung (Art. 2, 14, 15 GG);

– durch die Garantie der „Selbsthilfe" für die Arbeitnehmer als zwar größter und die gesellschaftliche Wertschöpfung tragender aber strukturell benachteiligter Bevölkerungsgruppe (Art. 9 Abs. 3 GG).

14. Zur weiteren Konkretisierung des SSP sind auch völkerrechtliche Rechtsquellen heranzuziehen (Menschenrechtskonvention, Europäische Sozialcharta, UNO-Pakt über wirtschaftliche, soziale und kulturelle Rechte – mit allen Vorbehalten hinsichtlich ihrer innerstaatlichen Geltung).

15. Facetten des SSP sind – unbeschadet Bemühungen zu ihrer verdeutlichenden Aufnahme in das GG – die sog. sozialen Grundrechte: Recht auf Bildung, Recht auf Wohnung, Recht auf Arbeit. Sie sind unter dem Mantel des SSP konkretisiert in einfach/völkerrechtliche Regelungskomplexe: Das Recht auf Arbeit z. B. im AFG, SGB, Kündigungsschutzrecht.

16. Die Einlösung des SSP durch den Gesetzgeber ist bis auf Extremfälle (Ziff. 12) nicht justitiabel. Die verfassungskräftige Geltung des SSP in diesem Bereich ist gleichwohl nicht ohne Bedeutung: Im mindesten bedeutet sie die Legitimation, unter dem Dache der Verfassung alternative Gesellschaftsmodelle zu vertreten (also mindestens bei „wirtschaftspolitischer Neutralität" und „Offenheit des Grundgesetzes" – zuletzt Mitbestimmungsurteil nach der Maxime: „Was jeweils praktisch zu geschehen hat, wird also in ständiger Auseinandersetzung aller an der Gestaltung des sozialen Lebens beteiligten Menschen und Gruppen ermittelt. Dieses Ringen spitzt sich zu einem Kampf um die politische Macht im Staat zu", BVerfGE 5, 198). Darüber hinausgehend ist es zumindest verfassungsrechtlich plausibel, ein „offensives" Sozialstaatsmodell (Ridder, Abendroth, Hartwich) als dem GG geschuldet zu vertreten. Mit anderen Worten: Das SSP dient der Zuweisung politischer Beweislast.

17. Unabhängig von der Problematik „sozialer Grundrechte" (siehe Ziff. 15) folgt aus dem SSP als auf den Ausgleich von Benachteiligungen gerichteter Handlungsmaxime die Pflicht des Staates, dort, wo Bürger wegen materieller oder immaterieller Benachteiligung nicht in der Lage sind, ein Grundrecht effektiv wahrzunehmen, die Voraussetzungen hierfür zu schaffen (vgl. das Numerusclausus-Urteil: „Art. 12 Abs. 1 GG in Verbindung mit Art. 3 Abs. 1 GG und dem Sozialstaatsgebot gewährleistet also ein Recht des die subjektiven Zulassungsvoraussetzungen erfüllenden Staatsbürgers auf Zulassung zum Hochschulstudium seiner Wahl", BVerfGE 33, 303, 332, zur individuellen Einlösbarkeit dieses „Teilhaberechts" siehe Ziff. 18). Man stelle sich die Operationalisierung dieser Aussage für den Bereich der existentiell wesentlich zentraleren beruflichen Bildung vor!

18. In Grenzfällen kann das SSP justitiabel im Sinne von Individualansprüchen werden (vgl. Sozialhilfe-Urteil, Numerus-clausus-Urteil). Das schließt die nicht-mehr-Entziehbarkeit bestimmter, zu anerkannten Minimalstandards gewordener sozialer Errungenschaften ein. Die Grenzziehung zumal im Spannungsfeld mit dem wirtschaftlich Möglichen ist sehr schwierig. Eine Probe aufs Exempel könnte die „Sanierung" der Rentenversicherung werden!

19. Das SSP ist Auslegungsgrundsatz für das GG, ebenso wie für das gesamte unterverfassungsrechtliche Recht. Auf der Ebene des GG vermag es „privilegienträchtige" Grundrechte zu begrenzen („Eine gesetzliche Regelung, die es

möglich macht, aus gesamtwirtschaftlichen und sozialen Gründen die zum Nutzen des allgemeinen Wohls gebotenen Maßnahmen zu treffen, entspricht dem Sozialstaatsprinzip, das auch die Vertragsfreiheit inhaltlich bestimmt und dessen Ausgestaltung im wesentlichen dem Gesetzgeber obliegt", BVerfGE 8, 274, 329). Allgemein gilt – im Rahmen des durch Auslegung noch Möglichen –: „Im Zweifel für den sozial Schwächeren".

20. In einem wohlverstandenen Sozialstaatsmodell findet das Rechtsstaatsprinzip seine ideegemäße Erfüllung: Wo anders könnte das Recht sein Anliegen, Friedensordnung zu sein, besser erfüllen als in einem Gemeinwesen mit maximaler Demokratie und minimaler Ungleichheit seiner Bürger.

9. Rechtsstaatsprinzip – Art. 20 GG

a) Einführung

Man unterscheidet zwischen dem Begriff des formellen Rechtsstaates, das heißt eines Staates, in dem alle staatlichen Machtäußerungen anhand von Gesetzen meßbar sind, und dem materiellen Rechtsstaatsbegriff, das heißt die Idee des auf die Gerechtigkeit bezogenen Staates. Das Grundgesetz sichert bestimmte Rechtsstaatselemente ab, darunter insbesondere:

a) Die prinzipielle Gewährleistung persönlicher Grundrechte
b) Die Gewaltenteilung in Art. 20 Abs. 2 Satz 2
c) Das Prinzip der Gesetzmäßigkeit der Verwaltung (Art. 20 Abs. 3)
d) Die Meßbarkeit und Voraussehbarkeit staatlichen Handelns
e) Der Rechtsschutz bei Rechtsverletzungen durch die öffentliche Gewalt.

Unklare und unbestimmte Gesetze können in Extremfällen wegen Verstoßes gegen rechtsstaatliche Grundsätze nichtig sein (vgl. BVerfGE 21, 73, 79; 31, 42). Normklarheit und Justitiabilität wird deshalb verlangt, damit der Betroffene die Rechtslage erkennen und sein Verhalten danach einrichten kann. Nicht verboten ist allerdings die Verwendung von gesetzlichen Generalklauseln und die Einräumung von Ermessensspielräumen an die Verwaltung. Jedoch müssen die äußeren Grenzen dieses Spielraums abgesteckt und damit Möglichkeiten richterlicher Überprüfung der Einhaltung dieser Grenzen gegeben sein (vgl. BVerfGE 20, 150, 158).

Tragende Prinzipien der Rechtsstaatlichkeit stellen nach der Rechtsprechung des Bundesverfassungsgerichts die Rechtssicherheit und die materielle Gerechtigkeit im Einzelfall dar. Beide Anforderungen stehen häufig im Widerstreit. Dem Gesetzgeber wird die Befugnis der Entscheidung darüber zugebilligt, welchem Prinzip er in einer bestimmten Fallkonstellation den Vorzug geben will.

Eine besondere Ausprägung des Rechtsstaatsprinzips ist das Verbot rückwirkender Gesetze im Strafrecht (vgl. Art. 103 Abs. 2 GG). Generell sind rückwirkende Gesetze nicht unzulässig. Man unterscheidet zwischen echter Rückwirkung (Sachverhalte sind bereits abgeschlossen) und unechter Rückwirkung (noch nicht abgewickelte Sachverhalte werden für die Zukunft beeinflußt).

Die Grenzen für die verfassungsrechtliche Zulässigkeit rückwirkender Gesetze ergeben sich aus den im Rechtsstaatsprinzip enthaltenen Grundsätzen der Rechtssicherheit und des Vertrauensschutzes. Gefragt wird, ob der Bürger auf den Fortbestand von Rechtspositionen vertrauen durfte, das heißt, damit rechnen durfte, daß sich eine bestehende Regelung nicht ändert. Dieser Vertrauensschutz muß bei wichtigen Gründen des Allgemeinwohls gegenüber dem Änderungsanliegen des Gesetz-

II. Grundrechte und Wirtschaftstätigkeit 71

gebers zurücktreten. Es hat jeweils eine Güterabwägung im Einzelfall stattzufinden. Hierbei ist der Vertrauensschutz mit der Bedeutung des gesetzgeberischen Anliegens für das Wohl der Allgemeinheit abzuwägen (BVerfGE 25, 42, 154; 36, 75, 82).

b) historische Vertiefung

Hermann Heller
Rechtsstaat oder Diktatur?

(gekürzte Fassung des Beitrags in „Recht und Staat in Geschichte und Gegenwart", Heft 68, Tübingen 1930 nachgedruckt aus Kempen, O. E. (Herausg.): Sozialstaatsprinzip und Wirtschaftsordnung, 1976, S. 55–69)

„Bis zum Ausgang des Weltkrieges war der Rechtsstaat in Europa eine Selbstverständlichkeit gewesen. Als Forderung war er auch dort kaum bestritten, wo er entweder gar nicht oder nicht voll anerkannt oder verwirklicht war. Selbst die marxistische Diktatur des Proletariats verstanden die großen sozialistischen Parteien im demokratisch-rechtsstaatlichen Sinne. Es waren lediglich die kleinen, einflußlosen Gruppen der französischen und italienischen Syndikalisten, die in dieser Zeit als erklärte, wenn auch recht unklare Gegner des Rechtsstaates gelten konnten. Diese Situation hat sich innerhalb der letzten zehn Jahre gründlich geändert. Die Frage Rechtsstaat oder Diktatur ist ernstlich zur Diskussion gestellt. Und wenn es auch nicht allzu wichtig zu nehmen ist, daß ein bekannter deutscher Staatsrechtslehrer die Diktatur als die spezifisch moderne Staatsform, den Rechtsstaat aber als veraltetes Verfassungsklischee bezeichnet, so ist die Möglichkeit einer solchen Behauptung dennoch symptomatisch.

Was bedeutet diese plötzliche und radikale Wandlung? Lassen sich die politischen Umwälzungen in Italien, Spanien, Südslavien und den kleineren Ländern, lassen sich die Diktaturbestrebungen bei uns, in Österreich und andern Staaten überhaupt auf einen gemeinsamen Nenner bringen? Bedeutet die wachsende Zahl der Diktaturen in Europa das Ende des Rechtsstaates und seine Ersetzung durch eine dem heutigen gesellschaftlichen Sein besser angepaßte Staatsform? Welche Verschiebungen in der sozialen Wirklichkeit finden in jenen politischen Umwälzungen und geistesgeschichtlichen Wandlungen ihren Ausdruck?

Wir wollen unsere Fragestellung ausschließlich auf die unter der Flagge des Fascismus in Westeuropa bekannte und hier auch allein aktuelle Form der Diktatur beschränken; die bolschewistische Diktatur, im ganzen doch nur eine Reprise der Regierungsform Peters des Großen, hat die Alternative Rechtsstaat oder Diktatur nie gekannt und kann aus unserer Betrachtung ausgeschlossen bleiben.

Die Antworten auf die gestellten Fragen setzen zunächst einmal Klarheit voraus über die sozialen, politischen und geistigen Grundlagen des Rechtsstaates. Denn unzweifelhaft einig sind alle diese europäischen Diktaturen und ihre Ideologien nur in der Negation des Rechtsstaates. Dessen gesellschaftliche Grundlagen sind aber nur dann zu begreifen, wenn man bedenkt, daß steigende Kultur immer auch darin besteht, daß die Arbeitsteilung wächst und damit örtlich auseinanderliegende Gesellschaftsgruppen von einander abhängig werden, weil sie miteinander in Verkehr treten müssen. Dadurch, daß Arbeitsteilung und Verkehr steigen, wird ein entsprechend größeres Maß von Verkehrssicherheit notwendig, die im ganzen identisch ist mit dem, was der Jurist Rechtssicherheit zu nennen pflegt. Verkehrssicherheit oder Rechtssicherheit wird ermöglicht durch eine erhöhte Berechenbarkeit und Planmäßigkeit der gesellschaftlichen Beziehungen. Denn solche Berechenbarkeit läßt sich nur dadurch erreichen, daß die gesellschaftlichen, vor allem die wirtschaftlichen Beziehungen in wachsendem Maße einer einheitlichen Ordnung unterstellt, d. h. von einem Gebietsmittelpunkte aus normiert werden. Das vorläufige Endergebnis dieses gesellschaftlichen Rationalisierungsprozesses ist der moderne Rechtsstaat, der im wesentlichen entstanden ist durch eine immer wachsende Gesetzgebung, d. h. bewußte Setzung von Regeln für das gesellschaftliche Handeln, welche Regeln für einen immer größeren Kreis von Personen und Sachen die Selbsthilfe zugunsten der zentralen Normsetzung und Durchsetzung ausschalteten.

Man begreift die soziologische, politische und juristische Bedeutung des modernen Rechtsstaates, wenn man ihn als ‚Herrschaft des Gesetzes' im Sinne seiner Schöpfer begreift. Den großen Schlußpunkt in der Geschichte der Sicherung des Landfriedens bildete im alten Deutschen Reiche die Errichtung des Reichskammergerichts drei Jahre nach der Entdeckung Amerikas. Dieses Gericht sollte die Streitigkeiten zwischen Landesherrn und Untertanen justizförmig erledigen und auch hier die Gewalt und Selbsthilfe ausschalten. Im Zeitalter des Absolutismus machte die frühkapitalistische Wirtschaft eine relative Unabhängigkeit der Straf- und Zivilrechtssprechung notwendig, eine Tatsache, die den meisten durch die Legende vom Müller von Sanssouci bekannt ist. Auf der Rechenhaftigkeit dieser Wirtschaft beruhte die Macht des absoluten Fürsten. Er konnte sich von den Unberechenbarkeiten der Lehensgefolgschaft nur dadurch unabhängig machen, die renitenten Feudalherren und ihre zahllosen wohlerworbenen Rechte nur dadurch beseitigen und der einheitlichen Ordnung seiner Souveränität unterstellen, daß er sich ein Söldnerheer und eine Bürokratie schuf, die beide gesellschaftlich von den Junkern unabhängig, vom Fürsten aber finanziell abhängig waren. Dazu bedurfte es der geldwirtschaftlichen Berechenbarkeit der Ökonomie, dazu des im einheitlichen römischen Rechte geschulten Beamtentums, mit dessen Hilfe die unberechenbare Buntheit der germanischen Rechte überwunden wurde. Mit seinen Söldnern und Beamten gelang es dem absoluten Fürsten nach und nach, die Kriegsführung, Gesetzgebung, Rechtsprechung und Verwaltung zu zentralisieren, Geschäfte, welche bis dahin von den Feudalherren in eigener Regie wahrgenommen worden waren.

Als am Ausgang des 18. Jahrhunderts die Forderungen des Rechtsstaates und der Gesetzesherrschaft populär wurden, sah man als das ideale Recht dasjenige an, das vom Fürsten öffentlich kundgemacht und von seinen Landgerichten – nach einem Worte des großen Verwaltungsrechtslehrers Otto Mayer – „mit einer berufsmäßigen Berechenbarkeit" angewandt wurde.[82]

Dieses unverbrüchliche, mit zweiseitig verbindender Kraft ausgestattete Gesetz sollte nun alle Staatstätigkeit, nicht nur die Justiz, sondern auch die Verwaltung beherrschen, und ‚Eingriffe in Freiheit und Eigentum der Bürger' sollten fortan nur noch auf Grund eines Gesetzes möglich sein. Die Rationalität und Berechenbarkeit der Staatsordnung sollte aber noch in anderer Richtung erheblich gesteigert werden.

Man weiß, daß die Montesquieusche Lehre von der Teilung und Balance der Gewalten die organisatorische Grundlage des Rechtsstaates bezeichnet. Montesquieu sieht in der politischen Freiheit des Bürgers „jene Ruhe des Gemüts, die aus dem Vertrauen entsteht, das jeder zu seiner Sicherheit hat".[83] Diese Freiheit wäre end-

---

[82] *Otto Mayer*, Deutsches Verwaltungsrecht, Bd. 1, 2. Aufl., München 1914 (Systematisches Handbuch der deutschen Rechtswissenschaft, Abt. 6 I), S. 44.
[83] *Montesquieu*, De l'esprit des lois (1748), liv. XII, ch. 2.

II. Grundrechte und Wirtschaftstätigkeit

gültig verloren, wenn eben derselbe Mensch oder eben dieselbe Versammlung zugleich die gesetzgebende, die richterliche und die vollziehende Gewalt ausübten. Die Begründung für diese Meinung des tiefen Menschenkenners können wir in den allgemein gültigen soziologischen Satz kleiden: Jede unkontrollierte menschliche Gewalt erliegt früher oder später der Gefahr unberechenbarer Willkür. Deshalb sollte die Legislative die höchste, alle Staatstätigkeit bestimmende Gewalt sein und – organisatorisch getrennt von der unabhängigen Rechtsprechung und der dem König verbleibenden Exekutive – dem Volk anvertraut werden. Solange der König Gesetze gab und auch beseitigte, die Gesetze außerdem in einem geheimen Rat vorbereitet und nicht einmal immer publiziert wurden, war immer ein Element der Unsicherheit und persönlichen Unberechenbarkeit gegeben, das sofort verschwand, als das Volk durch seine Repräsentation die Gesetze in öffentlicher Parlamentssitzung über sich selbst beschloß und damit selbst zum Garanten seiner Freiheit wurde.

Parallel dieser gesellschaftlich-politischen Entwicklung geht die ideengeschichtliche. Ihre Wurzeln reichen ebenfalls in die Zeit der Renaissance zurück. Es ist der entpersönlichende Gesetzesglaube, den man ebenso bei Kepler, Galilei, Gassendi und Grotius, wie bei Voltaire, Saint-Simon, Kant und Marx findet. Im Ethisch-Politischen lautet die Maxime: Frei ist der Mensch, wenn er nicht mehr Menschen, sondern nur noch Gesetzen gehorchen muß. Unter Gesetz aber versteht man je länger je mehr nicht den Willen eines persönlichen Gottes oder gottbegnadeten Monarchen, sondern die über alle Willen und jedwede Willkür erhabene Norm; den Inhalt dieser Gesetze will man in zunehmenden Maße aus dem diesseitigen und vernünftig erkennbaren Sein von Natur und Gesellschaft ablesen.

Diese „Gewißheit der gesetzmäßigen Freiheit",[84] wie sie der Klassiker des Rechtsstaatsideals, Wilhelm von Humboldt, nannte, war um die Wende des 18. Jahrhunderts die Forderung des geistig und wirtschaftlich erstarkten Bürgertums. Seine politische und ökonomische Sekurität erheischte seinen Einfluß bei der Gesetzgebung im gewaltenteilenden Rechtsstaate, das politische Freiheits- und Gleichheitsideal entsprach seiner Ethik der individuellen Autonomie. Daß diese Demokratie auf ‚Bildung und Besitz' beschränkt blieb, konnte von einer Zeit gerechtfertigt werden, in welcher der Besitz noch gebildet und die Bildung noch besitzend war.

Das mußte sich im Zeitalter des entwickelten und organisierten Kapitalismus grundlegend ändern. Ein sich beständig vermehrendes Proletariat erwacht zum Selbstbewußtsein und macht die Forderung der bürgerlichen Demokratie in Gestalt der sozialen Demokratie zu seiner eigenen. Selbständig in Parteien und Gewerkschaften organisiert, erzwingt es seine Beteiligung an der rechtsstaatlichen Legislative. Dadurch wird diese Volkslegislative aber der Geist, den das Bürgertum gerufen hatte und nicht wieder bannen kann, wenn es ihn nicht von Grund auf verleugnen und mit Beelzebub Diktatur vertreiben will.

Denn auf dem Umweg über die Politik wird das nunmehr juristisch-politisch gleichberechtigte Proletariat dem Bürgertum auch wirtschaftlich gefährlich. Der wirtschaftlich Schwache versucht mittels der Gesetzgebung, den wirtschaftlich Starken

---

[84] *W. v. Humboldt*, Ideen zu einem Versuch, die Grenzen der Wirksamkeit des Staates zu bestimmen (1792), in: Gesammelte Schriften (Hs. Kgl. Preußische Akademie), Bd. I, Berlin 1903, S. 179.

zu fesseln, ihn zu größeren sozialen Leistungen zu zwingen oder ihn gar aus dem Eigentum zu verdrängen. So hat der Kapitalismus das demokratische Prinzip zu Konsequenzen geführt, die dessen eigenen Schöpfer, das Bürgertum, in seiner Herrschaft bedrohen. Eine dauernde Verdrängung des Proletariats aus der Legislative erscheint auf rechtsstaatlichem Wege ausgeschlossen. Auch kann dem heutigen Bewußtsein eine Beschränkung der Demokratie auf Bildung und Besitz nicht mehr zugemutet werden, weil der Besitz sich in einer Zeit, da die Besitzverschiebung sich mit rasender Geschwindigkeit vollzieht, weder durch Bildung noch durch Tradition Respekt zu verschaffen vermag. Das Bürgertum beginnt am Rechtsstaatsideal zu verzweifeln und seine geistige Welt zu verleugnen.

In Deutschland begann diese Verleugnung und Entleerung des Rechtsstaatsgedankens schon mit dem Zusammenbruch der Revolution von 1848. Noch im Jahre 1859 aber versteht Robert v. Mohl unter einem Rechtsstaat einen Verband, in welchem die Staatsgenossen Anspruch haben „vorerst (auf) *Gleichheit vor dem Gesetze*, d. h. (auf) Berücksichtigung der Lebenszwecke Aller ohne Unterschied auf persönliche Verhältnisse, und objektive Anwendung der allgemeinen Norm ohne Rücksicht auf Rang, Stand usw. des Einzelnen".[85] Wenige Jahre später ist diese materielle Rechtsstaatsidee entleert und entseelt und ins Formalistisch-Technische gewandelt. Von nun an ist es bis nach der Revolution von 1918 unbestrittene Lehre, daß z. B. der die Gleichheit vor dem Gesetz garantierende Art. 4 der Preußischen Verfassung von 1850 nicht etwa ein Willkürverbot für den Gesetzgeber bedeutete, sondern sich nur an den das fertige Gesetz anwendenden Beamten wende. Damit hatte das Gerechtigkeitsideal für den Gesetzgeber seine Geltung verloren und war herabgesunken zu einer formellen Verwaltungsmaxime, die ohne Rücksicht auf den gerechten oder ungerechten Inhalt des Gesetzes dessen berechenbare Anwendung auf den Einzelfall verlangte. Nun kam es nur noch auf diese Rechenhaftigkeit und bourgeoise Sekurität des Gesetzes an, nicht mehr auf seine Richtigkeit.

Es ist bezeichnend, daß nunmehr, da seit der Revolution von 1918 die bürgerliche Herrschaft durch den Gleichheitssatz des Art. 109 der Weimarer Verfassung bedroht erscheinen kann, daß es nunmehr rechtsstehende Juristen sind, die in diesem Gleichheitssatz ein ‚Willkürverbot' gerade für den Gesetzgeber erblicken wollen und daß bürgerlich-demokratische Juristen dem gegenüber bei der alten Interpretation verharren. Die eminente politische Bedeutung dieses Standpunktwechsels der konservativen Jurisprudenz versteht man allerdings erst im Zusammenhang mit dem ungeheuren politischen Machtzuwachs, den sich das Richtertum mit einer juristisch zweifellos falschen Reichsgerichtsentscheidung in Deutschland erobert hat. Die richterliche Bürokratie hat nämlich mit der Entscheidung vom 4. November 1925 erfolgreich für sich das Recht in Anspruch genommen, alle Gesetze auf ihre materielle Übereinstimmung mit der Reichsverfassung zu überprüfen und hat diesen Anspruch mit der eklatant unrichtigen Behauptung begründet, sie hätte dieses Recht seit jeher besessen.[86] Vorläufig hat sich das Bürgertum damit, daß Richter, die in ihrer erdrückenden Mehrheit den herrschenden Schichten entstammen, die Gesetze auf ihre Übereinstimmung mit dem Gleichheitssatz prüfen, eine wirksame Sicherung dagegen geschaffen, daß die Volkslegislative den liberalen in einen sozialen Rechtsstaat überführt. Denn was als gleich und was als ungleich zu gelten hat, bestimmt sich sehr wesentlich nach den nicht nur historisch und natio-

---

[85] *R. v. Mohl*, Encyklopädie der Staatswissenschaften, Tübingen 1859, S. 329.
[86] Urteil des Reichsgerichts in Zivilsachen vom 4. November 1925, Bd. 112, S. 67ff. (71).

II. Grundrechte und Wirtschaftstätigkeit

nal, sondern auch sozial divergierenden Wertauffassungen derjenigen, die darüber zu urteilen berufen sind, wobei es für die Gerechtigkeit des Urteils immer besser ist, daß der Urteilende nicht von seiner absoluten Objektivität überzeugt ist; denn nur in diesem Falle wird er sich die erforderliche Selbstkritik bewahren.

Mit dieser Überwachung der Volkslegislative durch den Richter ist aber die Gefahr des sozialen Rechtsstaates keineswegs endgültig gebannt. Bleibt es doch nur eine Frage der Zeit, wann die Volkslegislative durch die von ihr abhängige Regierung andere Richter ernennt oder durch Verfassungsänderung den Richter als ihren Wächter überhaupt beseitigt. Auf keinen Fall kann in dieser politisch auch sonst bedenklichen Verlagerung der Macht vom Gesetzgeber auf den Richter eine Renaissance des materiellen Rechtsstaatsgedankens erblickt werden. Abgesehen davon, daß eine Rechtsprechung, die sich zum Gesetzgeber aufwirft, den Grundsatz der Trennung von Justiz und Legislative verletzt, muß gerade in der eigenartigen Auslegung, die heute die maßgebende Theorie und oft auch die Praxis dem Gleichheitsgebot, d. h. der ‚Berücksichtigung der Lebenszwecke aller', z. B. bezüglich des Art. 156 der Reichsverfassung (Enteignung) gibt, die alte Entleerung des Rechtsstaatsgedankens erkannt werden.

Durch diese Degeneration des Rechtsstaatsgedankens hatte auch die ‚Herrschaft des Gesetzes' eine von Grund auf veränderte Bedeutung erlangt. Ein sittlich-vernünftiges Gesetz herrschte, indem lebendige Menschen es auf sich und andere anwandten. Sittliche Notwendigkeit wurde in sich selbst bestimmender Freiheit bejaht. Eine lediglich zur Sicherung der ökonomischen Sekurität veranstaltete Vergesetzlichung des Lebens aber konnte nichts andres sein als eine Technisierung zum Zwecke der entindividualisierten Mechanisierung. Das sittlich verstandene Gesetz behielt trotz seiner positiven staatlichen Geltung seine Beziehung zum Absoluten, zum tragenden Grund und Abgrund des Lebens. Es verlangte immer die subjektive Entscheidung eines konkret-individuellen Willens. Das nur noch technisch verstandene Gesetz dagegen war von der subjektiven Entscheidung unabhängig geworden; in logisch-mathematischer Objektivität thronte es über den Menschen, die zuerst in grenzlosem Optimismus von ihm durch ihre endgültige Vergesetzlichung die diesseitige Erlösung von allen Übeln der individuellen Entscheidung erhofften.

Heute findet dieser Glaube an eine entleerte Nomokratie, die Utopie des ewigen Friedens durch endgültige Vergesetzlichung aller Individualität nur noch wenige Anhänger. In Reinkultur bildet er den nicht leicht erkennbaren Untergrund der reinen Rechtslehre *Kelsens* und seiner Schule, die in jedem Staat einen Rechtsstaat und als Ideal der Demokratie die „Führerlosigkeit" erkennen.[87] Die leeren Abstraktionen dieses nomokratischen Denkens tragen nicht wenig dazu bei, gerade unter einer nach sittlichen Begründungen suchenden und wirklichkeitshungrigen Jugend den Diktaturgedanken zu befördern.

Die gegenwärtige soziologische Lage des Bürgertums scheint ihm aber nur noch eine pessimistische Deutung dieser Vergesetzlichung zu gestatten. Bedeutet doch die Forderung der sozialen Demokratie des Proletariats nichts andres, als die Ausdehnung des materiellen Rechtsstaatsgedankens auf die Arbeits- und Güterordnung. Im Bürgertum findet sich keine Kraft zu neuer Erfüllung des alten Gebotes. Es verleugnet sein eigenes geistiges Sein und wirft sich einem irrationalistischen Neo-Feudalismus in die Arme. Sein Sprachrohr wird Nietzsche, für den das Gesetz nur Sinn hat als die Technik des Herrenmenschen zur Bändigung der Herde; die Willkür

---

[87] *H. Kelsen*, Vom Wesen und Wert der Demokratie, 2. Aufl., Tübingen 1929, S. 79.

des Herrn aber steht über allem Gesetz. Für ihn wäre die Bindung an das Gesetz die Bindung an die Herde; schwer trägt er nicht nur an allem sozialen Zwang, sondern sogar an der Kultur, die seine ‚vornehmen Instinkte' verdirbt. Von Zeit zu Zeit haben Nietzsches Herrenmenschen es nötig, sich zu benehmen wie „losgelassene Raubtiere. Sie genießen da die Freiheit von allem sozialen Zwang, sie halten sich in der Wildnis schadlos für die Spannung, welche eine lange Einschließung und Einfriedigung in den Frieden der Gemeinschaft gibt, sie treten in die Unschuld des Raubtier-Gewissens *zurück*, als frohlockende Ungeheuer, welche vielleicht von einer scheußlichen Abfolge von Mord, Niederbrennung, Schändung, Folterung mit einem Übermute und seelischen Gleichgewicht davongehen, wie als ob nur ein Studentenstreich vollbracht sei, überzeugt davon, daß die Dichter für lange nun wieder etwas zu singen und zu rühmen haben."⁸⁸ Diese Auslassung Nietzsches über die ‚blonde Bestie', die er auf dem Grunde alles ‚Adels' erkennt, findet sich in einer Abhandlung über das Ressentiment; sie ist unter Anwendung seiner eigenen psychologischen Methode unschwer als Ressentiment des Bürgers gegen sich selbst zu enthüllen.⁸⁹

Von großer Wichtigkeit ist es, die neofeudale Kraftpose und den Schrei nach dem starken Mann als den Ausdruck einer Verzweiflungsstimmung des Bürgers zu erkennen. Erschreckt durch das Avancieren der Arbeitermassen, glaubt er nicht nur seine eigenen politischen und ökonomischen Herrschaftsansprüche bedroht, sondern sieht zugleich das Ende der gesamten europäischen Kultur nahe. Mehr oder minder gedankenlos verwechselt er dabei Klasse mit kulturfremder Masse und Rasse. Indem man nämlich die gewiß immer unschöpferische Masse der Menschen in allen Klassen einfach mit der heutigen Arbeiterklasse und sich selbst mit einer Kulturelite identifiziert, nicht selten den Proletarier auch noch als rassisch minderwertig behauptet, macht man es sich leicht, den sozialen Rechtsstaat und seine Anfänge in der Gegenwart als die Herrschaft der Minderwertigen zu brandmarken. Es ist durchaus folgerichtig, daß der Verfasser von *Untergang des Abendlandes* zugleich der repräsentativste deutsche Vertreter jener Gewalt- und Geniereligion, sowie des Diktaturgedankens ist. Für Oswald Spengler gibt es eben nur „Standesstaaten, Staaten in denen ein einzelner Stand regiert".⁹⁰ Der „eigentliche" Stand, der „Inbegriff von Blut und Rasse"⁹¹ ist aber nur der Adel. Schon Bauer und Bürger sind „ein Nichtstand",⁹² der vierte Stand vollends, die „Masse", ist „das Ende, das radikale Nichts".⁹³ Begreiflich, daß diesem verzweifelten Bürger nur die Hoffnung auf den starken Mann übrig bleibt, die Hoffnung auf den Menschen von „cäsarischem Schlage", der mit seiner „ganzpersönliche(n) Gewalt"⁹⁴ ihm alle Entscheidungen abnimmt; denn so ist es die Ordnung aller ‚ausgehenden Kulturen'. Der Herrenmensch macht sich also über die Bedeutung der Diktatur keine Illusionen; er weiß, daß die Diktatur Deformierung jeder politischen Form bedeutet, daß *Diktatur nur die politische Erscheinungsform der gesellschaftlichen Anarchie* ist.

---

⁸⁸ *F. Nietzsche*, Zur Genealogie der Moral, in: Werke, Bd. 7, Leipzig 1899, S. 321.
⁸⁹ Die folgenden Passagen – im Original Seite 12 bis 17 – sind hier nicht abgedruckt.
⁹⁰ *O. Spengler*, Der Untergang des Abendlandes. Umrisse einer Morphologie der Weltgeschichte, Bd. 2, München 1922, S. 457.
⁹¹ A.a.O., Bd. 2, S. 414.
⁹² A.a.O., Bd. 2, S. 412.
⁹³ A.a.O., Bd. 2, S. 445.
⁹⁴ A.a.O., Bd. 2, S. 541.

II. Grundrechte und Wirtschaftstätigkeit

Solches Herrschaftswissen wäre der Herde aber gefährlich. Für sie bedarf es jener illusionären Verhüllungen, für sie auch einer Maskierung der politischen Fronten. Deshalb pflegt man als das Angriffsobjekt den Parlamentarismus und als positives Ziel nicht etwa die Diktatur, sondern den korporativen oder berufsständischen Staat auszugeben. Beide Behauptungen sind mehr oder minder bewußte Falschmeldungen.

Denn die Beseitigung des Parlamentarismus unter Beibehaltung des gewaltenteilenden Rechtsstaates, etwa nach dem Vorbild der Vereinigten Staaten von Amerika, würde immer noch die Bindung der Herrschenden an das demokratische Gesetz, also an den Massenwillen, sowie ihre Kontrolle durch Verfassungs- und Verwaltungsgerichte bedeuten. Solch nichtparlamentarischer Rechtsstaat würde aber weder jener Gewalt- und Geniereligion entsprechen, noch könnte er – was die Hauptsache ist – die geschilderten politisch-ökonomischen Schwierigkeiten der herrschenden Klasse beheben. Die rechtsstaatliche Volkslegislative darf man aber nicht offen angreifen. Denn die eindeutige Negierung der Demokratie würde voraussetzen, daß man über mehr als ein Ressentiment, nämlich über eine eigene produktive Rechts- und Staatsidee verfügte, welche die Demokratie zu ersetzen imstande wäre. Wie impotent diese antidemokratischen Antwortgefühle aber in Wahrheit sind, wie gering ihre politische Gestaltungskraft eingeschätzt werden muß, erweist sich nirgends deutlicher als dort, wo sie dauernd gezwungen sind, vor ihrem wahren Feind, der Demokratie, Kotau zu machen.

Alle heutigen Diktatoren und alle, die es gern werden möchten, versichern uns, daß sie nichts anderes als die ‚wahre' Demokratie verwirklicht haben oder verwirklichen wollen. Was sollten sie auch andres sagen? Daß die Zeiten der allein echten Gottesgnaden-Monarchie aus sozialen wie religiösen Gründen vorüber ist, begreift nachgerade auch das Kleinbürgertum. Daß eine Erbaristokratie im Zeitalter des mobilen Besitzes irgend etwas andres sein könnte, als eine gesetzlich anerkannte kapitalistische Klassenherrschaft, wird kaum jemand sich bereit finden zu glauben. Es bleibt also nur übrig, die Demokratie mit der Demokratie zu überwinden, sie immer wieder mit Worten zu bejahen und dem tatsächlichen Inhalt nach zu vernichten.

Zu diesem Zwecke muß die Diktatur als auch oder sogar noch besser demokratisch hingestellt und irgendwie legitimiert werden durch die Autorität des demokratischen Volkswillens. Die Methode, durch welche eine spezifisch demokratische Legitimationsgrundlage für die Zwecke einer autokratischen Diktatur adaptiert wird, ist recht interessant. Dazu werden zunächst die entsprechenden Freiheitsrechte des demokratischen Rechtsstaates durch den heute so populären Appell an den antiliberalen Affekt als ‚bürgerlich' kompromittiert. Gelingt es nun, die bürgerliche Freiheit der Meinung, die Vereins-, Versammlungs- und Preßfreiheit, die geheime Einzelabstimmung als ‚eigentlich' undemokratisch herabzusetzen, so sind zugleich die Garantien einer allein demokratischen Ermittlung des Volkswillens beseitigt. Denn nun gibt es keine freie Agitation, keine unbeeinflußte Abstimmung und kein kontrolliertes Wahlverfahren mehr. Der Diktator kann den Volkswillen ganz nach Wunsch so oder auch anders funktionieren lassen, und es lassen sich selbst die Plebiszite Napoleon III. und Mussolinis als demokratische ‚Akklamationen' bezeichnen; ein auch außenpolitisch nicht ungefährliches Spiel, wenn man bedenkt, daß die Franzosen etwa unter Berufung auf den angesehenen deutschen Staatsrechtslehrer Carl Schmitt – wenn auch gewiß sehr gegen seine außenpolitische Absicht – im Jahre 1935 im Saargebiet eine derartige Akklamation an Stelle der im § 34 des Versailler Vertrags vorgesehenen freien, geheimen und unbeeinflußten Einzelabstimmung[95] versuchen könnten. Gerade daran aber, daß selbst im faschistischen Italien derartige Plebiszite nicht entbehrt werden können, zeigt sich der unproduktive Ressentimentcharakter des Diktaturgedankens.

Eine weitere scheinbar demokratische Verhüllung, die der Beförderung der Diktatur dienen soll, ist die Ideologie vom korporativen oder berufsständischen Staat. Ihre Wirksamkeit verdankt sie der Tatsache, daß sie an echte politische Bedürfnisse der Gegenwart anknüpft. Zweifellos hat man dem heutigen Staate zuviel zugemutet; er hat sich übernommen, nicht in der Gesetzgebung, wohl aber in der Verwaltung. Und je weiter der Rechtsstaat in die Arbeits- und Güterordnung eindringt, desto notwendiger wird die Beseitigung der staatseigenen zugunsten einer Selbstverwaltung. Insofern entspräche der korporative Gedanke durchaus einer demokratischen Forderung, insofern wäre er aber auch das Gegenteil dessen, was die Gegner des Rechtsstaates mit ihm bezwecken. In Wahrheit richtet sich auch ihr Angriff nicht gegen die Ausdehnung der Staatsverwaltung, sondern gegen die Ausdehnung der Staatsgesetzgebung auf das sozial-ökonomische Gebiet. Darüber hinaus aber verstehen sie unter dem korporativen Staat den von ‚Berufsständen' statt von Parteien, d.h. den von einer politisch willenlos gemachten Masse getragenen Staat. Daß ein solcher Staatsaufbau demokratisch unmöglich ist und der Versuch seiner Verwirklichung das Ende des Staates bedeuten würde, wissen die Führenden sehr wohl. In Italien haben namhafteste Fascisten diese Unmöglichkeit auch literarisch ausführlich dargetan. Das Wesen des Politischen besteht eben in der Vereinheitlichung des Willens einer aus vielen bestehenden Gebietsgesellschaft. ‚Ständische' Verbände, wenn wir diese falsche Bezeichnung für den Augenblick gelten lassen wollen, wären aber heute mehr denn je ökonomische Organisationen, die zunächst in sich selbst erst politischer Momente zu ihrer Konstituierung als politischer Einheiten bedürften; damit aber würden sie notwendig zu politischen Parteien. Das politische Kardinalproblem aber ist und bleibt die Einheitsbildung in der Spitze, die Entstehung der obersten Repräsentanten und damit des Staates selbst. Wie soll sie vor sich gehen? Daß auf demokratischem Wege aus ökonomischen Interessenverbänden keine politische Einheit entsteht, sondern Klassenkampf in Permanenz, das wissen die Vertreter der korporativen Ideologie sehr wohl. Eben deshalb schweigen sie sich über die Art der politischen Einheitsbildung im korporativen Staate aus. Die bekannteste deutsche Programmschrift, Othmar Spanns *Der wahre Staat*, weiß darüber nur zu sagen, daß die zentrale Gewalt nicht „aus allen Elementen gleich sehr abgeleitet sein wird; genauer(!) gesagt überhaupt nicht von unten hinauf, sondern von oben hinab zu bauen sein wird"; so kann der nicht gerade neuen Forderung, „das Beste (sozusagen(!) von oben her) soll herrschen",[96] heute einzig und allein die Diktatur entsprechen.

Diktatur aber bedeutet immer zentralistische Gewaltenvereinigung in der Hand des Diktators, also das Gegenteil von Korporativismus. Letzterer aber hat innerhalb der kapitalistischen Diktatur einzig und allein die Aufgabe, die Organisationen zur ökonomischen Beherrschung der Massen, ohne die eine moderne Diktatur nicht auszukommen vermag, ideologisch zu verhüllen. Mittels der Korporationen sollen die Arbeitnehmer vom Diktator ökonomisch abhängig und ihm damit politisch willfährig gemacht werden. Deshalb besteht ein Monopol der fascistischen Ge-

---

[95] RGBl. 1919, S. 687ff. (797).
[96] O. *Spann*, Der wahre Staat, Leipzig 1921, S. 274.

werkschaften, welche ohne die geringste Selbstverwaltung willenlose Werkzeuge der Diktatur darstellen, deshalb heißt es in der als modernste Arbeitsverfassung gepriesenen *Carta del Lavoro*[97] im Artikel 23, daß die Arbeitsnachweise auf paritätischer Grundlage unter Kontrolle der korporativen Staatsorgane errichtet werden und die Arbeitgeber verpflichtet sind, sich die Arbeitnehmer durch Vermittlung dieser Arbeitsnachweise zu beschaffen. Die Arbeitgeber haben das Recht – seit der Verordnung vom 6. Dezember 1928 sogar die Pflicht – eine Auswahl unter den Eingeschriebenen zu treffen und zwar in der Weise, daß sie den in der fascistischen Partei und den fascistischen Gewerkschaften Eingetragenen nach der Reihenfolge ihrer Einschreibung von Vorzug geben. In diesem Sinne muß man auch die Ausführungen des fascistischen Justizministers Rocco in seiner Kammerrede vom 9. März 1928 verstehen. „Wenn man vom syndikalen oder korporativen Staat spricht, so ist das richtig unter der Voraussetzung, daß man sich nur über den Sinn des Wortes verständigt. Der korporative Staat ist nicht der Staat in der Hand der Korporation, sondern die Korporation in der Hand des Staates."[98]

Zusammenfassend muß somit festgestellt werden, daß die Diktatur dem Rechtsstaat, der sich die Wirtschaft unterwerfen will, nichts andres entgegenzusetzen hat als die ideologisch recht schlecht verhüllte Gewalt. Einer der Heroen des Fascismus, der Nationalist Enrico Corradini, bestätigt das in einer Schrift mit dem Titel *Il regime della borghesia produttiva* (1918), welche die Frage erörtert: „Wie wird ein Regime der produktiven Bourgeoisie möglich sein inmitten des modernen politischen Gemeinwesens, des allgemeinen Wahlrechts, des sozialistischen Klassenkampfes? Unsere Antwort lautet: die produktive Bourgeoisie wird den Klassenkampf mutig aufnehmen, sie wird alles tun müssen, um das allgemeine Wahlrecht zu beherrschen, in der Erwartung, daß kraft der Logik der Dinge sich das System früher oder später ändern müsse; denn auch die konventionellen Lügen haben zum Glück ein beschränktes Dasein, und der Parlamentarismus ist eine konventionelle Lüge."[99]

Indem das Bürgertum aber Rechtsstaat, Demokratie und Parlamentarismus konventionelle Lügen nennt, straft es sich selbst Lügen. Durch seinen neofeudalen Gesetzeshaß gerät es nicht nur in einen Selbstwiderspruch mit seinem eigensten geistigen Sein, sondern verneint auch die Existenzbedingungen seines gesellschaftlichen Lebens. Ohne die Gewißheit der gesetzmäßigen Freiheit der Meinungsäußerung, der Freiheit des Religionsbekenntnisses, der Wissenschaft, Kunst und Presse, ohne die rechtsstaatlichen Sicherungen gegen willkürliche Verhaftungen und gegen willkürliche Verurteilungen durch diktatorisch abhängige Richter, ohne das Prinzip der Gesetzmäßigkeit der Verwaltung kann das Bürgertum weder geistig noch ökonomisch leben. Ein Bürgertum, das durch die Renaissance hindurch gegangen ist, kann nicht, ohne Selbstmord zu begehen, sich vom Diktator sein Fühlen, Wollen und Denken vorschreiben und sich etwa die Lektüre von Dostojewski und Tolstoi verbieten lassen, wie es – um nur eins von tausend Beispielen zu nennen – in Italien im September 1929 geschehen ist.

Soll die heutige, vornehmlich vom Bürgertum geschaffene Kultur und Zivilisation erhalten, geschweige denn erneuert werden, so muß unter allen Umständen der erreichte Grad der Berechenbarkeit der gesellschaftlichen Beziehungen nicht nur

---

[97] Vom 21. April 1927.
[98] *Heller*, Faschismus (siehe Anm. 8), Anm. 312.
[99] A.a.O., Anm. 276.

bewahrt, sondern sogar noch erhöht werden. Das Bürgertum hatte den absoluten König bekämpft, weil ihm die Gewißheit der gesetzmäßigen Freiheit unentbehrlich geworden war. Heute kann es nicht in einem Atem nach der ‚Rationalisierung der Wirtschaft' und nach der Diktatur schreien, deren Willkür notwendig eine unvergleichlich größere sein muß, als die des absoluten Fürsten. Unzweifelhaft beruht die rationellere amerikanische Wirtschaft darauf, daß das Geltungsgebiet ihrer Rationalität ein riesiger Kontinent ist, während die europäische Wirtschaft ein Konglomerat geographischer Zwerggebilde darstellt. Man kann heute nicht staatsvergottender Nationalist sein und zugleich anerkennen, daß die Nordamerikaner allmählich alle europäischen Nationalstaaten deshalb in weiße Sklavenkolonien verwandeln können, weil die europäischen Nationalwirtschaften sich gegenseitig den Markt verengern und schließlich tot konkurrieren. Daß die ohne Rücksicht auf die Marktlage Europas errichteten nationalen Zollmauern, die ebenso geschaffenen nationalen Rüstungsindustrien, nationalen Automobilfabriken eines jeden europäischen Duodezstaates oft nur noch dem privaten Interesse einiger Kapitalistengruppen dienen, für die nationalen Kulturgemeinschaften aber den Ruin bedeuten, muß immer stärker zur Forderung einer für den europäischen Bedarf rationierten Produktion, immer stärker zur Forderung einer europäischen Internationale zur Erhaltung der Nation führen. In Deutschland konnte man die ‚nationale' Forderung: Kauft deutsche Automobile! ernst nehmen, die deutschen Wagen solange unverhältnismäßig teurer bezahlen, solange nicht die größte deutsche Autofabrik in amerikanischen Besitz überging; dann mußte sich jeder Deutsche fragen, zu wessen Nutzen er eigentlich die übermäßigen Preise bezahlte: zum Nutzen der Nation oder zum Nutzen der Familie Opel und der amerikanischen *General Motors?* Daß eine nationalistische Diktatur sich diesen weltwirtschaftlichen Notwendigkeiten ohne Schädigung der Nationalwirtschaft gar nicht entgegenstellen kann, ist selbstverständlich.

Nationalistische Professoren und Literaten mögen das Reich Europa als ‚Verrat am Geiste des Abendlandes' brandmarken und aus den genannten Tatsachen die Folgerung ziehen, das Abendland und die europäischen Nationen hätten keine andre Aufgabe mehr zu erfüllen, als in Ehren unterzugehen. Mir erschiene es nicht nur nationaler, sondern auch ehrenvoller und in jedem Falle dem Geiste des Abendlandes, wie er noch vor zwei Generationen verstanden wurde, entsprechender, wenn sich die geistigen Kräfte der Nation ihrer Desertion vom Geiste endlich zu schämen begönnen, wenn sie endlich in der gegebenen Gesellschaftslage die zeitgeforderten Inhalte jener Gesetze erkennen wollten, die uns allein zu Persönlichkeiten formen. Sie müßten dadurch zur Erkenntnis kommen, daß die rechtsstaatliche Vergesetzlichung der Wirtschaft nichts anderes als die Unterordnung der Lebensmittel unter die Lebenszwecke und damit die Voraussetzung bedeutet für eine Erneuerung unserer Kultur. Sie müßten einsehen, daß die Zukunft der abendländischen Kultur nicht gefährdet ist durch das Gesetz und seine Ausdehnung auf die Wirtschaft, sondern gerade durch die Anarchie und ihre politische Erscheinungsform, die Diktatur, sowie durch die anarchistische Raserei unserer kapitalistischen Produktion, die weder Handarbeitern noch Kopfarbeitern Muße und Möglichkeit zu kulturschöpferischer Tätigkeit läßt. Mit dieser Erkenntnis müßte sie angesichts des verantwortungslosen Geschwätzes blutloser Rationalisten und blutgieriger Irrationalisten das gleiche Gefühl des unüberwindlichen Ekels packen, und die Entscheidung zwischen faschistischer Diktatur und sozialem Rechtsstaat wäre gefallen."[100]

---

[100] Anzumerken bleibt, daß *Hermann Heller* dies vor der nationalsozialistischen Machtergreifung geschrieben hat.

10. Demokratieprinzip

a) Einführung

Demokratie heißt Volksherrschaft. In Art. 20 Abs. 1 und Abs. 2 S. 1 GG ist gewährleistet, daß die Bundesrepublik Deutschland ein demokratischer Staat ist, bei dem alle Staatsgewalt vom Volke ausgeht. Das Demokratieprinzip gewährleistet die Demokratie nicht nur als Form der Herrschaft, sondern auch als eine Methode der Legitimation von Herrschaft. Zu dieser Methode gehören insbesondere Kritik und Kontrolle. Voraussetzung für beides sind Kommunikationsprozesse. Kommunikation ist nicht unpolitisch als Beitrag zum „Funktionieren" der Demokratie zu verstehen. Das materielle Funktionieren der Demokratie erfordert neben der Methode zur Herrschaftslegitimation auch eine inhaltliche Zielvorgabe, die man abgekürzt als ein auf Teilhabe, Mitbestimmung und Chancengleichheit zielendes Prinzip bezeichnen kann. Damit öffnet sich das Demokratieprinzip den Grundrechten. Sie entwickeln sich von Abwehrrechten zu demokratischen Statusrechten, die dem Bürger einen verfassungsrechtlich verbürgten Freiheitsraum eröffnen, der es ihm erlaubt, sich als Mensch und Bürger eines Gemeinwesens zu entfalten.[101] Ohne die Vereinigungsfreiheit des Art. 9 Abs. 1 GG, die Wissenschafts- und Kunstfreiheit des Art. 5 Abs. 3 GG und die Berufsfreiheit des Art. 12 GG würde ein Freiraum der persönlichen und politischen Willensbildung fehlen, der als „Lebensluft der Demokratie" gegen staatliche Eingriffe zu schützen ist. Das Demokratieprinzip ist also nicht nur ein formales Organisationsprinzip, sondern auch ein den Grundrechten zugeordnetes materiales Prinzip. Der Staat ist berechtigt, den demokratischen Statusrechten der Bürger auch im Bereich der privaten Wirtschaft Rechnung zu tragen, indem er Mitbestimmung einführt. Die darin liegende Beschränkung der Anteilseignerrechte ist nicht nur als Inhalts- und Schrankenbestimmung des Eigentums nach Art. 14 GG gerechtfertigt (vgl. oben), sondern effektiviert auch die Berufsfreiheit der Arbeitnehmer und ist durch das Demokratieprinzip abgesichert.[102]

Im Zusammenhang mit den Forderungen nach mehr „direkter" Demokratie – z. B. durch Volksabstimmungen – ist auch daran zu erinnern, daß hier Grundrechte effektiviert werden.

b) Vertiefung

Am 30.4.1986 erklärte der hessische Staatsgerichtshof Teile des hessischen Personalvertretungsgesetzes für nichtig. Gegenüber den Entscheidungen einer Einigungsstelle zwischen Behörde und Personalvertretung müsse die Landesregierung ein Letztentscheidungsrecht haben, soweit Angestellte von BAT V b an aufwärts betroffen seien.[103] Am 15.9.1986 erklärte der Verfassungsgerichtshof für das Land Nordrhein-Westfalen die Drittelbeteiligung der Arbeitnehmer in den Aufsichtsratsorganen der kommunalen Sparkassen für nichtig und stellte die bisherige Regelung

---

[101] Vgl. zum ganzen *Schuppert*, Grundrechte und Demokratie, EuGRZ 1985, 525ff. 531; vgl. auch *Hesse*, Grundzüge des Verfassungsrechts 14. Aufl. 1984, 113f. und *H. P. Schneider*, Eigenart und Funktionen der Grundrechte im modernen Verfassungsstaat, in: *Perels* (Hg.), Grundrechte als Fundament der Demokratie, 1979, 11ff. 17f.).
[102] Vgl. im einzelnen *Nagel*, Paritätische Mitbestimmung und Grundgesetz, Baden-Baden 1988, S. 49f.
[103] Hessischer Staatsanzeiger 21/1986 S. 1089.

wieder her, wonach die Beschäftigten nur Vorschläge machen dürfen, die Arbeitnehmervertreter aber dann von den kommunalen Trägern gewählt werden.[104]
Beide Urteile berufen sich auf das Demokratieprinzip des Art. 20 GG. In öffentlichen Verwaltungen und öffentlich-rechtlichen Unternehmen müsse die Mitbestimmung der Personalräte durch die Grundsätze der Volkssouveränität, der parlamentarischen Verantwortlichkeit der Regierung und der Gemeindeselbstverwaltung (Art. 28 GG) begrenzt werden. Vom Volk müsse es eine ununterbrochene Legitimationskette zu allen mit Staatsgewalt betrauten Amtswaltern geben. In Hessen soll das ab BAT Vb gelten, soweit hoheitliche Aufgaben wahrgenommen werden. Diese Legitimationskette dürfe nicht durch die Mitbestimmung der Personalräte durchbrochen werden.

Beide Urteile sind höchst bedenklich, weil sie die Demokratie des Staatswesens gegen die Mitbestimmung, also eine Demokratisierung gesellschaftlicher Teilbereiche, ausspielen.[105]

Die betriebliche Mitbestimmung betrifft nur das Innenverhältnis zwischen Bediensteten und Verwaltungsspitze, ist jedoch nicht Teilhabe an Staatsgewalt im Außenverhältnis. Die Unternehmensmitbestimmung ist zwar Teilhabe an Staatsgewalt, bleibt sie jedoch unterparitätisch, so ist die Letztentscheidung der staatlichen Trägerseite nicht beeinträchtigt (str.) und damit das Demokratieprinzip nicht verletzt.

11. Die Wirkung der Grundrechte auf das Zivilrecht

Die Grundrechte sind als Abwehrrechte gegen den Staat entstanden, Auf diese ursprüngliche Funktion der Grundrechte weist das Bundesverfassungsgericht regelmäßig hin. Das Grundrechtsverständnis ist jedoch in einem Wandel begriffen. Die Funktion der Grundrechte wird heute auch darin gesehen, daß sie die Teilhabe an staatlichen Leistungen garantieren sollen, daß sie sich für objektive Werte entscheiden, daß sie Institutionen garantieren und daß sie eine Organisation oder ein Verfahren garantieren. Dieser Wandel des Grundrechtsverständnisses hat dazu geführt, daß die Frage der Drittwirkung der Grundrechte nicht mehr von vorneherein verneint wird. Drittwirkung bedeutet die Wirkung gegenüber Privatpersonen. Unbestritten gibt es eine Drittwirkung des Grundrechts der Koalitionsfreiheit aus Art. 9 Abs. 3, keine Drittwirkung ist denkbar bei Grundrechten, die ausschließlich gegen den Staat gerichtet sind, wie z. B. das Grundrecht der Kriegsdienstverweigerung nach Art. 4 Abs. 3 GG. Im Grunde handelt es sich bei den sogenannten Drittwirkungsfällen in aller Regel auch um Beeinträchtigungen der Bürger durch den Gesetzgeber, der einem Privaten die Beeinträchtigung gestattet, oder durch den Richter, der das Recht falsch auslegt.[106] Die unmittelbare Drittwirkung der Grundrechte auf den Privatrechtsverkehr wird vom Bundesarbeitsgericht in ständiger Rechtsprechung bejaht. Die Grundrechte werden als Ordnungsgrundsätze für das soziale Leben betrachtet. Das Bundesverfassungsgericht und das überwiegende

---
[104] VerfGH NRW DVBl. 1986, 1196 mit Anm. von *Püttner*.
[105] Vgl. *Nagel/Braun*, Mitbestimmungsrechte der Personalräte und Verfassung, Personalrat 1986, S. 163; *Nagel/Bauers*, Mitbestimmung in öffentlich-rechtlichen Unternehmen und Grundgesetz, Baden-Baden 1990, m.w.N.
[106] Vgl. *Schwabe*, Die sogenannte Drittwirkung der Grundrechte, 1971, S. 26 ff.

Schrifttum gehen demgegenüber von einer nur mittelbaren Drittwirkung der Grundrechte im privaten Rechtsverkehr aus. Danach gelten die Grundrechte nicht direkt im Privatrecht, sie sind also z. B. keine allgemeinen Verbotsgesetze im Sinne von § 134 BGB. Sehr wohl beeinflussen die Grundrechte aber das Privatrecht, weil sie eine objektive Wertordnung darstellen. Jede zivilrechtliche Vorschrift muß im Einklang mit dem Grundgesetz ausgelegt werden (BVerfGE 7, 198, 205). Medien für die Ausstrahlung der Grundrechte auf das bürgerliche Recht sind vor allem die Generalklauseln. Sie werden als „Einbruchsstellen" der Grundrechte in das Zivilrecht bezeichnet (vgl. BVerfGE 7, 206). Durch Generalklauseln wie „sittenwidrig" sowie „Treu und Glauben" können die Wertentscheidungen der Grundrechte in die Zivilrechtsdogmatik eingebracht werden. Das Bundesverfassungsgericht hält sich für befugt, zu überprüfen, ob die Ausstrahlungswirkung der in den Grundrechten enthaltenen Wertentscheidungen auf das Zivilrecht hinreichend beachtet ist. Je nachhaltiger ein zivilrechtliches Urteil die Grundrechtsphäre des im Prozeß Unterlegenen trifft, desto strengere Anforderungen sind an die Begründung dieses Eingriffs zu stellen und desto weiterreichender sind folglich die Nachprüfungsmöglichkeiten des Bundesverfassungsgerichts.

Umstritten ist, ob und bis zu welchem Ausmaß der Staat die Grundrechte zu beachten hat, wenn er selbst in der Form des Privatrechts handelt. Schafft der Staat z. B. die für die Verwaltungstätigkeit notwendigen Sachgüter an oder wird er erwerbswirtschaftlich tätig, so erfüllt er nicht unmittelbar und ihrem Wesen nach öffentliche Aufgaben. Also müßte bei derartigen Tätigkeiten die Geltung der Grundrechte verneint werden. Man kann diesem Ergebnis nur mit der Einschränkung zustimmen, daß die Vertragsfreiheit nicht dazu benutzt werden darf, den Genuß der Grundrechte im Einzelfall auszuschließen, das heißt, ihnen ohne sachlichen Grund zuwiderzuhandeln. Die Grundrechte gelten demnach grundsätzlich auch im Verwaltungsprivatrecht, wenn der Staat öffentliche Aufgaben in der Form des Privatrechts erfüllt.

III. Die Systematik des bürgerlichen Rechts

1. Äußere Systematik

a) Das bürgerliche Recht als Teil des Privatrechts

Das bürgerliche Recht regelt die Rechtsbeziehungen der Privatpersonen zueinander auf der Grundlage der Gleichberechtigung. Es gilt im Gegensatz zum Handelsrecht und zum Arbeitsrecht grundsätzlich für jede Privatperson. Das Handelsrecht und das Arbeitsrecht bauen auf dem bürgerlichen Recht auf, man kann beide nur dann verstehen, wenn man die allgemeinen Rechtsinstitute und Regeln des bürgerlichen Rechts kennt.

Das bürgerliche Recht ist in erster Linie im bürgerlichen Gesetzbuch (BGB) vom 18.8.1896 geregelt, das seit dem 1.1.1900 in Kraft ist. Im Laufe der Zeit wurde eine Reihe von Nebengesetzen zum BGB verabschiedet, so das Abzahlungsgesetz, das Beurkundungsgesetz, das Wohnungseigentumsgesetz, das Ehegesetz, das Gesetz zur Regelung des Rechts der Allgemeinen Geschäftsbedingungen (AGB-Gesetz), das Produkthaftungsgesetz und das Umwelthaftungsgesetz.

Seit 1900 sind viele Vorschriften des BGB geändert worden. Dies gilt insbesondere für das Familienrecht. Aus dem Recht des Dienstvertrages hat sich eine selbständige Rechtsmaterie des Arbeitsvertrages entwickelt, die die weisungsabhängige Arbeit erfaßt. Das Recht der Wohnraummiete wurde zugunsten sozial schwächerer Mietparteien geändert. Hinzu kommt eine Fülle von Änderungen, mit denen versucht wurde, den ökonomischen und sozialen Veränderungen der vergangenen Jahrzehnte Rechnung zu tragen.

b) Das bürgerliche Recht als Teil des materiellen Rechts

Das BGB und seine Nebengesetze enthalten keine Vorschriften über die Durchsetzung der Rechte des Privatmanns vor Gericht. Es ist demnach ebenso wie z.B. das Arbeitsrecht, das Handelsrecht, das Strafrecht, das Verwaltungsrecht und das Verfassungsrecht Teil des materiellen Rechts. Zur Rechtsdurchsetzung vor Gericht bedarf der Bürger des Prozeßrechts, hierzu gehören die Zivilprozeßordnung, die Strafprozeßordnung, die Verwaltungsgerichtsordnung, das Arbeitsgerichtsgesetz und das Bundesverfassungsgerichtsgesetz.

c) Die äußere Einteilung des BGB

Das BGB ist in fünf Bücher gegliedert. Das erste Buch erfaßt in einem **allgemeinen Teil** Vorschriften, die für sämtliche Rechtsverhältnisse des bürgerlichen Rechts maßgeblich sein sollen. Behandelt werden insbesondere die Rechtssubjekte (Personen), die Rechtsobjekte (Sachen und Rechte), die Rechtsgeschäfte und der Vertrag als Grundtyp des zweiseitigen Rechtsgeschäfts.

Das bürgerliche Vermögensrecht ist in zwei Bücher aufgeteilt. Das Gesetz unterscheidet zwischen dem Schuldrecht (zweites Buch) und dem Sachenrecht (drittes Buch). Das **Schuldrecht** befaßt sich mit Rechtsbeziehungen zwischen zwei oder mehreren Personen, die einander eine bestimmte Leistung schulden. Derartige Schuldverhältnisse können durch Vertrag begründet werden oder auch kraft Gesetzes entstehen, z.B. wenn eine unerlaubte Handlung begangen wird. Das **Sachenrecht** befaßt sich mit dem Verhältnis der Personen zu den Gegenständen ihres Privatvermögens, d.h. zu ihren Sachen und Rechten. Das volle Herrschaftsrecht in bezug auf eine Sache wird „Eigentum" genannt, daneben gibt es beschränkte Herrschaftsrechte, die auch beschränkt dingliche Rechte genannt werden.

Im vierten Buch, dem **Familienrecht**, werden die aus der Ehe und der Verwandtschaft hergeleiteten Rechtsbeziehungen geregelt. Das fünfte Buch, das **Erbrecht**, befaßt sich mit den vermögensrechtlichen Folgen, wenn eine Person stirbt.

2. Zur Anwendung des bürgerlichen Rechts

a) Die innere Systematik des bürgerlichen Rechts

Das BGB ist eine relativ straffe Gesetzesmaterie. Es war für viele ausländische Rechtsordnungen vorbildlich. Die Leistung des Gesetzgebers bestand insbesondere darin, daß er möglichst viele Detailregelungen unter allgemeine, scharf umrissene Oberbegriffe zusammenfassen konnte. Durch die Methode des „vor die Klammer Ziehens" wurde es möglich, spezielle und allgemeine Regelungen so zu kombinieren, daß unnötige Doppelungen vermieden und die Lösung des Einzelfalls mit Hilfe bestimmter logischer Denkoperationen aus einer Kombination von speziellen und (mangels einer Spezialregelung) allgemeinen Regelungen abgeleitet werden konnte. Dies brachte allerdings den Nachteil mit sich, daß Sprache und Gliederung nur dem Fachmann verständlich sind, daß also der einzelne Bürger auf die Beratung durch den Fachmann angewiesen ist.

b) Subsumtion

Der Jurist muß feststellen, ob ein konkreter Lebenssachverhalt von einer abstrakten Gesetzesnorm erfaßt wird, und welche Rechtsfolge sich daraus ergibt. Hierzu muß er den Lebenssachverhalt ordnen, die rechtserheblichen Tatbestandselemente herausarbeiten und an diesen dann abstrakt bestimmten Tatbestand eine ebenfalls mehr oder weniger abstrakt formulierte Rechtsfolge knüpfen. Wenn z. B. A an B ein Buch verkauft hat, wenn er ferner die dem Verkäufer obliegenden Leistungen nach dem Recht des Kaufvertrages erbracht hat, dann kann er nach § 433 Abs. 2 vom Käufer die Bezahlung des Kaufpreises verlangen. Den Denkvorgang, bei dem ein Sachverhalt mit der Tatbestandsumschreibung einer Rechtsnorm in Deckung gebracht wird und hieraus bestimmte Rechtsfolgen abgeleitet werden, nennt der Jurist Subsumtion.

c) Die Rechtsauslegung

Nicht immer läßt sich ein Sachverhalt eindeutig unter eine bestimmte Rechtsnorm subsumieren. Der Jurist muß daher meist mehrere Rechtsnormen einander zuordnen. Wenn allgemein gefaßte Rechtsbegriffe, die auch Generalklauseln genannt werden, auszulegen sind, hat der Jurist nach Sinn und Zweck der Vorschrift zu fragen, da eine wörtliche Auslegung ihn meist nicht weiterbringt. Bestehen zwischen einzelnen Rechtsnormen Lücken, so sind diese möglicherweise dadurch auszufüllen, daß ähnliche Vorschriften entsprechend (analog) angewendet werden.

3. Rechtssubjekte

a) Natürliche und juristische Personen

Einzelne natürliche Personen sind immer Rechtssubjekte. Personengesamtheiten werden unter bestimmten Voraussetzungen vom BGB als Rechtssubjekte aner-

III. Die Systematik des bürgerlichen Rechts 87

Tafel 3: Zur Systematik des bürgerlichen Rechts *

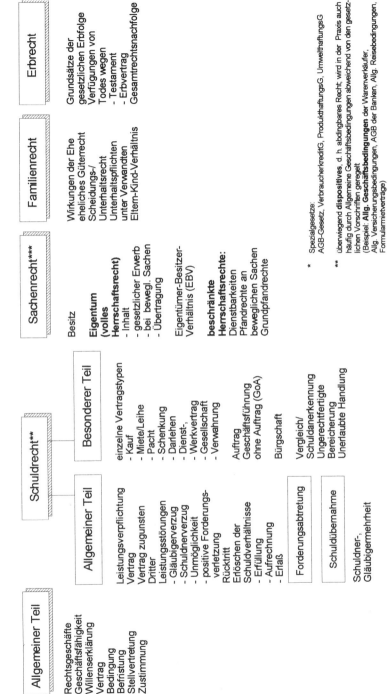

* Spezialgesetze:
  AGB-Gesetz, VerbraucherkreditG, ProdukthaftungsG, UmwelthaftungsG

** überwiegend **dispositives**, d. h. abdingbares Recht; wird in der Praxis auch häufig durch Allgemeine Geschäftsbedingungen abweichend von den gesetzlichen Vorschriften geregelt
  (Beispiel: **Allg. Geschäftsbedingungen** der Warenverkäufer, Allg. Versicherungsbedingungen, AGB der Banken, Allg. Reisebedingungen, Formularmietverträge)

*** Zwingendes Recht, auch **"NC der Sachenrechte"** genannt
  Grundsatz: Numerus Clausus der dinglichen Rechte

kannt. So sind z. B. eingetragene Vereine, Aktiengesellschaften oder Gesellschaften mit beschränkter Haftung als juristische Personen Rechtssubjekte. Keine Rechtssubjekte sind Tiere oder Sachen. Eine Ausnahme ist die Stiftung, die als verselbständigte Vermögensmasse juristische Person ist.

b) Rechtsfähigkeit, Geschäftsfähigkeit und Deliktsfähigkeit der natürlichen Person

Nach dem BGB ist jeder Mensch uneingeschränkt **rechtsfähig**. Ständische Reservatsrechte oder Benachteiligungen sind abgeschafft. Die Rechtsfähigkeit beginnt mit der Geburt (§ 1 BGB).

Die **Geschäftsfähigkeit** ist die Fähigkeit, im Rechtsverkehr handelnd aufzutreten und durch den Abschluß von Rechtsgeschäften Rechte erwerben bzw. Verpflichtungen begründen zu können. Für den Normalfall geht das BGB von der vollen Geschäftsfähigkeit aus. Ausnahmen sind in den §§ 104–115 geregelt. Geschäftsunfähig sind nach § 104 Kinder unter 7 Jahren, Personen, die sich in einem Dauerzustand schwerer Störungen ihrer Geistestätigkeit befinden und Personen, die wegen Geisteskrankheit entmündigt sind. Dasselbe gilt, wenn die Geistestätigkeit vorübergehend gestört ist (z. B. Vollrausch, Betäubung oder zeitweilig auftretende Geisteskrankheit).

Die Willenserklärungen von geschäftsunfähigen Personen sind nichtig. An ihrer Stelle handeln ihre gesetzlichen Vertreter, beim Kind die Eltern, in anderen Fällen ein Vormund oder Gebrechlichkeitspfleger.

Personen, die **beschränkt geschäftsfähig** sind, können unter bestimmten Voraussetzungen rechtsgeschäftlich handeln, so z. B. wenn ihnen dies ausschließlich einen rechtlichen Vorteil bringt oder wenn ihr gesetzlicher Vertreter zustimmt.

Deliktsfähig ist, wer die zur Erkenntnis der Verantwortlichkeit für eine unerlaubte Handlung erforderliche Einsicht hat. Nicht verantwortlich ist z. B. eine Person, die noch nicht 7 Jahre alt ist (§ 828 Abs. 1). Wer 7, aber noch nicht 18 Jahre alt ist, ist nicht verantwortlich, wenn er nicht die zur Erkenntnis der Verantwortlichkeit erforderliche Einsicht hat (§ 828 Abs. 2 S. 1).

c) Besonderheiten bei der juristischen Person

Das bürgerliche Recht regelt zwei Typen von juristischen Personen, den eingetragenen Verein und die Stiftung. Der Verein (§§ 21–79 BGB) ist die Grundform der Handelsgesellschaften AG und GmbH sowie der Genossenschaft. Zur Entstehung und damit zur Erlangung der Rechtsfähigkeit bedarf er der Eintragung ins Vereinsregister, das beim Amtsgericht geführt wird. Der Registerrichter prüft, ob die gesetzlichen Mindestforderungen bei der Gründung beachtet wurden. Als gesetzlichen Vertreter braucht der Verein einen Vorstand (§ 26 BGB). Die Satzung des Vereins muß weiter den Zweck, den Namen und den Sitz angeben. Weitere Bestimmungen über den Eintritt und Austritt der Mitglieder, über das Ob und Wie der Beitragszahlung sowie über die Voraussetzungen und die Formen, die für die Berufung der Mitgliederversammlung und die Beurkundung ihrer Beschlüsse maßgeblich sind, regelt § 58 BGB.

Die Rechtsordnung kennt auch Personenzusammenschlüsse ohne eigene Rechtspersönlichkeit, so die Gesellschaft des bürgerlichen Rechts, den nicht eingetragenen Verein, die offene Handelsgesellschaft und die Kommanditgesellschaft.

4. Subjektive Rechte

a) Objektives und subjektives Recht

Nicht nur die Grundrechte entwerfen bestimmte Verhaltensmodelle und legen damit eine Rechts- und Wertordnung fest. Dasselbe gilt auch für die einzelnen Rechtsnormen des BGB, wobei allerdings die Wertordnung des Grundgesetzes und der Grundrechte Vorrang genießt. Das objektive Recht ist gewissermaßen der Prägestempel, mit dessen Hilfe in einem konkreten Lebenssachverhalt zugunsten bestimmter Rechtssubjekte einzelne subjektive Rechte fest umrissenen Inhalts herausgestanzt werden.[107]

Subjektive Rechte stehen bestimmten Personen zu und räumen Befugnisse gegenüber anderen Personen ein. Dem subjektiven Recht steht die Bindung der Handlungsfreiheit der Person gegenüber, an die sich das subjektive Recht wendet. Im Kaufvertrag bedeutet dies z. B. nach § 433 Abs. 2, daß dem subjektiven Recht des Verkäufers, den Kaufpreis verlangen zu können, die Zahlungsverpflichtung des Käufers korrespondiert.

b) Absolutes und relatives Recht

Ein subjektives Recht kann dem Begünstigten Befugnisse gegenüber jedermann verleihen, dann spricht man von einem absoluten Recht. Die Befugnisse können sich auch nur gegen eine oder mehrere bestimmte Personen richten, dann spricht man von einem relativen Recht. Von dieser relativen Rechtsbeziehung werden alle anderen Personen nicht berührt. In der Regel befaßt sich das Schuldrecht (2. Buch) mit relativen Rechten, d. h. mit Verpflichtungen zwischen bestimmten Personen. Das Sachenrecht (3. Buch) befaßt sich primär mit absoluten Rechten, d. h. mit vollen (Eigentum) oder beschränkten Herrschaftsrechten, die gegenüber jedermann geschützt sind.

c) Ansprüche (Forderungen) und Gestaltungsrechte

Ein Anspruch ist das Recht, von einem anderen ein Tun oder Unterlassen zu verlangen (§ 194 BGB).

Wenn A dem B ein Buch für 100,- DM verkauft hat, so richtet sich sein Kaufpreisanspruch (§ 433) auf die Zahlung dieser 100,- DM. Dies macht ihn jedoch nicht zum Verfügungsberechtigten, der sich den Gegenwert dieser 100,- DM beliebig aus dem Privatvermögen des Käufers holen könnte. Durch diesen Anspruch werden auch die Forderungen anderer Personen gegen den Käufer B nicht berührt. Befürchtet A, daß er wegen in naher Zukunft anstehender großer Zahlungsverpflichtungen des B seinen Anspruch nach einer gewissen Zeit nicht mehr durchsetzen kann, so muß er sich rasch darum bemühen, daß die Gerichte und der Gerichtsvollzieher ihm bei der Durchsetzung des Anspruchs helfen.

Wenn der Vermieter dem Mieter kündigt, so greift er in die Rechtsposition ein, die der Mieter aus dem Mietvertrag herleitet. Eine solche Kündigung ist unter bestimmten Voraussetzungen und, wenn man bestimmte Fristen beachtet, zulässig. Bleibt der Mieter die Bezahlung des Mietzinses schuldig, so kann der Vermieter unter Umständen das Mietverhältnis fristlos kündigen (§ 554). Derartige subjektive Rechte, durch die mit Hilfe einer einseitigen Erklärung bestehende Rechtsbeziehun-

---

[107] Bähr, Grundzüge des bürgerlichen Rechts, 5. Aufl. 1984, S. 25.

gen mit anderen Personen verändert oder aufgehoben werden, nennt man Gestaltungsrechte.

d) Staatlicher Rechtschutz und Selbsthilfe

Wer ein subjektives Recht geltend macht, das der andere nicht beachtet, muß zur Durchsetzung dieses Rechts staatliche Hilfe anrufen. Bürgerlich-rechtliche Rechtsstreitigkeiten werden in der Regel im Zivilprozeß vor den ordentlichen Gerichten ausgetragen. Aus einem rechtskräftigen Urteil kann die Zwangsvollstreckung in das Vermögen des unterlegenen Prozeßgegners betrieben werden.

In Ausnahmefällen ist die **Selbsthilfe** zulässig. Ist z. B. der Schuldner eben dabei, die Flucht ins Ausland zu ergreifen, so darf ihm der Gläubiger den Paß abnehmen, wenn staatliche Hilfe nicht mehr rechtzeitig erreicht werden kann. Nach § 229 BGB ist Selbsthilfe zulässig, wenn die Gefahr besteht, daß die Verwirklichung des Anspruchs vereitelt oder wesentlich erschwert wird und wenn staatliche Hilfe nicht mehr rechtzeitig erreicht werden kann. Ein Sonderfall der Selbsthilfe sind die Notwehr (§ 227 BGB) und der Notstand (§ 228 BGB).

e) Grenzen des Rechtschutzes

Subjektive Rechte werden durch allgemeine Rechtsprinzipien teils erweitert, teils eingeengt. Nach § 226 BGB ist z. B. die Ausübung eines Rechtes dann unzulässig, wenn sie nur den Zweck haben kann, einem anderen Schaden zuzufügen. Eine Grenze des Rechtschutzes ergibt sich aus dem Grundsatz von Treu und Glauben, der aus § 242 BGB entwickelt wurde. § 242 ist allerdings eine Generalklausel. Sie deutet nur die allgemeine Richtung an, in der die Antwort auf eine bestimmte Rechtsfrage gesucht werden muß. Zum Teil werden durch diesen Grundsatz Ansprüche eingeengt, zum Teil werden sie erweitert. Die Unbestimmtheit dieses Begriffs ist in den letzten Jahrzehnten durch Fallgruppen eingeengt worden. Sie spielen insbesondere dann eine Rolle, wenn eine gesetzliche Regelung fehlt und eine Lücke ausgefüllt werden muß.

Der Rechtschutz kann an **zeitliche Grenzen** stoßen. Nach § 195 BGB verjährt ein Anspruch in der Regel nach 30 Jahren. Kürzere Verjährungsfristen regeln § 196 (2 Jahre) und § 197 (4 Jahre). Der Lauf der Verjährungsfrist wird „unterbrochen", wenn der Gläubiger rechtzeitig gerichtliche Schritte zur Feststellung und Durchsetzung seines Anspruchs ergreift (§ 209). Nach der Beendigung der Unterbrechung beginnt die Verjährungsfrist neu zu laufen (§ 217). Unter bestimmten Voraussetzungen (vgl. §§ 202–204 BGB) wird die Verjährung „gehemmt", das heißt der entsprechende Zeitraum wird in die Verjährungsfrist nicht eingerechnet (§ 205 BGB).

Eine **prozessuale Grenze** ist die Verjährung. Der materiellrechtliche Anspruch besteht zwar weiter, kann aber nicht mehr durchgesetzt werden, wenn sich die Gegenpartei im Prozeß auf die Einrede der Verjährung beruft.

Auch Gestaltungsrechte können nicht beliebig lange geltend gemacht werden. So muß z. B. nach § 626 Abs. 2 BGB die fristlose Kündigung eines Arbeitsverhältnisses innerhalb von 2 Wochen nach Bekanntwerden des Kündigungsgrundes ausgesprochen werden. Anders als bei der Verjährung muß sich bei der „Verfristung" oder beim „Ausschluß" eines Gestaltungsrechts der andere Teil nicht auf den Zeitablauf berufen. Das Gestaltungsrecht fällt vielmehr ersatzlos weg.

5. Rechtsobjekte

Rechtsobjekte sind Sachen, das heißt körperliche Gegenstände (§ 90), und Rechte, also Forderungen, Patente, Urheberrechte oder z. B. Nutzungsrechte. Tiere sind keine Sachen. Dies bestimmt § 90a des BGB seit der Novelle von 1990. Auf Tiere werden aber die für Sachen geltenden Vorschriften entsprechend angewendet, soweit nichts anderes gesetzlich bestimmt ist (vgl. z. B. das Tierschutzgesetz).

6. Vertiefung

Auszug aus Wiethölter, Rechtswissenschaft, 1968, S. 182–195

„Jahrelang schon bedien ich mich meiner Nase zum Riechen, hab ich denn wirklich an sie auch ein erweisliches Recht?"

So fragt Schiller spöttisch. Der antwortende Jurist, weicht er nicht in leeres Gerede aus, gerät in arge Bedrängnis. Natürlich darf ich riechen, natürlich kann ich gegen jeden etwas unternehmen, der mir die Nase zuhält. Jenseits solcher Banalitäten hört das ‚Natürliche' auf. Ist ein *Recht* verletzt, wenn mich jemand mit Schnupfen ansteckt? Welches Recht? Recht an der Nase oder Recht der Nase, Recht auf Gesundheit oder Gesundheit als Recht, Recht am Körper oder Körper als Recht, Recht an der Persönlichkeit oder Persönlichkeitsrecht? Ist hier *mein* Recht verletzt oder *das* Recht? Wie sind beide vorstellbar? Oder bin lediglich *ich* verletzt? Und ist Recht oder bin ich überhaupt *verletzt*? Ist der Schnupfen eine Verletzung? Gehört dazu, daß der andere meinen Schnupfen gewollt hat (vorsätzliches Handeln)? Oder reicht es aus, daß er den Schnupfen hätte verhindern können und müssen (fahrlässige Handlung)? Muß also, wer selbst den Schnupfen hat, in seinen vier Wänden hocken bleiben, um sich nicht schadensersatzpflichtig zu machen? Erhält er dann weiterhin seinen vollen Arbeitslohn? Ich kaufe ein Oberhemd. Zu Hause merke ich, daß es zwei linke Ärmel hat. Ein Ärmel ist falsch eingesetzt. Ich will ein anderes Hemd, vielleicht will ich auch nur mein Geld zurück, weil ich dasselbe Hemd anderswo billiger gesehen habe. Der Verkäufer will beides nicht, er will das Hemd der Herstellerin einschicken. Wessen ‚Wille' setzt sich hier durch? Wieso kommt es auf den *Willen* an? Habe ich ein ‚Umtauschrecht' oder ein ‚Rücktauschrecht' oder nur ein ‚Ausbesserungsrecht'?

Alle diese Fragen zielen auf Zentralprobleme des bürgerlichen Vermögensrechts: Wie ist das Leistungen und Versorgungen der in Gemeinschaft lebenden Menschen ermöglichende ‚System der Bedürfnisse' (Hegel) rechtlich organisiert? Im Modellprinzip: individualistisch!

Unser Rechtssystem beruht – als Modell – auf der Entfaltung aller und nur der Individuen. Die beiden engverbundenen Schlüsselstichworte des bürgerlichen Vermögensrechts sind deshalb: Persönlichkeit und Privatautonomie, mithin rechtliche Selbstbestimmung. Diese Selbstbestimmung stützt sich rechtstechnisch auf das sog. subjektive Recht und das sog. Rechtsgeschäft. Um ihre Funktionen zu erläutern, muß ich wiederum ausholen.

Im Bonner Grundgesetz finden sich in den ersten Artikeln auffällig unterschiedliche Formulierungen. „Die *Würde* des *Menschen* ist unantastbar" (Art. 1 Abs. I). „*Jeder* hat das Recht auf die freie Entfaltung *seiner Persönlichkeit*" (Art. 2 Abs. I). „*Jeder* hat das Recht auf Leben und körperliche Unversehrtheit" (Art. 2 Abs. II S. 1). „Die Freiheit der *Person* ist unverletzlich" (Art. 2 Abs. 2 S. 2). „Pflege und Erziehung der

Kinder sind das *natürliche Recht* der Eltern und die zuvörderst ihnen obliegende *Pflicht*. Über ihre Betätigung wacht die staatliche Gemeinschaft" (Art. 6 Abs. 2). „Jede Mutter hat *Anspruch* auf den Schutz und die Fürsorge der Gemeinschaft" (Art. 6 Abs. 4). „*Alle Deutschen* haben das Recht, Beruf, Arbeitsplatz und Ausbildungsstätte frei zu wählen" (Art. 12 Abs. 1 S. 1). „Das Eigentum und das Erbrecht werden *gewährleistet*" ... „Eigentum *verpflichtet*. Sein Gebrauch *soll* zugleich dem Wohle der Allgemeinheit dienen" (Art. 14 Abs. 1 S. 1 u. Abs. 2).

Warum spricht das Grundgesetz nicht von Recht auf Menschenwürde wie von Recht auf Persönlichkeitsentfaltung? Warum ist nicht der *Mensch* unantastbar statt der Würde? Ist Persönlichkeit etwas, das ich habe oder etwas, das ich bin? Bedeutet vielleicht die Formulierung ‚mein Vater' rechtlich etwas anderes als ‚meine Frau'? Was ist hier *mein*? Ist ‚jeder' etwas anderes als ‚jeder Mensch' oder ‚jedermann' (letzterer z. B. in Art. 9 Abs. 3 und in Art. 17 GG)? Wenn ja, hat auch eine Aktiengesellschaft Recht auf Entfaltung *ihrer Persönlichkeit*? Was unterscheidet Persönlichkeit – außer vom Menschen vor allem – von der Person (alles in Art. 2)? Ist das ‚natürliche Recht' (Art. 6) mehr oder weniger als ein ‚Recht'? Bezieht sich ‚ihre Betätigung' in Art. 6 auf die Erziehung oder auf Recht und Pflicht der Erziehung (ist das überhaupt ein Unterschied)? Warum haben Mütter *Ansprüche* und nicht Rechte? Heißt Recht, daß ich etwas fordern *kann* oder fordern *darf*? Heißt Recht, daß mir etwas geschieht, oder nur, daß mir etwas nicht geschieht? Ist also Recht auf Leben positiv, daß *man* mich *leben läßt*, also mein Leben gewährleistet, oder negativ, daß man *mich leben läßt*, also mich nicht tötet? Wird etwa in dieser positiven Form Eigentum gewährleistet (Art. 14), Leben und Gesundheit (Art. 2) dagegen nicht? Oder ist umgekehrt Eigentum auch ‚nur' Recht auf Eigentum? Was ist Eigentum? Mein Gehaltsanspruch, meine Arbeitskraft? Und wie ist es gemeint, daß *Eigentum* verpflichtet? Wohl kaum als Pflicht z. B. eines Autos. Als Pflicht des Autoeigentümers wohl unmittelbar auch nicht, sonst hieße es wohl (ähnlich wie in Art. 6 GG) anders. ‚Sein Gebrauch' (in Art. 14) gibt wohl am ehesten Aufschlüsse: gemeint sein kann nur Eigentum als ‚Recht', das zugleich verpflichtet, nämlich den Eigentümer. Und wem gegenüber? Und was heißt überhaupt ‚sein Gebrauch *soll* zugleich ... dienen'? *Muß* er oder *kann* er (also kategorisch oder hypothetisch)?

Ich breche die sicher verwirrenden Fragen ab. Sie sind indessen von kaum zu überschätzender praktischer Bedeutung für die Rechtsordnung und ihr Verständnis.

Rechtsverständnis, das von einer vorgegebenen vernünftigen Einheit von ‚Recht' und ‚Sittlichkeit' ausgeht, kennt nur die ebenfalls unscheidbare Einheit von ‚Rechten' und ‚Pflichten' im Sinne von Normen des Sollens, die auf Verwirklichung allgemein verbindlicher Werte zielen. Die Rechtsordnung läßt sich in solchen Systemen als primär von ‚Pflichten' her orientiert begreifen, als *Gebote* und *Verbote*. Die berühmten obersten Rechtsgebote *Ulpians* waren: honeste vivere, neminem laedere, suum cuique tribuere. Der ‚Mensch im Recht' ist hier nicht ‚Rechtsperson', die umfassende Rechtsansprüche zu stellen befugt ist, sondern Mensch in spezifischen Sozialordnungen, die höchst unterschiedlich von ‚Recht' betroffen werden. Er ist Mensch in Ständen, Klassen, Mensch mit und im *status* (klassisch: status libertatis, status familiae, status civitatis). Je nach Stand teilt ihm Recht ‚das Seine' zu.

Grundlegend ändert sich dieses Rechtsverständnis mit dem Natur- und Vernunftrecht insbesondere des 17. und 18. Jahrhunderts. Sein durch und durch *individualistisches Weltbild* rückt den *Menschen als Menschen* – vor aller Gemeinschaftsbildung, also auch vor allem durchsetzbaren Recht – in den Mittelpunkt der Rechtsordnung, geht freilich zunächst aber noch immer ausschließlich von ‚natürlichen'

Pflichten aus: Pflichten gegen Gott, Pflichten gegen sich selbst, Pflichten gegen andere Menschen (so *S. Pufendorf*). Diese natur- und vernunftrechtlichen Systeme lassen ebenso umfassende wie umfangreiche Pflichtenkataloge im Recht erblühen, dabei in aller Regel mit der Einteilung in ‚angeborenes' und ‚erworbenes' Recht mit den entsprechenden Pflichten. Dabei gilt als angeborenes Recht alles, was schon von und durch Geburt und ganz unabhängig von der Willensbeteiligung anderer Menschen den Menschen im Unterschied von der Tierwelt und der unbelebten Natur auszeichnet, während erworbenes Recht auf Kontakten mitmenschlicher Gesellschaftlichkeit beruht (grundlegend: *Ch. Thomasius*). Den Höhepunkt erreicht die entfaltete Systemkunst in *Christian Wolff*. Er zieht die Folgerungen aus der schon von Thomasius geschaffenen Spaltung von Pflichten und Rechten, genauer: von ‚äußerer' Pflicht = Recht und ‚innerer' Pflicht = Sittlichkeit, indem er die Rechtsordnung auf der Grundlage von *Rechten* statt von Pflichten systematisiert, denen jeweils äußere, nämlich Rechtspflichten, entsprechen. Wolff kennt unglaublich viele, zum Teil höchst wunderliche ‚natürliche' Rechte (also Menschenrechte im unpolitischen Sinne), wie etwa ein *Recht auf Glück*. Gegen diese uns heute wunderlich erscheinenden Rechtskonstruktionen wendet sich übrigens Schillers Spottvers.

Wir sehen: In einer ‚natürlichen', von irgendeiner Rechtsverbindlichkeit völlig freien Weise lassen sich aus individualistischer ‚Vernünftigkeit' und Spekulation über das ‚Menschenwesen' *Rechte* nach Belieben aufstellen. Sie sind *Betrachtungen über den Menschen*. In einer solchen Tradition spekulativ-unverbindlicher Konstruktion stehen noch heute etwa Vorstellungen von einem Recht auf Heimat, einem Recht auf Bildung, einem Recht auf Existenz usw.. Diese natur- und vernunftrechtliche Herkunft ist auch vielen ‚Grundrechten' anzumerken. Es sind insoweit *Menschenrechte* eines zunächst ganz unpolitischen Bekenntnisses zugunsten der schlichten gleichen Menschlichkeit von allem und für alles, was ‚Menschenantlitz' trägt. Es beherrscht also insoweit das Aufklärungsrechtsdenken des 17. und 18. Jahrhunderts den Geist des Grundgesetzes, nicht etwa *christliches Menschenrecht* (die christliche Gesellschaft kannte ‚Herren' und ‚Sklaven').

Jene unveräußerlichen, unverlierbaren Menschenrechte waren keineswegs ‚Rechte' in der ‚positiven', also in der *bürgerlichen Rechtsordnung*. Die Spaltung von ‚ungeselligen' Natur- und Vernunftzuständen und kraft des bürgerlichen Gesellschaftvertrages vergesellschafteten politischen Zuständen, also der Doppelstatus des *Menschen und Bürgers* macht gerade den Kern der ‚aufgeklärten' Rechts- und Staatsordnungen aus, gleich ob sie als absolutistische Monarchien existieren oder sich als absolute volkssouveräne Demokratien erst noch im Entwurfsstadium befinden. Der Mensch mit allen seinen ‚natürlichen' Menschenrechten kann folglich als Bürger weitgehend ohne bürgerliche Rechte sein. Als Mensch ist er frei wie jeder Mensch, aber das ist nicht positives Recht; als Bürger kann er unfrei sein, weil er in die ständische Gliederung der Gesellschaft eingeordnet ist, vor der ihn seine natürlichen Rechte nicht bewahren. Die Gleichsetzung von Menschen- *und* Bürgerrechten, zunächst nur in der politischen Theorie (bahnbrechend: J. J. Rousseau), entworfen, wird ‚Ereignis' in der französischen Revolution, in den Verfassungen Frankreichs und der Vereinigten Staaten von Nordamerika (ich komme im Kapitel über die Grundrechte darauf zurück). Hier werden natürliche Rechte und politische Rechte weitgehend identifiziert, freilich nicht im Sinne von ‚schuldrechtlichen Ansprüchen', sondern von Anteilshabe und Beteiligung am gesamten Geschehen in der politischen Gesellschaft. Dies ist der zweite Traditionsstrom, der schließlich in das Bonner Grundgesetz geflossen ist. Unsere Grundrechte sind danach Menschen- *und*

Bürgerrechte, sind *Rechte auf Teilhabe und Teilnahme* am politischen Gemeinwesen um aller Menschen willen, die sich zur politischen Gesellschaft zusammen ‚verfassen'. Daß wir heute so außerordentliche Schwierigkeiten mit solcher Sicht der Grundrechte haben, liegt in der deutschen Staats- und Rechtsentwicklung des 19. Jahrhunderts begründet. In Deutschland ist es eben nicht zu einer Identifizierung von Menschen- und Bürgerpositionen gekommen wie in der französischen und in der amerikanischen Revolution.

Die Spaltung von Naturzustand (status naturalis) ohne positiv verbindliches Recht und Gesellschaftszustand (status moralis) ohne Naturrecht erreichte in der Gesetzgebungsgeschichte ihren Höhepunkt mit dem *Allgemeinen Landrecht für die preußischen Staaten von 1794.* Dieses Landrecht war die umfassende Kodifikation für den absolutistischen Ständestaat auf der Grundlage allgemeiner natürlicher Menschenrechte. In Preußen wird damit der geistlich, sittlich und geistig freie Mensch zugleich unfreier, unpolitischer Untertan. Er kann denken, was er will, aber er hat zu gehorchen (so *Svarez* im Anschluß an *Kant*). Der Mensch lebt im aufgeklärten preußischen Absolutismus kraft des Allgemeinen Landrechts höchst unterschiedlich als Mensch, Einwohner, Staatsmitglied, Untertan, Person und Staatsbürger.

Die §§ 82–85 der Einleitung des Allgemeinen Landrechts ALR geben einen Eindruck von der Rechtsquellenhierarchie.

§ 82: „Die Rechte des Menschen entstehen durch seine Geburt, durch seinen Stand und durch Handlungen und Begebenheiten, mit welchen die Gesetze eine bestimmte Wirkung verbunden haben."

§ 83: „Die allgemeinen Rechte des Menschen gründen sich auf die natürliche Freiheit, sein eigenes Wohl, ohne Kränkung der Rechte eines Andern, suchen und befördern zu können."

§ 84: „Die besondern Rechte und Pflichten der Mitglieder des Staats beruhen auf dem persönlichen Verhältnisse, in welchem ein Jeder gegen den Andern und gegen den Staat selbst sich befindet."

§ 85: „Rechte und Pflichten, welche aus Handlungen und Begebenheiten entspringen, werden Allen durch die Gesetze bestimmt."

Über das korrespondierende Verhältnis von Rechten und Pflichten informieren folgende Bestimmungen:

§ 88: „Soweit jemand ein Recht hat, ist er dasselbe in den gesetzmäßigen Schranken auszuüben befugt."

§ 89: „Wem die Gesetze ein Recht geben, dem bewilligen sie auch die Mittel, ohne welche dasselbe nicht ausgeübt werden kann."

§ 90: „Wer ein Recht hat, ist zu allen Vorteilen, die er sich durch dessen gesetzmäßigen Gebrauch verschaffen kann, wohlbefugt."

§ 92: „Aus dem Rechte des Einen folgt die Pflicht des Andern, zur Leistung oder Duldung dessen, was die Ausübung des Rechts erfordert."

Das preußische ALR war ein im Geiste des Vernunftrechts und zugleich weitgehend auch *Kants* errichtetes Gesetzbuch, vor allem in der Korrespondenz von Rechten und Pflichten als der streng individualistischen Grundlage menschlicher Beziehungen in den Rechtsordnungen der jeweiligen Stände. Die Summe der Teilgemeinschaften und Stände ist die ‚*bürgerliche Gesellschaft*'. Über die Position des Menschen in dieser bürgerlichen Gesellschaft sagt § 1 des ersten Titels im ersten Teil des

ALR: „Der Mensch wird, insofern er gewisse Rechte in der bürgerlichen Gesellschaft genießt, eine Person genannt."

Mit dem ALR wird in Deutschland erstmalig gesetzlich präzise der Rechtsbegriff *Person* verwertet i. S. von *Rechtsfähigkeit*. Der Mensch wird hier nicht mehr von Pflichten her verstanden, von seinem Status, sondern als ‚Träger' von Rechten und Pflichten. Freilich ist dies keine umfassende allgemeine Rechtsfähigkeit – dazu kommt es erst nach 1807 im Anschluß an die preußischen Reformen –, aber der Mensch ist Rechtsperson geworden, nachdem er schon vorher sittlich autonomes Wesen geworden war. Person als Rechtssubjekt i. S. des preußischen ALR ist also der vernunftbegabte, sittlich freie Mensch. Der Beginn solcher Rechtsfähigkeit des Menschen war in der Tat eine bahnbrechende Leistung. Heute ist für uns die Rechtsfähigkeit aller Menschen so selbstverständlich, daß im Bürgerlichen Gesetzbuch (BGB) nur noch gesagt wird, wann sie beginnt (nämlich nach § 1 „mit der Vollendung der Geburt"; strafrechtlich beginnt das *rechtliche* Dasein des Menschen schon früher, nämlich „in der Geburt", § 217 StGB). Der Begriff ‚Person' ist bis heute etymologisch ungeklärt. Die frühere Vorstellung, er leite sich her von *personare* (zu persona als Schauspielermaske, durch die hindurch eine Stimme töne), trifft wohl nicht zu. Die mittelalterliche scholastische Theologie hat den Ausdruck *Persona* durchgesetzt für die jeweils besondere Wesenheit der Trinität von Gott als Vater, Sohn und heiligem Geist. Person, bezogen auf die persona als Maske, deutet also auf eine spezifische *Rollenfunktion* des Menschen, also z. B. im Recht. Vor dem ALR ist Person rechtlich unspezifisch als Bezeichnung benutzt worden in der Kanonistik und im Naturrecht (persona moralis als ‚willensfähige' Einheit konnte auch eine Körperschaft, eine Stiftung, ein Verein sein, die wir heute *juristische Person* nennen im Unterschied zur ‚natürlichen' Person, obwohl korrekt die natürliche Person als Person des Rechts gerade juristische Person ist, während die sog. juristische Person ausschließlich *fiktive* Person ist; im französischen Rechtssprachgebrauch heißt die juristische Person noch heute personne morale). Person als ‚Mensch im Recht' ist die moderne Form des aristotelischen zoon politikon, des erst in der polis-Gemeinschaft wirklich ‚Mensch' werdenden Lebewesens.

Die philosophisch eindeutige Verschmelzung von Person, Recht und Freiheit, die dann das moderne Recht beherrscht, verdanken wir wiederum *I. Kant*. Seine Vernunftgrundprinzipien der Gesetzgebung – Freiheit des Menschen, Gleichheit des Untertans, Selbständigkeit des Bürgers – habe ich schon früher erwähnt. Freiheit des Willens ist für Kant die sittliche Autonomie, d. h. „die Eigenschaft des Willens, sich selbst Gesetz zu sein". „Handle so, daß du die Menschheit, sowohl in deiner Person, als in der Person eines jeden andern, jederzeit zugleich als Zweck, niemals bloß als Mittel brauchest." „Das aber, was die Bedingung ausmacht, unter der allein etwas Zweck an sich selbst sein kann, hat nicht bloß einen relativen Wert, d. i. einen Preis, sondern einen inneren Wert, d. i. Würde. Nun ist Moralität die Bedingung, unter der allein ein vernünftiges Wesen Zweck an sich selbst sein kann; weil nur durch sie es möglich ist, ein gesetzgebendes Glied im Reiche der Zwecke zu sein. Also ist Sittlichkeit und die Menschheit, so fern sie derselben fähig ist, dasjenige, was allein Würde hat ... Die Gesetzgebung selbst aber, die allein Wert bestimmt, muß eben darum eine Würde, d. i. unbedingten, unvergleichbaren Wert haben, für welchen das Wort Achtung allein den geziemenden Ausdruck der Schätzung abgibt, die ein vernünftiges Wesen über sie anzustellen hat. Autonomie ist also der Grund der Würde der menschlichen und jeder vernünftigen Natur."
Freiheit (als ‚inneres Mein und Dein') ist für Kant das „einzige, ursprüngliche, jedem Menschen, kraft seiner Menschheit zustehende Recht". Alle anderen Rechte

(als ‚äußeres Mein und Dein'), soweit sie nicht – wie z. B. die Gleichheit – schon im Freiheitsprinzip liegen, beruhen auf ‚rechtlichen Akten'. Dabei sind sämtliche Rechte zu verstehen als ‚moralische Vermögen, andere zu verpflichten'. „Alle Pflichten sind entweder Rechtspflichten, d. i. solche, für welche eine äußere Gesetzgebung möglich ist, oder Tugendpflichten, für welche eine solche nicht möglich ist" (weil sie auf einen ‚Zweck' gehen, der zugleich ‚Pflicht' ist!). *Kant* zur Frage, warum die gesamte Sittenlehre (Moral) auf *Pflichten*, nicht dagegen auf die korrespondierenden Rechte gegründet werde: „Wir kennen unsere eigene Freiheit (von der alle moralische Gesetze, mithin auch alle Rechte sowohl als Pflichten ausgehen) nur durch den moralischen Imperativ, welcher ein pflichtgebietender Satz ist, aus welchem nachher das Vermögen, andere zu verpflichten, d. i. der Begriff des Rechts, entwickelt werden kann."

Das *Privatrecht* (Kant unterscheidet zunächst: ‚Naturrecht' [= systematische Rechtslehre aus Prinzipien a priori] und ‚positives [statutarisches] Recht' [= Wille eines Gesetzgebers]; das von Kant dann allein behandelte Naturrecht gliedert er in ‚natürliches Recht' [= Privatrecht, in ihm ist immer nur provisorisches Recht möglich] und ‚bürgerliches Recht' [= ‚öffentliches Recht', das durch Gesetze das ‚Mein und Dein' sichert; nur in ihm ist peremptorisches Recht möglich]) teilt Kant wie folgt ein:
1. Äußeres rechtliches ‚Mein' ist alles, dessen Gebrauch (Ausübung von ‚*Willkür*' als ‚Macht' [potential]) durch andere widerrechtliche Verletzung wäre; die subjektive Bedingung dafür ist der *Besitz*.
2. Äußere Gegenstände solcher Willkür (= Besitz) können nur sein:

a) „eine (körperliche) Sache außer mir"; hier besitzt der Mensch den Gegenstand selbst: *Sachenrecht* (= „Recht in einer Sache"), das Beziehungen von Personen zu Personen, nicht aber von Personen zu Sachen meint (letzteres nur als ‚Bild' des rechtlichen Verhältnisses zulässig!); ein Besitz der ‚Substanz nach' (= *alle* Rechte in dieser Sache) ist *Eigentum*; der Eigentümer kann nach Belieben verfügen; „aber hieraus folgt von selbst, daß ein solcher Gegenstand nur eine körperliche Sache (gegen die man keine Verbindlichkeit hat) sein könne, daher ein Mensch sein eigener Herr (sui iuris), aber nicht Eigentümer von sich selbst (sui dominus) (über sich nach Belieben disponieren zu können) geschweige denn von anderen Menschen sein kann, weil er der Menschheit in seiner eigenen Person verantwortlich ist".

b) „Die Willkür eines anderen zu einer bestimmten Tat"; hier besitzt der Mensch das *kontraktliche Verprechen* des anderen: *Persönliches Recht* (= Vermögen, einen anderen nach „Freiheitsgesetzen zu einer bestimmten Tat zu bestimmen"); keine ‚Übertragung' ohne ‚*Vertrag*' (= „Akt der vereinigten Willkür zweier Personen"); für Sachen ist ‚Übergabe' nötig (wodurch persönliches zu *dinglichem Recht* wird).

c) „Der Zustand eines Andern im Verhältnis auf mich"; hier besitzt der Mensch durch ‚bloßen Willen' z. B. *sein* Weib oder *sein* Kind, *sein* Gesinde: *auf dingliche* Art *persönliches Recht* (= „Recht des Besitzes eines äußeren Gegenstandes als einer Sache und des Gebrauchs desselben als einer Person", oder: „Recht des Menschen, eine Person außer sich als das Seine zu haben"); hier ist „kein Recht in einer Sache, auch nicht ein bloßes Recht gegen eine Person" betroffen, sondern „ein über alles Sachen- und persönliche hinausliegendes Recht, nämlich das Recht der Menschlichkeit in unserer eigenen Person". (Kant meint damit – an anderer Stelle spricht er vom „Recht der Menschheit an seiner eigenen Person" – das objektive Verhältnis des ‚Gesetzes' zur ‚Pflicht', also die vollkommene Rechtspflicht gegen sich selbst; ‚Menschheit' ist der Mensch als von physischen Bedingungen unabhängige Persön-

III. Die Systematik des bürgerlichen Rechts   97

lichkeit [homo noumenon]). Ehe ist dann die „Verbindung zweier Personen verschiedenen Geschlechts zum lebenswierigen wechselseitigen Besitz ihrer Geschlechtseigenschaften". Mit dieser – bis heute gern und häufig verspotteten – Definition will Kant erreichen, daß der Mensch, der sich im Geschlechtsgenuß selbst zur Sache macht und damit das „Recht der Menschheit an seiner eigenen Person" verletzt, die Pflichtverletzung vermeidet. Die Ehe ist also „nach Rechtsgesetzen der reinen Vernunft" *notwendig* und zugleich notwendig *monogam*. (Nach Kant besteht mithin in der Tat ein Unterschied zwischen ‚mein Vater' [= lediglich physisches Verknüpfungsverhältnis i. S. von ‚ich habe einen Vater'] und ‚meine Frau [= rechtliches Besitzverhältnis]).

3. Aus der reinen Vernunft folgt übrigens auch, daß Selbstmord unzulässig ist. „Das Subjekt der Sittlichkeit in seiner eigenen Person zernichten, ist eben so viel, als die Sittlichkeit selbst ihrer Existenz nach, so viel an ihm ist, aus der Welt vertilgen, welche doch Zweck an sich selbst ist; mithin über sich als bloßes Mittel zu ihm beliebigen Zweck zu disponieren, heißt die Menschheit in seiner Person (homo noumenon) abwürdigen, der doch der Mensch (homo phaenomenon) zur Erhaltung anvertrauet war."

4. Für *Kant* ist der *Mensch* in seinen Pflichten gegen andere *Personen*, in seinen Pflichten gegen sich selbst *Persönlichkeit* (‚Menschheit'), deren Sittlichkeit die *Würde des Menschen* ausmacht, für welche *Autonomie* den Grund bildet.

Diese philosophische Konzeption hat Eingang in das Bonner Grundgesetz gefunden und zugleich die Grundlagen für das umstrittene ‚allgemeine Persönlichkeitsrecht' abgegeben.

Die Menschenwürde in Art. 1 GG wird geradezu als Umschreibung eines allgemeinen Persönlichkeitsrechts gedeutet, sogar – sicher zu Unrecht – als Naturrecht verstanden (als ob der Umstand, daß auch ohne Art. 1 GG der Mensch und seine ‚Würde' selbstverständlich der oberste ‚Rechtswert' wäre, Beweis für Naturrecht sein könnte!).

Wie man sich ein solches allgemeines Persönlichkeitsrecht vorzustellen hat, ist bis heute ungeklärt. Als Recht der Persönlichkeit, an Persönlichkeit, auf Persönlichkeit, aus Persönlichkeit? Unklar ist schon, wie als ‚Rechtsbegriff' Mensch, Person, Persönlichkeit zu sehen sind. Meist wird *Person* mit Rechtsfähigkeit identifiziert – damit wird Person als Rechtsbegriff überflüssig! – und *Persönlichkeit* als ‚Fortentwicklung' der Person, als „eine durch schöpferische Selbstentfaltung erreichte eigentümliche Verwirklichung des Menschenbildes" *(H. Hubmann)*. Dieses Verständnis ist wesentlich *urheberrechtlich* geprägt, wie überhaupt das neue Urheberrechtsgesetz von 1965 ein juristisches Hohelied der *Urheberpersönlichkeit* („Urheber ist der Schöpfer des Werkes", so § 7 UrhG) geworden ist. Dabei ist historisch das Urheberrecht (also der Schutz der geistig-schöpferischen Leistung) außer auf die Persönlichkeit und ihr Recht auch auf das Eigentum und sein Recht gestützt worden, wie überhaupt entwicklungsgeschichtlich Eigentum und Persönlichkeit ebenso eng verbunden zu sehen sind wie Persönlichkeit und Geist. Müßte deshalb nicht ähnlich der Urheberpersönlichkeit die Unternehmerpersönlichkeit, die Arbeiterpersönlichkeit, die Eigentümerpersönlichkeit ebenfalls herausragenden Rechtsschutz finden (die Erfinderpersönlichkeit findet ihn, wenn auch heute mit sehr umstrittenen Grenzen)? Wir sehen sofort: Hier ist mehr als nur der Mensch und die Person im Recht betroffen. Hier hat eine spezifische sozial-kulturelle Sondereinschätzung spezifischer Menschen, nämlich die des geistig-schöpferischen ‚deutschen Dichters und Denkers', bleibende – auch ökonomisch-politische – Auswirkungen gezeitigt. Der Künstler ‚oberhalb' des Technikers, der Wissenschaftler ‚oberhalb' des Praktikers: Diese Gesellschaft hat ein Persönlichkeitsbild geprägt, das dem Grundgesetz heute zu Unrecht unterlegt wird. Die Grenzen des ‚individualistischen' Rechtsschutzes, der ganz sicher das *private* Leben aller Menschen streng sichern sollte, sind deshalb heute nur dann korrekt zu ermitteln, wenn diese falsche – ausschließlich geistig-philosophisch orientierte – Sicht der *Persönlichkeit* korrigiert wird. In dieser sozialen Dimension des Persönlichkeitsschutzes zeigen sich folglich auch die politischen Implikationen des Grundrechtsverständnisses. Darüber später mehr.

Fallen die rein geistigen Orientierungen des Persönlichkeitsbegriffes, dann stellt sich auch für den Begriff ‚Persönlichkeit' selbstverständlich die Frage nach seiner Existenzberechtigung. Reichen nicht Mensch und Bürger aus? Von ihnen haben die ‚natürlichen' und ‚politischen' Rechte ihren Ausgang genommen, ohne in Deutschland je Eingang gefunden zu haben. Ist aber die Zeit dafür nicht längst erfüllt? Die Vorstellung etwa, der Mensch als Rechtsmensch und der Mensch als Geschöpf Gottes, der Mensch als Glied von Gemeinschaften und der Mensch als er selbst, müßten auch terminologisch getrennt werden, würde mich nicht zu überzeugen vermögen. Diese Vorstellung löst sich nicht aus der historischen Befangenheit. Der Mensch als ‚unsterbliche Seele' und der Mensch als Bürger der Bundesrepublik sind keine Fragen der Terminologie, sondern der Anthropologie. Sicher ist der Mensch ein um seiner selbst willen existierendes und schon darin wertvolles Wesen, aber er ist zugleich ohne Verbundenheit mit anderen Menschen nicht mehr Mensch und also auch nur in Gemeinschaft wertvolles Wesen. Und ‚Unmenschlichkeit' ist es gerade, gegen die sich besonders Art. 1 und 2 des Grundgesetzes von der Würde und der Entfaltung des Menschen wenden. Um des Menschen willen, um aller Menschen in der Bundesrepublik z. B. willen müssen wir folglich auch hier das philosophische Denken durch im weitesten Sinne ‚politisches' Handeln ablösen.

Hält man sich an vordergründige Erscheinungen, so ist die philosophische Orientierung des Rechtsbegriffes schon längst, nämlich von *Savigny* zerstört worden.

Savigny, der schroffe Gegner des Naturrechts, war nicht Philosoph. Ihn beherrscht zwar die Philosophie des deutschen Idealismus, auch ohne daß er im einzelnen darüber Rechenschaft gibt. *Kants* Vorstellung von der Rechtfertigung allen Rechts aus der sittlichen Freiheit jedes einzelnen Menschen trafen seine eigenen Vorstellungen. Für *Savigny* fallen Mensch, Person, Rechtssubjekt in der allgemeinen Rechtsfähigkeit zusammen. „Jeder Mensch und nur der einzelne Mensch ist rechtsfähig." Von diesem Ansatz her lehnte er z.B. die Rechtsfähigkeit juristischer Personen ab – er akzeptierte sie als reine Fiktivpersonen –, wie sein individualistischer Geist ohnehin gegen intermediäre Gruppierungen eingestellt war. Über *Kant* hinaus spaltet *Savigny* Recht und Sittlichkeit. Recht diene Sittlichkeit, aber nicht indem es ihre Gebote vollziehe, sondern diese *Erfüllung ermögliche*. *Savignys* Auffassung hat sich durchgesetzt. Folglich konnte von ihm erstmals ein systematisches Rechtsgebäude *aus Rechten*, nicht aus Pflichten errichtet werden. Da für ihn Recht kein Dasein für sich hatte, sondern das Leben des Menschen darstellte, von einer besonderen Seite gesehen, mußte sich dem ‚organischen' Denker alles Recht als organische Beziehungen von Menschen zu Menschen erweisen. Dafür prägt Savigny den Begriff des *Rechtsverhältnisses* als eines Gebietes „unabhängiger Herrschaft des individuellen Willens" (über den Rechtsverhältnissen thronen dann die Rechtsinstitute). Die einzelnen Freiheitszonen in den Rechtsverhältnissen markieren die *subjektiven Rechte*, die Rechte ‚im subjektiven Sinne'. Das subjektive Recht als ‚Willensmacht' ist seither *der Eckpfeiler* des bürgerlichen Rechtssystems. Die auf diese

Weise rechtlich geregelten Freiheitssphären des Menschen – die rechtliche Verwandtschaft mit dem kategorischen Imperativ ist deutlich – werden Grundlage der privatrechtlichen Autonomie, die durch Herrschaft von Rechtssubjekten über Rechtsobjekte – Gegenstände (Sachenrecht, Eigentum) und andere Personen (Schuldrecht, Obligation) – gekennzeichnet ist und in Willenserklärungen und Rechtsgeschäften ausgeübt wird. Diese Grundlagen sind der Gegenstand der deutschen dogmatischen Rechtswissenschaft im 19. Jahrhundert, die ihr eine führende Position eintragen und die schließlich ins BGB eingehen. Grundlage dieser Grundlagen ist das doppelte Mißverständnis Savignys der beiden führenden Philosophen seiner Zeit, Kants und Hegels. Denn von der *Willensmacht* als Zentrum des Privatrechts war die *Macht* an *Kant* orientiert, der *Wille* an *Hegel*. Indessen war *Kants* Machtbegriff bezogen auf die *Pflicht* und *Hegels* Willensbegriff bezogen auf die *Idee* der Freiheit (Recht ist „Dasein des absoluten Begriffs, der selbstbewußten Freiheit"). Kants ‚Macht' ohne Kants Sittenlehre und Hegels ‚Wille' ohne Hegels Geschichtsphilosophie blieben für eine von rigoristischer Sittlichkeit ebenso wie von spekulativer Philosophie gleichermaßen freie Rechtswissenschaft schlicht Fremdkörper. Das subjektive Recht als Willensmacht konnte sich folglich nur in einer geschichtlichen Periode entfalten und erhalten, die dem Konzept im Grunde nichts zumutete. Das eben war der *bürgerliche Liberalismus*. Denn in ihm wird Bürgerliches Recht zum Recht des legitimen privaten, individualistischen Egoismus. Savignys privates *Herrschaftsrecht* hat Recht endgültig *formalisiert*, indem es ihm die sittliche Substanz entzog. Seine Gliederung des subjektiven Rechts im einzelnen mag hier dahinstehen. Wichtig für die weitere Entwicklung ist es zu wissen, daß er sich ein System rechtlicher Herrschaftsmacht gleichsam in konzentrischen Kreisen von Rechtsobjekten dachte, mit dem Menschen als Rechtssubjekt in der Mitte. Dabei bleibt ein innerer Kreis von ‚Urrechten', die nicht subjektive Rechte sind: ‚Herrschaft' über die eigene Person, das eigene Leben. Savigny lehnte hier *Rechte* ab, vor allem aus Sorge vor der Konsequenz, ein Recht auf Selbstmord einräumen zu müssen. Auch insoweit hat er wohl Kant wie Hegel mißverstanden. In Wahrheit sind also seine persönlichen ‚Urrechte' *Nichtrechte*, sie markieren eine *rechtsfreie Zone*. *Savignys* Sicht hat sich indessen durchgesetzt. Auf sie geht es zurück, daß bis heute die Anerkennung eines allgemeinen Persönlichkeitsrechts so umstritten geblieben ist. Vom rechtsfreien inneren Bereich abgesehen, erstrecken sich bei Savigny die subjektiven Rechte über einen Zwischenbereich des Familienrechts, der Rechte und ‚Nichtrechte' vereinigt (deshalb ist ebenfalls bis heute umstritten, wie etwa im Eherecht deliktsrechtlicher Schutz gewährleistet werden kann!) bis zum Obligationen-, Sachen- und Erbrecht, in denen volle Herrschaft über Sachen (Eigentumsverhältnis) oder über ‚Handlungen' anderer Personen (Schuldverhältnis) statuiert wird.

Die *Willensherrschaft* als von den philosophischen Voraussetzungen gelöste reale Chance der Beherrschung anderer führte zwangsläufig um so stärker in Krisen, je weniger ihre politische Existenzbedingung im Liberalismus krisenfrei blieb:

1. Mit dem Zusammenbruch des Idealismus und dem Übergang in den ‚Naturalismus' in der 2. Hälfte des 19. Jhdts. geriet der Willensbegriff ins Schwimmen: ein Geisteskranker oder ein Baby wurden nicht mehr als willensfähig angesehen, waren aber gleichwohl rechtsfähig; die Rechtsfähigkeit als Rechtssubjektivität konnte folglich nicht mehr mit Willensmacht verbunden bleiben; das subjektive Recht mußte sich verändern oder absterben.

2. Das von aller ‚Pflichtigkeit' gelöste Herrschaftsdenken wurde in den Stürmen der Industrialisierung und Demokratisierung immer stärker als haltlose Konstruktion

entlarvt: Das Wesentliche des Rechtsverhältnisses war eben nicht die *Berechtigungslage*, sondern die *Verpflichtungslage* (sei es des jeweiligen Schuldners oder z. B. auch des ‚Eigentümers', des ‚Arbeitgebers' selbst). Von Pflichtlagen her aber gab es selbstverständlich auch die Möglichkeit z. B. eines allgemeinen Persönlichkeitsrechts, ohne daß etwa Selbstmord als Recht überhaupt zur Debatte stehen konnte.

3. Wurde so zwar die ‚Pflichtigkeit' mitmenschlicher Beziehungen wieder in den Vordergrund gerückt – das gilt erst recht, seit sich die intermediären Gewalten, die wirtschaftlichen Interessengruppen, in das Zentrum des Rechtsgeschehens rückten, deren ‚Recht' schlechterdings nicht mehr *individualistisch* verstehbar blieb –, so war für sie angesichts der rigorosen Spaltung von Recht und Sittlichkeit im Grunde aber überhaupt kein Platz mehr vorhanden. ‚Pflichten' im Recht liefen leer, wurden konstruktiv zu reinen, aber überflüssigen ‚Rechtspflichten' und der Sache nach von *Rechtszwang* abgelöst, hinter dem *soziale Macht* sich entfaltete, die sich nach liberalstaatlichen Regeln durchsetzte. Folgerichtig gab es im 19. Jahrhundert vom Zivilrecht her auch keinen brauchbaren Ansatz mehr, um in der ‚sozialen Frage' ‚Rechte' mit *Sozialpflichten* auszustatten (der Satz: ‚Eigentum verpflichtet'! paßt nicht). An die Stelle der Pflicht tritt der *Mißbrauch* von Rechten, für den Kriterien anzugeben aber ebenfalls einem System, das in subjektiven Berechtigungen als Kern des Rechts denkt, im Grunde nicht möglich ist (Dies ist der Boden, auf dem die Formel von der Korrespondenz von ‚Recht' [Freiheit!] und ‚Verantwortlichkeit' gewachsen ist!).

4. Das Herrschaftsdenken im individualistischen Privatrecht paßte, wenn es überhaupt irgendwo berechtigt war, im Prinzip nur auf eine Rechtssituation, die deshalb zugleich den *Typus* des subjektiven Rechts im bürgerlichen Rechtsdenken geprägt hat: auf das *Eigentum*. Eigentum als ausschließliche, unbeschränkte und nur gegen faires Entgelt unter ganz besonderen Umständen (Enteignung!) entziehbare Herrschaft der Person über Sachen (nicht – wie noch bei Kant – der Beziehungen von Person und Person) symbolisiert das ganze System. Am Eigentum waren schon die Freiheits- und Persönlichkeitsphilosophie *Kants*, *Hegels*, vor allem aber des jungen *Fichte* orientiert, ohne daß davon mehr als ein formaler Hauch im Recht spürbar geworden wäre. Am Eigentum entzündet sich der *Sozialismus* (*Proudhon*: Eigentum ist Diebstahl!, er meinte ‚arbeitsloses' Einkommen aus Eigentum), schließlich der *Kommunismus/Marxismus*, der das Verhältnis von Arbeit und Eigentum philosophisch (Freiheit) wie politisch (Gleichheit) aufnimmt, die bestehenden Eigentumsverhältnisse mit den Produktions-, Sozial- und politischen Verhältnissen verbindet und als Organisation der Klassengesellschaft mit dem Staat als Geschäftsausschuß der Bourgeoisklasse deutet. Diese Auseinandersetzung ist nicht abgeschlossen. Der Liberalismus, der auf seinem Höhepunkt (*Rotteck!*) sogar Recht mit seinem Freiheitsbegriff identifiziert, hat sie lediglich überlang verdrängt.

5. Stand hinter dem subjektiven Recht *Savignys* als politische Wirkung die Erhaltung und Sicherung bestehender Verhältnisse, so mußte schon in der zweiten Hälfte des vorigen Jahrhunderts Recht so umorientierbar werden, daß auch die – nichtsozialistische – *Veränderung von Verhältnissen* möglich wurde. Weil man im Bürgerlichen Recht im wesentlichen an der *individualistischen Grundkonzeption* festhielt, bildeten sich Arbeits-, Wirtschafts- und Sozialrecht aus. Aber auch im Bürgerlichen Recht selbst wurde dem subjektiven Recht ein neues Modell unterlegt: An die Stelle der Willensmacht trat das ‚rechtlich geschützte Interesse' (bahnbrechend: *R. v. Ihering*). Der Wechsel zielte auf Entformalisierung des Privatrechts, das von ‚Zwecken', nicht von Formen her strukturiert wird. Zwar ließen sich so soziale und politische Macht auch privatrechtlich zur Kenntnis nehmen, aber nicht wirklich

III. Die Systematik des bürgerlichen Rechts

‚einarbeiten', d.h. Privatrecht ließ sich so nicht ‚politisieren'. Denn in der konstitutionellen Monarchie war inzwischen das Koordinatensystem von ‚öffentlichem Recht' und ‚privatem Recht' feste Grundlage allen Rechtsdenkens geworden. Die ‚Interessen' *Iherings* blieben so weithin, was *Savignys* subjektives Recht immer war: Herrschaftsrechte, System von Berechtigungen.

6. Rechtstechnisch löst sich vom subjektiven Recht der Anspruch ab (Höhepunkt: *B. Windscheid;* Anspruch = Recht, ein Tun oder Unterlassen von einem anderen zu verlangen), wodurch das subjektive Recht zusätzlich an Existenzberechtigung verlor. Seither ist über subjektive Rechte unendlich viel gestritten und geschrieben worden, im Grunde mit einem einzigen Ergebnis: für ein subjektives Recht ist kein Platz mehr, aber wir haben uns so daran gewöhnt! Uns schreckt mit Mehrheit wohl auch die ‚Politisierung' des Privatrechts unter dem Nationalsozialismus, der die ‚Volksgemeinschaft' und die ‚Volksgenossen' gleichschaltete (ein ‚Volksgesetzbuch' mit ‚deutschem Blut, deutscher Ehre und Erbgesundheit' als ‚Grundlagen des deutschen Volksrechts' war schon konzipiert; es hätte also wieder die unterschiedliche Rechtsfähigkeit für ‚Volksgenossen' und ‚Gäste' gebracht!). Daß von 1933–1945 Recht nazifiziert wurde, muß indessen, meine ich, zusätzlich ein Grund dafür sein, Recht heute zu demokratisieren (rechts- wie sozialstaatlich zugleich!), um erneuter Totalisierung auch vom Recht her vorzubeugen. Davon ist freilich nur mittelbar, oft undeutlich und fast immer auf komplizierten Umwegen heute etwas zu spüren. Das liegt an mangelhaften ‚Rechtstheorien' ebenso wie am Kenntnis- und Bewußtseinsstand der Rechtswelt. Moderne Bemühungen (vor allem: *J. Esser, L. Raiser, F. Wieacker*) setzen an der Funktion und an der Analyse der Rechtsprechung im Verhältnis zu einem nur noch äußerlich haltgebenden Rechtssystem an oder arbeiten die Rechtsinstitutionen eines gewandelten Rechts- und Gesellschaftsmodells heraus.

(Fortsetzung siehe IV 10)

IV. Rechtsgeschäft und Vertrag

1. Angebot und Annahme als übereinstimmende Willenserklärungen

a) Begriff der Willenserklärung

A bietet B an, ihm für 1800,– DM zwei gebrauchte Fernsehapperate zu verkaufen. B antwortet, er nehme einen für 900,– DM. Als A nicht liefert, fragt B, ob er einen Anspruch auf Lieferung des Fernsehapparats zum Preis von 900,– DM habe.

Nach § 433 Abs. 1 BGB könnte er als Käufer die Lieferung der Kaufsache und die Verschaffung des Eigentums verlangen. Voraussetzung ist, daß ein wirksamer Kaufvertrag zustande gekommen ist. Ein Vertrag kommt durch übereinstimmende Willenserklärungen zustande. Beim Kaufvertrag spricht man von Angebot und Annahme. A hat dem B die Lieferung von zwei Fernsehapparaten zum Preis von 1800,– DM angeboten. B hat jedoch nur für einen Apparat und zum Preis von 900,– DM angenommen. Damit hat B den ursprünglichen Antrag nicht angenommen, er hat ihn vielmehr eingeschränkt bzw. abgeändert. Nach § 150 Abs. 2 BGB gilt eine Annahme unter Erweiterungen und Einschränkungen oder sonstigen Änderungen als Ablehnung verbunden mit einem neuen Antrag. Diesen neuen Antrag hat A nicht angenommen. Also ist kein Kaufvertrag zustande gekommen. B kann nicht nach § 433 Abs. 1 die Lieferung und Übereignung der Kaufsache, hier des Fernsehapparats, verlangen.

Ob es sich hier um eine Annahme unter Erweiterung und Einschränkung oder sonstigen Änderungen handelt, ist nach objektiven Gesichtspunkten zu entscheiden. Der subjektive Wille des B ist für die Entscheidung dieser Rechtsfrage nicht maßgeblich. Andererseits ist nach § 133 BGB bei der Auslegung der Willenserklärung, also hier der Erklärung des B, der wirkliche Wille zu erforschen und nicht an dem buchstäblichen Sinne des Ausdrucks zu haften. Dies ändert nichts am Ergebnis der Prüfung. Denn der wirkliche Wille des B, wonach er nur einen Fernsehapparat kaufen wollte, unterscheidet sich nicht von dem nach außen in Erscheinung getretenen Willen, den A als Empfänger der Willenserklärung wahrgenommen hat.

Man unterscheidet bei der Willenserklärung zwischen einem subjektiven, inneren Tatbestand, den Willen der Person, und einem objektiven äußeren Tatbestand, der nach außen abgegebenen Erklärung. Innerer Wille und Erklärungstatbestand können auseinanderfallen. Ja es kann sogar an dem Bewußtsein fehlen, daß eine Handlung nach außen den Eindruck hervorgerufen hat, als ob eine Erklärung abgegeben worden wäre. Berühmt geworden ist der Fall der Trierer Weinversteigerung. Ein Neuankömmling winkt seinem Freund zu. Nach der bei dieser Versteigerung herrschenden Verkehrssitte bedeutet jedoch das Handaufheben, daß er ein Faß Wein zum nächsthöheren Gebot ersteigern will. Hier war sich der Handelnde nicht bewußt, überhaupt etwas Rechtserhebliches zu erklären. Es fehlt ihm das Erklärungsbewußtsein. Damit hat er keine Willenserklärung abgegeben. Auch wenn man dieser Auffassung nicht folgt, muß man ihm zumindest die Möglichkeit geben, von seiner Willenserklärung wieder loszukommen. Er hat zwar äußerlich den Anschein erweckt, eine Willenserklärung abgegeben zu haben. Ihm fehlt jedoch der innere Wille, er hat nicht einmal das Bewußtsein, eine Willenserklärung abzugeben (**fehlendes Erklärungsbewußtsein**). Der Bundesgerichtshof (BGHZ 91, 324) stellt sich jetzt auf den Standpunkt, daß auch bei fehlendem Erklärungsbewußtsein eine Willenserklärung vorliegt, wenn der Handelnde erkennen kann, daß die Handlung nach den Umständen vom Empfänger als Willenserklärung aufgefaßt werden durfte. In diesem Fall käme eine Anfechtung wegen Irrtums in Betracht (vgl. unten).

Wenn A seinem Freund B verspricht, ihn am nächsten Tag mit dem Auto zum Büro mitzunehmen, so liegt in der Regel ebenfalls keine Willenserklärung vor. Beide gehen nämlich davon aus, daß es sich um eine reine Gefälligkeitszusage handelt. Allerdings ist es schwierig, die Grenze zwischen unverbindlichen Gefälligkeitszusagen und bindenden Rechtsgeschäften zu ziehen. Dies hängt von den jeweiligen Umständen ab, nach denen die Willenserklärung auszulegen ist (vgl. unten).

Wenn A die Zeitungsannonce liest, die von B aufgegeben wurde, und in der ein günstiges Angebot zum Kauf von Skistiefeln gemacht ist, so kann er diese Annonce auch nicht als ein Vertragsangebot betrachten. Es fehlt der Wille dessen, der die Annonce aufgegeben hat, ein Rechtsgeschäft bestimmten Inhalts mit einem bestimmten Vertragspartner vorzunehmen. Es fehlt also der **Geschäftswille**. Anders kann es sein, wenn ein Versandhaus seinen Kunden einen Katalog zuschickt, in dem es sich an bestimmte Preise, Mengen und Qualitäten für eine bestimmte Zeit gebunden erklärt.

b) Zugang der Willenserklärung

Eine mündliche Willenserklärung unter Anwesenden ist in dem Zeitpunkt wirksam, in dem sie abgegeben wird. Eine Willenserklärung unter Abwesenden muß dem Erklärungsempfänger zugehen. Erst dann wird sie wirksam. Dies folgt aus § 130 Abs. 1 BGB. Ist der Brief, in dem A dem B den Kauf der beiden gebrauchten Fernsehapparate angeboten hat, unterwegs verlorengegangen, so liegt keine wirksame Willenserklärung vor. Oft hängt jedoch die Wirksamkeit einer Willenserklärung oder eines Vertrages von dem Zeitpunkt ab, in dem eine der beiden Erklärungen zugegangen ist.

A bietet dem B schriftlich an, ihm seine Videoanlage für 1500,- DM zu verkaufen. Der Postbote wirft den Brief um 10.30 Uhr in den Briefkasten. A widerruft durch Telefonanruf bei B um 10.45 Uhr. B will den Widerruf nicht gelten lassen. Er nutzt das Telefongespräch dazu, das Angebot des A anzunehmen. Wie ist die Rechtslage?

Die Lösung dieses nicht ganz einfachen Falles erfordert ein kleines Rechtsgutachten. Es sind sämtliche Ansprüche und Gestaltungsrechte zwischen den beteiligten A und B zu prüfen. Die Frage könnte auch anders formuliert werden: Welche Ansprüche stehen B zu? Oder: Kann B von A die Lieferung der Videoanlage verlangen?

Für die Abfolge der Argumentation ist der Gutachtenstil, nicht der Urteilsstil zu verwenden.[108]

Zu prüfen ist die Anspruchsgrundlage, hier ist es § 433 BGB, aus dem die jeweiligen Ansprüche des Käufers und des Verkäufers folgen. Je nach Bedeutung des zu behandelnden Problems sind die jeweiligen Anspruchsvoraussetzungen kürzer oder ausführlicher abzuhandeln. Bei einer Klausurlösung werden in der Regel nur die Gesetze zitiert. Hinweise auf die Rechtsprechung sind nur notwendig, wenn bestimmte Rechtsfiguren nicht unmittelbar aus dem Gesetz folgen.

B könnte von A nach § 433 Abs. 1 die Lieferung und Übereignung der Videoanlage verlangen. Voraussetzung ist, daß ein wirksamer Kaufvertrag zustande gekommen

---
[108] Vgl. die Darstellung bei *Klunzinger*, Übungen im Privatrecht, 5. Aufl. 1990, S. 395–402.

IV. Rechtsgeschäft und Vertrag   105

ist. A hat dem B ein schriftliches Angebot gemacht, das um 10.30 Uhr in seinen Briefkasten geworfen wurde. Er hat dieses Angebot um 10.45 Uhr telefonisch widerrufen. Nach § 130 Abs. 1 S. 1 wird das Angebot des A in dem Zeitpunkt wirksam, in welchem es dem B zugeht. Geht dem B vorher oder gleichzeitig ein Widerruf zu, so wird das Angebot nach § 130 Abs. 1 S. 2 nicht wirksam. Würde man den Zugang der Willenserklärung des A von dem Zeitpunkt abhängig machen, in dem der Empfänger von der Erklärung tatsächlich Kenntnis erlangt, so wäre dem B gleichzeitig ein Widerruf zugegangen. Das Angebot des A wäre also nicht wirksam geworden. Eine derartige Interpretation des Tatbestandsmerkmals „Zugang" würde jedoch das Wirksamwerden einer Willenserklärung von zahlreichen Zufällen im Bereich des Empfängers abhängig machen, auf die der keinen Einfluß hat, der die Erklärung abgegeben hat. Insbesondere wäre es z. B. in der Urlaubszeit völlig ungewiß, wann eine unter Abwesenden erklärte Willenserklärung zugehen würde, wann sie also wirksam würde. Deshalb verlangt die Rechtsprechung, daß die Willenserklärung so in den Einflußbereich des Empfängers gelangt ist, daß unter regelmäßigen Umständen damit zu rechnen ist, daß er von ihr Kenntnis nehmen kann. Wird die schriftliche Willenserklärung in einem Brief übermittelt, so ist sie zugegangen, wenn sie in den Briefkasten des Empfängers eingeworfen worden ist. Dies war um 10.30 Uhr der Fall. Die Willenserklärung des A, das Angebot über den Verkauf einer Videoanlage für 1500,– DM, ist also wirksam abgegeben worden. An dieses Angebot ist A gebunden (§ 145), da er die Gebundenheit nicht ausgeschlossen hat. Sein Widerruf ist B erst nachträglich zugegangen. Aus § 130 Abs. 1 S. 2 folgt, daß ein nachträglicher Widerruf die Wirksamkeit der Willenserklärung nicht mehr beseitigen kann. Diese wirksame Willenserklärung hat B angenommen, indem er telefonisch sein Einverständnis mit den Vertragsbedingungen des A erklärt hat. Die telefonische Willenserklärung wird als Erklärung unter Anwesenden gewertet, sie geht dem Empfänger also sofort zu. Damit ist um 10.45 Uhr der Kaufvertrag wirksam geworden. B kann die Lieferung und Übereignung der Videoanlage nach § 433 Abs. 1 verlangen. Im Gegenzug kann A die Bezahlung der Anlage in Höhe von 1500,– DM und ihre Abnahme durch B verlangen (§ 433 Abs. 2).

c) Verpflichtungs- und Verfügungsgeschäfte

A verkauft B sein gebrauchtes Radiogerät für 100,– DM. Er gibt B das Gerät gleich mit, B bezahlt mit einem 100,– DM-Schein. Wieviele Verträge wurden abgeschlossen?

Nach § 433 Abs. 1 ist der Verkäufer A verpflichtet, die Kaufsache an den Käufer B zu übergeben und ihm das Eigentum an dem Radiogerät, also der Kaufsache, zu verschaffen. Im Gegenzug ist B nach § 433 Abs. 2 als Käufer verpflichtet, den vereinbarten Kaufpreis an A zu bezahlen und ihm die Kaufsache, das Radiogerät, abzunehmen.

Durch den Kaufvertrag werden die gegenseitigen Verpflichtungen begründet, Kaufsache und Kaufpreis zu übergeben und das Eigentum an ihnen zu übertragen. Die Erfüllung dieser Verpflichtungen ist im Sachenrecht geregelt. Durch sachenrechtliche Vorgänge soll die rechtliche Herrschaft über Sachen (Radio und Geldschein) neuen Personen zugeordnet werden. Das Radiogerät ist eine bewegliche Sache. Nach § 929 S. 1 wird das Eigentum an ihm dadurch übertragen, daß sich A und B über den Eigentumsübergang einigen und das Radiogerät übergeben wird. Die Einigung von A und B, daß das Eigentum an dem Radiogerät von A auf B übergehen soll, ist ein sachenrechtlicher Vertrag. Er kommt wie jeder Vertrag durch Angebot und Annahme zustande. Nach § 929 S. 1 ist der Eigentumserwerb wirksam, wenn zu dem Einigungsvertrag die Übergabe der Sache kommt.

IV. Rechtsgeschäft und Vertrag

Auch die Übereignung des 100,- DM-Scheins erfolgt nach § 929 S. 1. B und A einigen sich darüber, daß das Eigentum an dem Geldschein auf A übergehen soll; hinzu kommt, daß B dem A den 100,- DM-Schein übergibt.

Im Ergebnis werden also bei einem Kaufgeschäft insgesamt drei Verträge abgeschlossen. In der Praxis fällt der Abschluß aller drei Verträge vielfach zusammen, man nennt dies einen Handkauf. Rechtlich ist dieser einheitliche Lebensvorgang jedoch in drei getrennte Verträge aufzuspalten, ein schuldrechtliches Verpflichtungsgeschäft (Kaufvertrag) und zwei sachenrechtliche Übereignungsverträge (Erfüllungsgeschäfte), durch die der Kaufvertrag erfüllt, das heißt das Eigentum an der Kaufsache auf den Käufer und an dem Geldschein auf den Verkäufer übertragen wird.

Nicht in jedem Fall muß ein schuldrechtliches Verpflichtungsgeschäft zwei sachenrechtliche Erfüllungsgeschäfte zur Folge haben. Beim Schenkungsvertrag (§ 516) entsteht z. B. nur eine Leistungspflicht für eine Seite, den Schenker. Also ist auch nur ein Erfüllungsgeschäft erforderlich, nämlich die Übertragung des Eigentums an den Beschenkten.

A verkauft B telefonisch seine Briefmarkensammlung für 800,- DM. Beide vereinbaren, daß A die Sammlung am darauffolgenden Tag bei B vorbeibringt. Zuvor erfährt A von C, daß dieser die Sammlung für 900,- DM kaufen will. Also verkauft er C die Sammlung für 900,- DM. Am nächsten Tag bringt er C die Sammlung. Nun verlangt B die Übereignung der Briefmarkensammlung. Wie ist die Rechtslage?

B könnte von A die Übereignung der Briefmarkensammlung nach § 433 Abs. 1 BGB verlangen. Voraussetzung ist, daß zwischen A und B ein wirksamer Kaufvertrag zustande gekommen ist. Angebot und Annahme zum Preis von 800,- DM wurden fernmündlich übereinstimmend erklärt. Also ist der Kaufvertrag wirksam zustande gekommen. B kann die Übereignung der Sammlung verlangen. Da A die Sammlung inzwischen an C übereignet und damit den zweiten Kaufvertrag erfüllt hat, muß er sie sich wieder beschaffen, um seine Verpflichtung zur Lieferung und Übereignung an B erfüllen zu können. Gelingt ihm dies nicht, so stehen B nach dem Recht der Leistungsstörungen Ersatzansprüche bzw. andere Rechte zu (vgl. unten).

Der zwischen A und C abgeschlossene Kaufvertrag über die Lieferung der Sammlung für 900,- DM ist durch die Lieferung und Übereignung der Sammlung sowie durch die Abnahme und Bezahlung des Kaufpreises von beiden Vertragsparteien erfüllt worden. Es bestehen keine Ansprüche mehr. Insbesondere kann A von C nicht die Rückgewähr der Briefmarkensammlung verlangen. C ist aufgrund eines wirksamen Kaufvertrages Eigentümer der Sammlung geworden.

Hier sind drei Verträge zwischen A und C abgeschlossen worden. Zum einen hat A sich gegenüber C im Kaufvertrag verpflichtet, ihm die Briefmarkensammlung zu übergeben und das Eigentum an der Sammlung zu verschaffen. Im Gegenzug hat C sich verpflichtet, die Sammlung abzunehmen und den vereinbarten Kaufpreis in Höhe von 900,- DM zu bezahlen. In einem zweiten Vertrag hat A dem C durch Einigung und Übergabe nach § 929 BGB das Eigentum an der Kaufsache verschafft. In einem dritten Vertrag hat C dem A den Kaufpreis bezahlt, d.h. das Eigentum an dem zu bezahlenden Geld nach § 929 BGB verschafft. Die Trennung zwischen dem schuldrechtlichen Verpflichtungsgeschäft, dem Kaufvertrag, und dem sachenrechtlichen Verfügungsgeschäft, dem Übereignungsvertrag, nennt man das **Abstraktionsprinzip**.

Aus den beiden Fällen wird deutlich, daß man sich auch mehrfach verpflichten kann, über dieselbe Sache zu verfügen. Wird diese Verpflichtung nicht eingelöst, so entstehen aus der Nichterfüllung des Verpflichtungsgeschäfts Ersatzansprüche und sonstige Rechte der anderen Vertragspartei. Beide Verpflichtungsgeschäfte sind jedoch wirksam. Es spielt hierbei keine Rolle, ob der Schuldner zur Zeit des Geschäftsabschlusses oder später in der Lage ist, die versprochene Leistung zu erbringen. Notwendig ist nur, daß eine Leistung der vereinbarten Art überhaupt möglich ist.

Die Unterscheidung zwischen Verfügungs- und Verpflichtungsgeschäften ist eine Besonderheit des deutschen Rechtssystems. Die französische Rechtsordnung benutzt z. B. eine andere Systematik. Auf das Abstraktionsprinzip wird noch mehrfach zurückzukommen sein.

d) Konkludente Willenserklärungen

A geht morgens an den Zeitungsstand, greift sich eine ,,Frankfurter Rundschau'' und legt 1,50 DM auf den Ladentisch. Ist ein wirksamer Kaufvertrag zwischen A und dem Zeitungshändler Z zustandegekommen?

Dies ist der Fall, auch wenn zwischen den beiden kein Wort gesprochen wurde. Nach dem Abstraktionsprinzip unterscheiden wir zwischen drei Verträgen:

A und Z schließen einen Kaufvertrag über den Kauf der Zeitung für 1,20 DM ab. Z läßt es zu, daß A sich selbst den Besitz und das Eigentum an der Zeitung verschafft. A erfüllt seine Verpflichtungen zur Bezahlung des Kaufpreises und zur Abnahme der Zeitung. Die Willenserklärungen sind nicht ausdrücklich, mündlich oder schriftlich, abgegeben worden. Es liegen aber schlüssige Handlungen vor, aus denen ein unvoreingenommener Beobachter auf wirksame Willenserklärungen schließen kann. Man spricht hier von **konkludenten Willenserklärungen**. Aus den Handlungen der Beteiligten wird auf die Wirksamkeit ihrer Willenserklärung geschlossen.

A betritt den Selbstbedienungsladen, der der X AG gehört. Er nimmt aus dem Regal eine Flasche Wein und fährt damit zur Kasse. Er bezahlt dort den angegebenen Kaufpreis und verläßt das Geschäft.

Auch hier wird zwischen den beteiligten Personen kein Wort gesprochen. Im übrigen ist die Aktiengesellschaft nur imstande, über ihre Organe zu handeln. Auch diese können nicht in jedem Filialgeschäft anwesend sein. Sie bedienen sich kaufmännischer Hilfspersonen. In diesem Fall gelten die jeweiligen kaufmännischen Angestellten an der Kasse als ermächtigt, die entsprechenden Willenserklärungen zum Abschluß von Kaufverträgen abzugeben. Da A sich erst an der Kasse endgültig entscheidet, ob er die Flasche Wein kaufen will – zuvor könnte er sie immer noch in das Regal zurückstellen –, kommt sein Vertragsangebot erst an der Kasse zustande. Die Verkäuferin erklärt die Annahme durch Eintippen in die Kasse. Der Kaufvertrag (Verpflichtungsgeschäft) wird von beiden Seiten sofort erfüllt. A bezahlt den Kaufpreis, die Verkäuferin übereignet für die X AG die Kaufsache. Man nennt dies einen **Handkauf**, d. h. Verpflichtungs- und Verfügungsgeschäfte fallen zeitlich zusammen.

A schickt dem B ein Buch zur Ansicht. Falls B es nicht innerhalb von 2 Wochen zurückgebe, müsse er den Kaufpreis in Höhe von 40,– DM bezahlen. B schweigt. Er läßt das Buch unbenutzt und ungelesen liegen. Er weigert sich, den Kaufpreis zu bezahlen.

Nach § 433 Abs. 2 könnte B zur Bezahlung des Kaufpreises an A verpflichtet sein, wenn ein wirksamer Kaufvertrag über das Buch zustande gekommen ist. In der (unverlangten) Zusendung des Buches könnte das Angebot auf Abschluß eines Kaufvertrages liegen. B könnte dieses Angebot durch Schweigen angenommen haben. A hat ihm auch mitgeteilt, daß er sein Schweigen so auffassen würde. Aus dem Schweigen des B läßt sich jedoch keine wirksame Willenserklärung ableiten. Insbesondere kann ihm A nicht durch die Art seines Vertragsangebots eine solche Interpretation seines Schweigens aufnötigen. Das bürgerliche Recht wertet Schweigen in der Regel als Ablehnung. Niemand soll in Geschäfte verwickelt werden, mit denen er nichts zu tun haben will. Nur im Ausnahmefall kann auf eine wirksame Willenserklärung geschlossen werden. In der Regel wird diese **konkludente** Willenserklärung aus einem bestimmten Verhalten abgeleitet (vgl. den Zeitungskauf oben).

e) Auslegung der Willenserklärung (§ 133 BGB)

Der Norweger N bietet dem Osnabrücker O Haakjöringsköd zum Preis von 10,– DM für das Kilo zum Verkauf an. O bestellt 10 Kilo. N wollte Walfleisch anbieten. Er liefert Walfleisch. O wollte auch Walfleisch bestellen. Haakjöringsköd bedeutet jedoch auf norwegisch „Haifischfleisch". Ist ein wirksamer Kaufvertrag zustandegekommen? Wenn ja, zu welchen Konditionen?

Objektiv hat N erklärt, Haifischfleisch verkaufen zu wollen, sein innerer Wille richtet sich jedoch auf den Verkauf von Walfleisch. Objektiv hat O erklärt Haifischfleisch kaufen zu wollen, sein innerer Wille richtet sich jedoch auf den Kauf von Walfleisch. Nach § 133 BGB ist bei der Auslegung von Willenserklärungen der wirkliche Wille zu erforschen und nicht am Buchstaben des Ausdrucks zu haften. Beide wollten wirklich Walfleisch kaufen bzw. verkaufen, also ist durch übereinstimmende Willenserklärungen mit dem Inhalt „Walfleisch" nach dem wirklichen Willen der Beteiligten ein Kaufvertrag über Walfleisch zustandegekommen. Der Fall knüpft an eine berühmte Entscheidung des Reichsgerichts (RGZ 99, 147) an, in der diese Auslegungskriterien festgehalten wurden. In § 133 BGB ist ein alter Grundsatz des Römischen Rechts übernommen: Falsa demonstratio non nocet; d. h. die falsche Bezeichnung schadet nicht.

f) Wiederholung

Der Ölhändler V bietet mit Schreiben vom 12.3. dem K „besonders günstig wegen der OPEC-Preissenkung" 5000 l Heizöl zum Literpreis von 0,60 DM an. Als K das Schreiben des V am 13.3. liest, ruft er sofort bei V an und bestellt 5000 l Öl. Da bei V Mittagspause ist, spricht K auf das Band in dessen Anrufbeantworter. Nach der Mittagspause gibt die Telefonistin T sofort die Bestellung an die Vertriebsabteilung durch, die dem Fahrer F eine Lieferung von 5000 l Heizöl zum Preis von 0,60 DM pro Liter in seinen Routenplan einträgt. Anschließend informiert T die Bestellabteilung. Als der zuständige Sachbearbeiter S bei K zurückruft und wegen gestiegener Einstandspreise vom Preis von 0,60 DM Abstand nimmt, beharrt K auf der Lieferung des Öls zum Preis von 0,60 DM pro Liter. Zu Recht?

K könnte von V die Lieferung der 5000 l Heizöl zum Preis von 0,60 DM pro Liter verlangen, wenn ein wirksamer Kaufvertrag zustandegekommen ist. V hat K zu diesem Preis ein Angebot gemacht. K könnte dieses Angebot dadurch angenommen haben, daß er bei V zurückgerufen hat. Fernmündliche Willenserklärungen gelten in der Regel als Erklärungen unter Anwesenden. K wußte jedoch, daß V abwesend war und sprach deshalb auf das Band seines Anrufbeantworters. Deshalb handelt es sich hier um eine Willenserklärung unter Abwesenden. Sie wird nach § 130 Abs. 1 S. 1 in dem Zeitpunkt wirksam, in welchem sie V zugeht. Dies ist dann der Fall, wenn die Mittagspause beendet ist und der Anrufbeantworter ausgewertet werden kann. Damit ist die Annahme des K mit dem Ende der Mittagspause und der Möglichkeit der Aufnahme durch die Telefonistin T wirksam geworden. Der Kaufvertrag ist wirksam zustandegekommen. K kann von V die Lieferung des Öls zum Preis von 0,60 DM pro Liter verlangen.

2. Inhalt des Vertrages

a) Einigung

A und B verhandeln lange über die Vermietung eines Autos. Der Vermieter A verlangt, daß der Mieter die Benzinkosten selbst trägt und pro Kilometer 0,30 DM bezahlt. Für die ersten 200 km braucht er nichts zu bezahlen. A verlangt außerdem, daß B die Kosten für eine Vollkaskoversicherung in Höhe von 90,- DM trägt. Eine Einigung über diesen letzten Punkt kommt nicht zustande. Kann B von A die Überlassung des Autos für den angegebenen Zeitpunkt verlangen?

Nach § 535 S. 1 BGB könnte der Mieter den vertragsgemäßen Gebrauch der vermieteten Sache während der Mietzeit verlangen. Voraussetzung ist, daß ein wirksamer Mietvertrag zustandegekommen ist. Nach § 154 Abs. 1 BGB müßten sich die Parteien über alle Punkte des Vertrags geeinigt haben, über die nach der Erklärung auch nur einer Partei eine Vereinbarung getroffen werden sollte. Es fehlt eine Einigung zur Frage der Vollkaskoversicherung. Nach dem Willen des A sollte sie getroffen werden. Also ist ein wirksamer Mietvertrag nicht zustandegekommen. Man nennt diesen offenen Einigungsmangel **„offenen Dissens"**.

Hiervon zu unterscheiden ist ein **versteckter Dissens**. Die Parteien meinen, sie hätten sich über alle Punkte, über welche eine Vereinbarung getroffen werden sollte, geeinigt. In Wirklichkeit fehlt die Einigung aber zumindest zu einem Punkt. Es handelt sich hier um einen beiderseitigen Willensmangel. Beide Parteien glauben irrtümlich, sich über einen Vertrag mit einem bestimmten Inhalt geeinigt zu haben. Im Zweifel gilt hier das als vereinbart, über was sich die Parteien tatsächlich geeinigt haben (§ 155). Man muß aber davon ausgehen können, daß der Vertrag auch ohne eine Bestimmung über die noch ungeklärten bzw. ungeregelten Punkte geschlossen sein würde. Auf das Problem ist beim Irrtum zurückzukommen (vgl. unten).

b) Ergänzende Vertragsauslegung

Der Konditor K hat sein gutgehendes Geschäft an P verpachtet und bezieht von ihm monatlich 4000,- DM Pachtzins. Eines Tages eröffnet K genau neben seinem alten Laden ein neues Geschäft und zieht in kurzer Zeit P die alten Kunden wieder ab. Trotzdem verlangt er von P die Bezahlung des Pachtzinses, obwohl dieser wegen des Ausbleibens der Kundschaft inzwischen in wirtschaftliche Schwierigkeiten geraten ist. Als P gegen die Konkurrenz des K protestiert, beruft sich dieser darauf, es gebe weder ein gesetzliches noch ein vertragliches Konkurrenzverbot, das ihn an der Aufnahme eines neuen Geschäfts hindern würde. Kann P die Unterlassung der Konkurrenz durch K verlangen?

Weder allgemein noch im Recht des Pachtvertrages (vgl. §§ 581 ff. BGB) ist etwas über ein Konkurrenzverbot für derartige Fälle ausgesagt. Die Situation, daß der ausscheidende Konditor seinem Pächter in seinem eigenen Laden Konkurrenz macht, ist also nicht gesetzlich geregelt. Es fragt sich jedoch, ob im Wege der ergänzenden Vertragsauslegung ein Konkurrenzverbot angenommen und damit ein Unterlassungsanspruch des P bejaht werden kann. Nach § 157 BGB sind Verträge so auszulegen, wie Treu und Glauben mit Rücksicht auf die Verkehrssitte es erfordern. Daß K nach Verpachtung seines Ladens an P unmittelbar daneben ein neues Geschäft eröffnet hat, ist treuwidrig. Von K ist zu erwarten, daß er P die vertragsgemäße Nutzung der Pachtsache gestattet. Durch sein Konkurrenzunternehmen vereitelt er diese vertragsgemäße Nutzung. Er handelt treuwidrig. Der Pachtvertrag ist nach § 157 ergänzend dahin auszulegen, daß K eine derartige Konkurrenz verboten sein soll. P kann von K Unterlassung der Konkurrenz verlangen.

c) Zwingendes und nachgiebiges (abdingbares) Recht

Der Ölhändler V bietet das Heizöl zum Literpreis von 0,60 DM an, setzt jedoch hinzu, das Angebot erfolge „freibleibend". K ruft einige Tage später bei V an und will das Angebot annehmen. V antwortet jedoch, er könne den Literpreis von 0,60 DM nicht mehr halten. Kann K von V die Lieferung des Öls zum Preis von 0,60 DM pro Liter verlangen?

Der Fall unterscheidet sich vom vorigen Wiederholungsfall dadurch, daß V die Klausel „freibleibend" verwendet. Damit will V zum Ausdruck bringen, daß er sich an den Antrag nicht gebunden fühlt. Nach § 145 ist es zulässig, die Gebundenheit auszuschließen. Die Vorschrift ist nachgiebiges Recht. V hat sein Angebot gleichzeitig mit der Annahme des K zurückgenommen. Dies war zulässig, da er an das Angebot nach § 145 nicht gebunden sein wollte. Da kein Kaufvertrag zustandegekommen ist, kann K nicht die Lieferung des Öls verlangen.

In vielen Fällen geht es nicht aus dem Text des BGB hervor, daß eine Norm nachgiebiges Recht ist. Wird eine mangelhafte Kaufsache geliefert, so hat der Käufer nach § 462 BGB das Recht, Rückgängigmachung des Kaufes (Wandelung) oder Herabsetzung des Kaufpreises (Minderung) zu verlangen, wenn der Verkäufer den Mangel zu vertreten hat. Fehlt der verkauften Sache zur Zeit des Kaufes eine zugesicherte Eigenschaft, so kann der Käufer stattdessen Schadensersatz wegen Nichterfüllung nach § 463 BGB verlangen. Das gleiche gilt, wenn der Verkäufer einen Fehler arglistig verschwiegen hat. Der Käufer einer nur der Gattung nach bestimmten Sache (z. B. ein Zentner Kartoffeln) kann nach § 480 Abs. 1 BGB stattdessen verlangen, daß ihm anstelle der mangelhaften Sache eine mangelfreie geliefert wird. Bei diesem vierfachen Wahlrecht des Käufers handelt es sich um **nachgiebiges Recht**. Dies geht jedoch aus dem Gesetzestext nicht hervor.

Man muß wissen, daß nach der Systematik des BGB sachenrechtliche Normen (z. B. zum Eigentum) in der Regel zwingendes Recht sind, während schuldrechtliche Normen überwiegend nachgiebiges Recht sind. Da die gesetzestypische Regelung von den Vertragsparteien abbedungen werden kann, nennt man sie auch **abdingbares Recht**. In Ausnahmefällen sind jedoch auch schuldrechtliche Normen zwingendes Recht. Hierzu gehören insbesondere die Schutzvorschriften für den Mieter, den Arbeitnehmer und den Abzahlungskäufer, aber auch solche Vorschriften, in denen die zwingende Geltung oder die beschränkte Abdingbarkeit ausdrücklich gesetzlich verankert ist. Eine der wichtigsten Grenzen der Abdingbarkeit steht in § 276 Abs. 2 BGB: Die Haftung wegen Vorsatzes kann dem Schuldner nicht im Voraus erlassen werden. Die gesetzestypische Regelung nach § 276 Abs. 1 S. 1 ist, daß der Schuldner Vorsatz und Fahrlässigkeit zu vertreten hat. Fahrlässig handelt er, wenn er die im Verkehr erforderliche Sorgfalt außer Acht läßt. Die Haftung für Fahrlässigkeit ist jedoch abdingbar. Dann haftet der Schuldner nur für Vorsatz.

d) Das Recht der Allgemeinen Geschäftsbedingungen

Daß gerade im Schuldrecht viele nachgiebige (abdingbare, dispositive) Vorschriften bestehen, haben sich insbesondere wirtschaftlich mächtige Unternehmen zunutze gemacht. Sie verwenden in breitem Umfang Allgemeine Geschäftsbedingungen, das heißt vorweg ausgearbeitete Bestimmungen für eine Vielzahl von Verträgen. Hierbei ändern sie die gesetzlichen Ausgestaltungen des verwendeten Vertragstyps meist zu ihren Gunsten ab. Dem Kunden bleibt nichts anderes übrig, als die AGB zu akzeptieren, wenn er den Vertrag abschließen will. Oft liest er das Kleingedruckte nicht, das auf der Rückseite des Vertragsformulars lang und breit ausgeführt ist, so daß er sich über die Abänderungen, die der Verwender der Allgemeinen Geschäftsbedingungen zu seinen Gunsten vom gesetzlichen Vertragsrecht vorgenommen hat, nicht im klaren ist. Oft sind die Zusammenhänge aber auch so kompliziert, daß der Kunde die juristische Bedeutung bestimmter Klauseln nicht durchschaut.

Der Verwender der Allgemeinen Geschäftsbedingungen ist der anderen Vertragspartei typischerweise wirtschaftlich und intellektuell überlegen. Er ist selbst oder mit Hilfe seiner Verbände imstande, die AGB zu seinen Gunsten auszuformulieren. Die andere Vertragspartei ist weder genügend mächtig noch intellektuell in der Lage, mit eigenen Alternativen entgegenzutreten. Oft wäre ein solcher Widerstand nutzlos, da auch die Konkurrenten des Verwenders keine für den Kunden günstigeren AGB anbieten.

Als der Gesetzgeber im Jahre 1896 das BGB schuf, ging er nicht nur vom Grundsatz der Gleichordnung im Verhältnis der Staatsbürger untereinander aus. Er nahm auch an, daß zwischen den Vertragsparteien in etwa ein Kräftegleichgewicht herrsche. Zwar traf diese Annahme damals schon z.B. für den Arbeitsvertrag, für den Abzahlungskauf und für Mietverträge nicht zu. Die massenhafte Verwendung von vorformulierten Allgemeinen Geschäftsbedingungen hat sich aber erst im Laufe des 20. Jahrhunderts im Wirtschaftsleben durchgesetzt. Es wäre auch zu einseitig, wenn man die AGB lediglich unter dem Aspekt der Benachteiligung des Kunden betrachten würde. Sie rationalisieren den Vertragsabschluß, indem sie die Gewährleistungen auf bestimmte Geschäftstypen hin vereinheitlichen, die Haftung und andere Risiken begrenzen, so daß insgesamt eine unternehmerische Kalkulation und Organisation des Absatzes nach den standardisierten Vertragsinhalten möglich wird. Es ist heute müßig, darüber zu streiten, ob der Gesetzgeber schon 1896 diese Entwicklung hätte vorhersehen können. Dann hätte er möglicherweise weniger abdingbare Rechtsnormen in das Schuldrecht des BGB aufgenommen. Ihm war es ja darum zu tun, eine faire Ausgestaltung und Abwicklung der jeweiligen Verträge sicherzustellen. Viele Normen gestaltete der Gesetzgeber nur deshalb als abdingbares Recht aus, weil er meinte, es den gleichwertigen Vertragsparteien überlassen zu können, im Einzelfall selbst die jeweils gerechteste Lösung zu vereinbaren.

Die Rechtsprechung nahm die Allgemeinen Geschäftsbedingungen als selbstgeschaffenes Recht der Wirtschaft lange Zeit einfach hin. Erst nach und nach wurden im Bereich der Banken, der Versicherungen, der Warenhersteller und der Dienstleistungsbetriebe die Vertragsklauseln für den Kunden immer ungünstiger ausgestaltet. Die Verwender der AGB nutzten ihre wirtschaftliche Macht und ihren Informationsvorsprung gegenüber den schwächeren und weniger erfahrenen Kunden aus.

Schließlich waren die Gerichte gezwungen, die Vertragsfreiheit der Verwender zum Schutze ihrer schwächeren Kunden zu korrigieren. Sie weigerten sich vor allem, die AGB als Gewohnheitsrecht anzuerkennen. Hinzu kam, daß sie Unklarheiten zu Lasten der Verwender von AGB auslegten. Überraschende Klauseln erklärten sie für ungültig, da das Einverständnis des Vertragspartners sich nur auf solche Bedingungen beziehe, mit deren Aufstellung er billigerweise rechnen könne (BGHZ 38, 183, 185). Schließlich ging der Bundesgerichtshof soweit, die AGB einer Inhaltskontrolle im Interesse des anderen Vertragsteils zu unterziehen, um eine unangemessene Benachteiligung und damit eine Verletzung der Vertragsgerechtigkeit zu verhindern (vgl. BGHZ 60, 243), ohne aber im übrigen die Geltung des Vertrages anzutasten. Als Einstieg verwendete der BGH insbesondere drei Vorschriften des BGB: Die Sittenwidrigkeit und Nichtigkeit nach §138 bei einer Monopolstellung des Verwenders von AGB (vgl. BGHZ 20, 164, 168), die Anpassung des Vertrages nach §242 (Grundsatz von Treu und Glauben) sowie eine Entscheidung nach billigem Ermessen im Urteil nach §315 Abs. 3 Satz 2, wenn Vertragsbestimmungen nach billigem Ermessen hätten erfolgen sollen, aber die konkrete Vertragsbestimmung nicht der Billigkeit entspricht.

Der Nachteil dieser richterlichen Vertragskorrektur bestand darin, daß sie nur in dem jeweils zu entscheidenden Fall galt. Die Verwender von AGB konnten auch für unzulässig erklärte Vertragsklauseln weiter benutzen. Über die Sittenwidrigkeit oder Unbilligkeit der Vertragsbestimmungen mußte dann in jedem Urteil neu entschieden werden. Nach dem Grundsatz: Wo kein Kläger ist, ist auch kein Richter, wurden AGB auch dann weiterbenutzt, wenn sie bereits in höchstrichterlichen Urteilen korrigiert worden waren.

Schließlich sah sich der Gesetzgeber zum Eingreifen gezwungen. Am 9.12.1976 wurde das Gesetz zur Regelung des Rechts der Allgemeinen Geschäftsbedingungen (AGBG) verabschiedet. Es ist auf Allgemeine Geschäftsbedingungen anzuwenden, das heißt auf alle für eine Vielzahl von Verträgen vorformulierten Vertragsbedingungen, die eine Vertragspartei (Verwender) der anderen Vertragspartei bei Abschluß des Vertrages stellt (§1 AGBG). AGB liegen vor, wenn es sich um vorformulierte Vertragsbedingungen handelt, wenn der Verwender den Zweck verfolgt, sie in gleicher Weise für mehrere Verträge mit verschiedenen Partnern zu verwenden und wenn die Vertragsbedingungen nicht im einzelnen ausgehandelt sind (§1). Nach §2 AGBG werden die AGB nur dann Vertragsinhalt, wenn der Verwender die andere Vertragspartei ausdrücklich oder durch deutlich sichtbaren Aushang am Ort des Vertragsschlusses auf seine AGB hinweist und wenn der anderen Vertragspartei die Möglichkeit verschafft wird, in zumutbarer Weise vom Inhalt dieser AGB Kenntnis zu erhalten. Schließt die andere Vertragspartei das Geschäft in Kenntnis des Umstandes, daß AGB verwendet werden, ohne Vorbehalt ab, so ist sie mit der Geltung der AGB einverstanden. Stehen die Vertragsparteien in ständigen Geschäftsbeziehungen, so können sie nach §2 Abs. 2 AGBG in einer Rahmenvereinbarung die Geltung der AGB im voraus festlegen.

Das Gesetz geht davon aus, daß die Kunden sich den AGB nur unterwerfen, weil sie darauf vertrauen, daß diese keine einseitig nachteiligen oder außergewöhnlichen Klauseln enthalten. Dem Vertrauensschutz dient §3 AGBG, wonach „**überraschende Klauseln**" auf keinen Fall Bestandteil des Vertrages werden. Überraschend sind die Klauseln dann, wenn sie für Geschäfte der in Frage stehenden Art so ungewöhnlich sind, daß der Vertragspartner nicht mit ihnen zu rechnen braucht. Eine nach §11 unwirksame Klausel braucht nicht mehr darauf überprüft zu werden, ob sie nach § 3 überraschend ist. Wird jedoch eine Klausel nach § 10 als wirksam bewertet, so kann ihre Geltung dennoch abgelehnt werden, wenn sie nach § 3 überraschend ist. Es ist allerdings möglich, daß der Verwender der AGB auf besondere Klauseln ausdrücklich hinweist, dann werden sie zum Vertragsbestandteil.

Die AGB sollen eine gleichmäßige Abwicklung von immer wieder auftretenden Geschäften gleichen oder ähnlichen Inhalts ermöglichen. Für ihre Auslegung kommt es daher auf das Verständnis des Durchschnittskunden an. Es sind nur solche Umstände des Vertrages zu berücksichtigen, die für die Geschäfte des Verwenders typisch sind und deren Kenntnis bei allen Kunden des Verwenders erwartet werden kann. Man spricht hier vom Grundsatz der **objektiven Auslegung** (BGHZ 79, 117).

Nach § 5 AGBG sind unklare Klauseln zu Lasten des Verwenders auszulegen. Die von der Rechtsprechung entwickelte Unklarheitenregel wurde also vom AGBG übernommen. Stehen Klauseln der AGB in unmittelbarem oder mittelbarem Widerspruch zu Einzelabsprachen der Parteien, so sind sie nach § 4 AGBG unwirksam. Die abweichende Einzelvereinbarung geht also gegenüber der AGB-Klausel vor. Schließlich können Klauseln aus inhaltlichen Gründen der Vertragsgerechtigkeit unwirksam sein. Diese Gründe sind in §§ 9–11 AGBG geregelt. Dazu zwei Fälle:

Fall 1:
A eröffnet bei der B-Bank ein Girokonto. Die B-Bank vereinbart mit ihm, daß für alle Geschäftsbesorgungen aus diesem Girokonto die von ihr verwendeten „Allgemeinen Bankbedingungen" gelten. Darin ist eine Klausel enthalten, wonach die Wertstellung von Bareinzahlungen auf Girokonten einen (Bank-) Arbeitstag nach der Einzahlung vorgenommen wird. A fragt, ob er sich diese Klausel gefallen lassen müsse.

Die Klausel ist nach § 2 AGBG Vertragsinhalt geworden, da die B-Bank dies mit A vereinbart hat. Die Klausel kann jedoch aus inhaltlichen Gründen unwirksam sein. In den §§ 10 und 11 AGBG ist ein Katalog von Klauseln enthalten, die unwirksam sein sollen. Die in § 11 aufgezählten Klauseln sind stets unwirksam (**Klauselverbote ohne Wertungsmöglichkeit**). Die in § 10 genannten Klauseln werden vom Richter im konkreten Einzelfall gewertet (**Klauselverbote mit Wertungsmöglichkeit**). Stellt der Richter fest, daß die Anwendung der Klausel zu einer unangemessenen Benachteiligung des Kunden führen würde, so sind – nach dieser Wertung des Richters – die AGB insoweit unwirksam. Die Kataloge der §§ 10 und 11 sind abschließend.

Die Wertstellungsklausel der B-Bank ist nicht in den Klauselverboten der §§ 10 und 11 AGBG aufgeführt. Die Klausel kann aber nach § 9 AGBG unwirksam sein, da sie den Vertragspartner entgegen dem Grundsatz von Treu und Glauben unangemessen benachteiligt. Eine unangemessene Benachteiligung ist nach § 9 Abs. 2 im Zweifel anzunehmen, wenn eine Bestimmung
1. mit wesentlichen Grundgedanken der gesetzlichen Regelung, von der abgewichen wird, nicht zu vereinbaren ist, oder
2. wesentliche Rechte oder Pflichten, die sich aus der Natur des Vertrages ergeben, so einschränkt, daß die Erreichung des Vertragszwecks gefährdet ist.

In einer aufsehenerregenden Entscheidung vom 17.1.1989 hat der Bundesgerichtshof (BGHZ 106, 259) festgestellt, daß durch derartige Klauseln die Kunden wie Kreditnehmer behandelt werden und im Ergebnis ihr eigenes Kapital verzinsen müssen. Dies betrachtet der BGH als unangemessen und treuwidrig. Die Klausel ist daher unwirksam. Es ist auch nicht möglich, die Klausel auf einen wirksamen

Inhalt zurückzuführen. Nach § 6 Abs. 2 AGBG richtet sich der Vertragsinhalt nach den gesetzlichen Vorschriften, soweit Klauseln unwirksam sind. Man spricht hier vom Verbot der geltungserhaltenden Reduktion, das heißt vom Verbot der Rückführung einer Klausel auf den Kern, der noch mit dem AGB-Gesetz vereinbar wäre. Dies entspricht dem Zweck des AGB-Gesetzes, auf einen angemessenen Inhalt der in der Praxis verwendeten AGB hinzuwirken und das Risiko der Unwirksamkeit dem Verwender der AGB aufzubürden.

Nach § 24 AGBG ist A auch dann geschützt, wenn er Kaufmann ist. Die sogenannte Generalklausel des § 9 AGBG gilt auch für Kaufleute, während die Klauselverbote der §§ 10 und 11 AGBG nicht gelten, wenn AGB gegenüber Kaufleuten verwendet werden. Kaufleute werden im Rechtsverkehr als weniger schutzwürdig angesehen und deshalb gegenüber den Privatleuten schlechtergestellt.

Fall 2:
Die X-AG ist ein international tätiges Luftfahrtunternehmen. In ihren „Beförderungsbedingungen für Fluggäste und Gepäck" steht u.a. folgendes:
1. Die im Flugschein, Flugplan oder anderenorts angegebenen Verkehrszeiten werden jedoch nicht garantiert und sind nicht Bestandteil des Beförderungsvertrages. Der Luftfrachtführer (das Luftfahrtunternehmen, B.N.) übernimmt keine Verantwortung für das Erreichen von Anschlüssen.
2. Flugpläne unterliegen Änderungen ohne Vorankündigung. Der Luftfrachtführer kann, wenn die Umstände es erfordern, im Flugschein oder Flugplan genannte Zwischenlandepunkte ändern oder auslassen und kann ohne Vorankündigung andere Luftfrachtführer mit der Beförderung betrauen oder anderes Fluggerät einsetzen.
3. Wenn es die Umstände erfordern, kann der Luftfrachtführer ohne Ankündigung einen Flug absagen, beenden, umleiten, verschieben oder verspäten; in allen diesen Fällen wird der Luftfrachtführer nach pflichtgemäßem Ermessen unter Berücksichtigung der Interessen des Luftgastes ihn entweder andersweitig befördern, umleiten oder eine Erstattung durchführen; eine weitergehende Haftung ist ausgeschlossen.
4. Bei Hotelbestellungen oder anderen Abmachungen über Unterkunft oder Verpflegung für Fluggäste oder über Ausflüge am Boden oder ähnliche Veranstaltungen, ob auf Kosten des Luftfrachtführers oder nicht, handelt der Luftfrachtführer nur als Agent des Fluggastes; er haftet nicht für Verluste, Schäden oder Aufwendungen jeglicher Art, die dem Fluggast durch die Inanspruchnahme der Unterkunft oder die Inanspruchnahme der betreffenden Veranstaltung oder in Verbindung damit entstehen, oder die dadurch entstehen, daß andere Personen, Gesellschafter oder Agenturen ihm die Inanspruchnahme verweigern (BGHZ 86, 284).
A hält diese Vorschriften samt und sonders für rechtswidrig, da sie gegen das AGB-Gesetz verstoßen. Er erhält die (zutreffende B.N.) Auskunft, daß das AGB-Gesetz auf derartige Beförderungsbedingungen anwendbar sei. Er fragt jetzt, ob die Klauselverbote der §§ 11 Nr. 8b, 10 Nr. 4, 10 Nr. 3, 11 Nr. 7 AGBG verletzt sind.

Der Bundesgerichtshof (BGH NJW 1983, 1322) erklärte sämtliche vier Klauseln für unwirksam. Die erste Klausel sei so zu interpretieren, daß das Luftfahrtunternehmen jede Haftung für besondere Verspätungsschäden ausschließt. Nach § 11 Nr. 8b AGBG ist dies nicht zulässig. Das Recht des Kunden, Schadensersatz zu verlangen, kann nicht so sehr eingeschränkt werden, daß die Haftung des Luftfahrtunternehmens wegen Vorsatz (vgl. § 276 Abs. 2 BGB und § 11 Nr. 7 AGBG) oder grober Fahrlässigkeit bzw. die Haftung seiner Erfüllungsgehilfen wegen Vorsatz oder grober Fahrlässigkeit ausgeschlossen wird (§ 11 Nr. 7 AGBG).

Die Klausel Nr. 2 erklärte der BGH für unwirksam, weil sich das Luftfahrtunter-

IV. Rechtsgeschäft und Vertrag 115

nehmen hier vorbehalte, seine Leistung zu ändern, das heißt einseitig Flugpläne und Zwischenlandungspunkte zu ändern, andere Luftfrachtführer mit der Beförderung zu betrauen oder anderes Fluggerät einzusetzen. Nach § 10 Nr. 4 AGBG ist ein vorbehaltloses Leistungsänderungsrecht des Verwenders unwirksam.

Die Klausel Nr. 3, in der ein Flug ohne Ankündigung abgesagt, beendet, umgeleitet, verschoben oder verspätet werden kann, stellt einen Rücktrittsvorbehalt dar. Nach § 10 Nr. 3 und 4 AGBG ist eine solche Klausel nur wirksam, wenn die Gründe für die Lösung vom Vertrag in der Klausel angegeben werden. Nur dann kann der Kunde beurteilen, ob und unter welchen Umständen mit einer Auflösung des Vertrages zu rechnen ist. Die Formulierung „wenn es die Umstände erfordern" ist zu unklar; der Kunde kann nicht erkennen, um welche Gründe es sich handeln soll. Die Klausel ist unwirksam.

Die letzte Klausel schließt eine Haftung des Luftfahrtunternehmens auch dann aus, wenn der Hotelier als sein Erfüllungsgehilfe tätig wird. Ein solcher völliger Haftungsausschluß widerspricht wie schon zu Klausel 1 ausgeführt § 11 Nr. 7 AGBG.

Um es nicht bei einer bloßen Überprüfung von Einzelkonflikten durch die Gerichte zu belassen, eröffnet das AGBG die Möglichkeit der Verbandsklage (§§ 13–22). Wer in seinen AGB solche Bestimmungen verwendet, die nach dem Gesetz unwirksam sind, kann bei Wiederholungsgefahr auf Unterlassung in Anspruch genommen werden. Klageberechtigt sind Verbände, die es zu ihrer satzungsmäßigen Aufgabe gemacht haben, die Interessen der Verbraucher – beratend oder aufklärend – wahrzunehmen (§ 13 AGBG).

Für die Überprüfung Allgemeiner Geschäftsbedingungen ergibt sich folgendes Schema:
1. Handelt es sich um AGB (§ 1 AGBG)?
2. Ist der Vertragspartner des Verwenders der AGB Kaufmann? Wenn ja, ist ihre Überprüfung nur im Rahmen von § 24 möglich.
3. Sind die AGB wirksam in den Vertrag einbezogen worden (§ 2)?
4. Ist die Klausel überraschend (§ 3)?
5. Sind von der AGB-Klausel abweichende Einzelvereinbarungen getroffen worden (§ 4)?
6. Gibt es Unklarheiten, die zu Lasten des Verwenders der AGB gehen (§ 5)?
7. Fällt die Klausel unter eines der Verbote der §§ 10 und 11 AGBG?
8. Wird der Kunde des Verwenders durch die Klausel entgegen dem Grundsatz von Treu und Glauben unangemessen benachteiligt (§ 9 – Generalklausel –)?

Erst wenn die Klausel alle Prüfungen besteht, ist sie gültig.

e) Vertragstypen

Während wir an Verfügungsgeschäften bisher nur den sachenrechtlichen Vertrag zur Übertragung des Eigentums an beweglichen Sachen nach § 929 kennengelernt haben, sind in den Fällen bereits mehrere Verpflichtungsgeschäfte aufgetaucht. Bei verpflichtenden Verträgen erstreben die Beteiligten als hauptsächliche Rechtsfolge die Entstehung, Bestätigung oder Abänderung von Pflichten. So erklären die Parteien eines Kaufvertrages, daß der Verkäufer verpflichtet sein soll, die Kaufsache dem Käufer zu übergeben und zu übereignen, während der Verkäufer zur Bezahlung des Kaufpreises und zur Abnahme der Kaufsache verpflichtet wird. Faßt man die verpflichtenden oder schuldrechtlichen Verträge nach Typen zusammen, so sind die Austauschverträge, die Gebrauchsüberlassungsverträge, die Dienstleistungsverträge und die anderen Verträge zu unterscheiden.

Der typische **Austauschvertrag** ist der Kaufvertrag, bei dem die Kaufsache um der Gegenleistung, des Kaufpreises, willen ausgetauscht wird. Der Tauschvertrag (§ 515) unterscheidet sich vom Kauf nur dadurch, daß als Gegenleistung nicht Geld zu zahlen, sondern Eigentum und Besitz an einer anderen Sache oder ein anderes Recht zu verschaffen ist. Beim Werklieferungsvertrag (§ 651) verpflichtet sich der eine Teil gegen Entgelt, aus einem von ihm zu beschaffenden Stoff ein „Werk" herzustellen und dies dem anderen Teil zu übergeben sowie zu übereignen. Wirtschaftlich gesehen sind Kauf-, Tausch- und Werklieferungsvertrag sogenannte Umsatzgeschäfte. Hinzu kommt der Schenkungsvertrag, das heißt die Zuwendung, durch die jemand das Vermögen eines anderen bereichert und beide sich über die Unentgeltlichkeit dieser Bereicherung einig sind. Die Handschenkung, die sogleich durch die Übereignung der geschenkten Sache erfüllt wird, ist formfrei. Ein Schenkungsversprechen bedarf nach § 518 Abs. 1 der notariellen Beurkundung (vgl. unten). Bei Schenkungsverträgen fehlt es im Gegensatz zu den Austauschverträgen an der Verpflichtung zur Gegenleistung.

Miete, Pacht und Leihe sind **Gebrauchsüberlassungsverträge**. Durch den Mietvertrag (§ 535) wird der Vermieter verpflichtet, dem Mieter den Gebrauch einer Sache während der Mietzeit zu überlassen. Der Mieter ist zur Entrichtung des vereinbarten Mietzinses verpflichtet. Während der Mietzeit hat der Mieter das Recht zum tatsächlichen Gebrauch, wird jedoch nicht Eigentümer. Die Gebrauchsüberlassung ist in der Regel auf eine gewisse Dauer angelegt (Dauerschuldverhältnis). Der Pachtvertrag (§ 581) unterscheidet sich von der Miete nur dadurch, daß der Verpächter dem Pächter auch den Gebrauch und Genuß der Früchte überlassen muß. Im übrigen können auch Rechte verpachtet werden, während nur Sachen vermietet werden. Miete und Pacht sind entgeltlich, die Leihe (§ 598) ist ein unentgeltlicher Vertrag. Der Entleiher muß für die Gebrauchsüberlassung nichts entrichten. Beim **Kreditvertrag**, der im Gesetz noch Darlehen genannt wird (§ 607), verpflichtet sich der Kreditgeber, dem Kreditnehmer eine bestimmte Geldsumme oder andere vertretbare Sachen auf Zeit zu überlassen. Nach Zeitablauf muß der Kreditnehmer das Empfangene in Sachen gleicher Art, Güte und Menge zurückerstatten. Der Kredit kann unentgeltlich sein, in der Regel ist der Kreditnehmer jedoch zur Zahlung von Zinsen verpflichtet. Beim Kreditvertrag wird ein wirtschaftlicher Wert nicht nur zum Gebrauch überlassen, sondern übereignet. Der Kreditnehmer muß daher den Wert zurückübereignen.

Dienstleistungsverträge, bei denen sich ein Teil zu einer bestimmten **Tätigkeit für den anderen** verpflichtet, sind der Dienstvertrag, der Werkvertrag und der Geschäftsbesorgungsvertrag. Beim Dienstvertrag (§ 611) ist der Dienstnehmer zur Leistung der versprochenen Dienste, der Dienstgeber zur Zahlung der vereinbarten Vergütung verpflichtet. Im Unterschied zum Mietvertrag wird hier ein persönlicher Einsatz geschuldet. Wichtigster praktischer Anwendungsfall des Dienstvertrages ist der Arbeitsvertrag. Der Arbeitnehmer verpflichtet sich hier gegenüber dem Arbeitgeber zur Leistung von unselbständiger, fremdbestimmter Tätigkeit gegen Entgelt.

Beim Werkvertrag (§ 631) verpflichtet sich der Werkunternehmer, für den Besteller ein Werk gegen Entgelt zu erstellen. Über die Tätigkeit hinaus wird auch ein Erfolg geschuldet. Dies unterscheidet den Werk- vom Dienstvertrag.

Beim Auftrag (§ 662) verpflichtet sich der eine Teil, ein Geschäft unentgeltlich für den anderen Teil zu besorgen. Der Auftrag verhält sich zum Dienst- und Werkvertrag wie die Schenkung zum Kauf.

In § 675 ist der entgeltliche Geschäftsbesorgungsvertrag geregelt. Hier geht es um Tätigkeiten höherer Art mit wirtschaftlichem Einschlag wie z. B. die Verträge zwischen Anwalt und Klient sowie die Verwaltung von Girokonten und allgemein die Vermögensverwaltung. Es geht über die Leistung von Diensten hinaus um die treuhänderische Wahrung und Geltendmachung von anvertrauten Rechten eines anderen.

Im Maklervertrag (§ 652) verpflichtet sich der Kunde gegenüber dem Makler, eine Vergütung zu bezahlen, wenn infolge der Nachweis- oder Vermittlungstätigkeit des Maklers ein Vertrag mit einem Dritten zustandekommt.

Schließlich regelt das Gesetz noch den entgeltlichen oder unentgeltlichen Verwahrungsvertrag (§ 688).

Von den bisher beschriebenen Vertragstypen unterscheiden sich die **Gesellschaftsverträge** (§ 705) grundlegend dadurch, daß alle Vertragsbeteiligten sich verpflichten, die Erreichung eines gemeinsamen Zwecks zu fördern. Typische Vertragspflicht ist die Beitragsleistung. Das Besondere ist hier der gemeinsame Zweck. Mit der Durchführung des Gesellschaftsvertrages entsteht eine Vereinigung, also eine soziale Größe, für die der Vertragsschluß lediglich die Rechtsgrundlage bedeutet. Die Gesellschafter sind gleichzeitig Gründer und Mitglieder dieses Sozialgebildes.

Nach dem Grundsatz der Vertragsfreiheit sind auch andere als die gesetzestypisch genannten Verträge möglich. Die Grenzen der Vertragsfreiheit sind die allgemeinen Vorschriften über Rechtsmißbrauch, Sittenwidrigkeit und Treu und Glauben. Der Gesetzgeber kann auch bestimmte Vertragsarten, die immer wieder gebraucht werden, typisieren und die hierzu erforderlichen Regelungen treffen. So hat er im Jahre 1979 einen gemischten Vertrag, den Reisevertrag, in den §§ 651a–k geregelt. Erfaßt sind insbesondere die Pauschalreisen, bei denen neben der Reise auch Transfer, Hotelunterkunft und Verpflegung geleistet werden.

f) Faktische Vertragsverhältnisse

A parkt seinen Wagen auf dem Privatparkplatz des B. Er erklärt diesem, für das Parken nichts bezahlen zu wollen. Als A nach zwei Stunden wieder abfahren will, verlangt B die nach seiner Gebührentabelle zu zahlende Vergütung in Höhe von 4,– DM. Muß A bezahlen?

A muß die Dienste aus den Bewachungsvertrag bezahlen, wenn ein wirksamer Vertrag zustandegekommen ist. Da A ausdrücklich erklärt hat, keinen Vertrag abschließen zu wollen, wäre B auf seine Ansprüche als Eigentümer (rechtliche Sachherrschaft) gegen den Besitzer (tatsächliche Sachherrschaft), aus ungerechtfertigter Bereicherung oder aus unerlaubter Handlung angewiesen. Darüber hinaus hat der Bundesgerichtshof eine vertragliche Pflicht zur Bezahlung des Parkgeldes anerkannt (BGHZ 21, 319; 23, 175). Hier sei aus sozialtypischem Verhalten ein Vertrag zustandegekommen, man nennt dies auch ein **faktisches Vertragsverhältnis**. Wenn jemand eine öffentlich dargebotene Leistung tatsächlich in Anspruch nimmt, soll er aus seinem sozialtypischen Verhalten zur Gegenleistung auch dann verpflichtet sein, wenn er keinen Vertrag abschließen will. Es ist zwar richtig, daß in vielen Bereichen keine Verträge mehr ausgehandelt, sondern nur noch dargebotene Leistungen ohne viel Aufhebens in Anspruch genommen werden. Es erscheint dennoch bedenklich, hier von den rechtlichen Erfordernissen Abschied zu nehmen, die für das Zustandekommen von Verträgen gelten.[109] Im übrigen könnte der Gesetzgeber durch eine geringfügige Änderung des BGB sicherstellen, daß auch in derartigen Fällen Vertragsrecht angewendet werden kann.

g) Wiederholung

Der Kaufmann K kauft von der M AG einen Handpreisauszeichner, das heißt ein Gerät, mit dem er die Etiketten zur Preisauszeichnung gleichzeitig auf die Ware kleben und mit dem Preis bedrucken kann. K unterschreibt ein Vertragsformular, auf dessen Rückseite kleingedruckt geschrieben steht, daß der Käufer sich auch verpflichte, die zur Benutzung des Geräts notwendigen Etiketten von der M AG zu beziehen. K weigert sich, dieser Verpflichtung nachzukommen, da die Etiketten von anderen Unternehmen billiger hergestellt werden. Kann die M AG von ihm den laufenden Bezug der Etiketten verlangen?

Die M AG könnte von K den laufenden Bezug der Etiketten verlangen, wenn neben dem Kaufvertrag über das Gerät auch ein Rahmenvertrag über den Kauf der Etiketten zustandegekommen ist. Es ist davon auszugehen, daß bei dem Kauf des Geräts Allgemeine Geschäftsbedingungen verwendet und einbezogen wurden. K ist Kaufmann. Nach § 24 AGBG findet jedoch auch auf ihn die Vorschrift Anwendung, daß AGB-Bestimmungen, die nach den Umständen so ungewöhnlich sind, daß der Vertragspartner des Verwenders mit ihnen nicht zu rechnen braucht, nicht Vertragsbestandteil werden (§ 3). Hierbei ist insbesondere nach dem äußeren Erscheinungsbild des Vertrags zu fragen. Die Klausel über den laufenden Bezug der Etiketten war kleingedruckt auf der Rückseite des Vertragsformulars angebracht. Mit einer so ungewöhnlichen Zusatzverpflichtung braucht K nicht zu rechnen. Er wurde weder durch das äußere Erscheinungsbild des Vertragstextes noch durch besonderen Hinweis auf diese Klausel aufmerksam gemacht. Sie ist daher nicht Vertragsbestandteil geworden. K muß die Etiketten nicht beziehen.

Die kartellrechtliche Problematik derartiger Koppelungsgeschäfte wurde in dem berühmten Fall Meto – Handpreisauszeichner (KG WuW/E OLG 995 = JuS 1969, 590 Nr. 6) ebenfalls zugunsten des K entschieden. Entscheidend war, daß Meto eine Monopolstellung für die Geräte hatte und die Koppelung des Geräteverkaufs mit dem Etikettenbezug als mißbräuchlich angesehen wurde.

3. Die nichtige Willenserklärung

a) Formmangel

A verkauft an B das Grundstück Hafenstr. 15 für 200 000,– DM. Der Kaufvertrag wird schriftlich abgeschlossen. Als A von C ein Angebot erhält, das Grundstück für 300 000,– DM zu kaufen, fragt er an, ob der Kaufvertrag mit B wirksam geworden sei.

Der Kaufvertrag ist unwirksam. Er hätte nach § 313 der notariellen Beurkundung bedurft.

A verspricht dem B, ihm ein wertvolles Ölbild zu schenken. B läßt sich dieses Versprechen schriftlich geben. A erfährt hinterher, daß der Wert des Bildes noch viel höher ist, als er bisher angenommen hat. Ist er aus dem Schenkungsversprechen verpflichtet?

---

[109] Vgl. die Nachweise bei Schwab, Einführung in das Zivilrecht, 7. Aufl. 1987, S. 216.

IV. Rechtsgeschäft und Vertrag 119

Nach § 518 Abs. 1 hätte auch dieser Vertrag der notariellen Beurkundung bedurft. In beiden Fällen wird der Formmangel geheilt, wenn die versprochene Leistung bewirkt, das heißt das Eigentum an dem Grundstück oder der geschenkten Sache übertragen wird.

Ein formnichtiges Rechtsgeschäft kann nach § 140 BGB in ein anderes umgedeutet werden, das der Formvorschrift nicht unterworfen ist. Es ist dann wirksam. In Einzelfällen kann die Berufung einer Vertragspartei auf die Formnichtigkeit eines Geschäfts gegen Treu und Glauben verstoßen, das Rechtsgeschäft ist dann als wirksam zu behandeln. Dies gilt aber nur in besonderen Ausnahmefällen, etwa, wenn die Partei, die sich auf die Formnichtigkeit beruft, den Formmangel bewußt herbeigeführt hat. Im übrigen ist es nach dem Grundsatz der Vertragsfreiheit zulässig, daß die Parteien vertraglich eine besondere Form vereinbaren (§ 127).

Ist die gesetzlich vorgeschriebene Form nicht eingehalten, so ist das Rechtsgeschäft nach § 125 S. 1 nichtig. Ist eine besondere Form vereinbart, so ist das Rechtsgeschäft nach § 125 S. 2 nur „im Zweifel" nichtig, d. h., die Parteien können eine teilweise Geltung trotz Formmangels vereinbaren.

b) Gesetzliches Verbot

Ein Rechtsgeschäft, das gegen ein gesetzliches Verbot verstößt, ist nach § 134 nichtig. Diese an sich klare Vorschrift kann im Einzelfall zu Anwendungsproblemen führen, weil gesetzliche Verbote sich nicht immer gegen den Abschluß von bestimmten Rechtsgeschäften richten.

A kauft bei B, dessen Laden er nach Ladenschluß durch die Hintertür betreten hat, einen Teppich zum Preis von 1800,- DM. Als der Teppich geliefert wird, gefällt er ihm nicht mehr. A behauptet, nicht zur Abnahme des Teppichs verpflichtet zu sein, weil bei dem Kauf gegen das Ladenschlußgesetz verstoßen worden sei.

Hier wendet sich das gesetzliche Verbot des § 3 Abs. 1 Nr. 2 Ladenschlußgesetz gegen die Person des Ladeninhabers. Dieser begeht eine Ordnungswidrigkeit und muß ein Bußgeld bezahlen. Ziel des Verbots ist jedoch nicht, den Kunden in seiner Vertragsfreiheit zu beeinträchtigen und dem abgeschlossenen Vertrag die Wirksamkeit zu versagen. Die Übertretung der Ladenschlußzeiten ist nur Anlaß für das Kaufgeschäft. Das Verbot wendet sich nur gegen den Verkäufer. Es verbietet nicht den Abschluß von Kaufverträgen schlechthin. Es wendet sich daher nicht gegen den Inhalt des Kaufvertrages. Dieser ist wirksam. B muß den Kaufpreis für den Teppich in Höhe von 1800,- DM bezahlen.

c) Sittenwidrigkeit, Wucher

A leiht dem B, der in Geldschwierigkeiten ist, 10000,- DM zu einem Jahreszins von 50%. Nach einem Jahr zahlt ihm B nur 10000,- DM zurück. Die Wucherzinsen in Höhe von 5000,- DM will er nicht bezahlen. Zu Recht?

Der Kreditvertrag könnte nach § 138 Abs. 2 nichtig sein, weil A sich einen Vermögensvorteil versprechen ließ, der in einem auffälligen Mißverhältnis zu seiner Leistung, der Hingabe des Kredits, steht. Hinzu kommen muß, daß er dies unter Ausbeutung der Zwangslage, der Unerfahrenheit, des Mangels an Urteilsvermögen oder der erheblichen Willensschwäche des B tut. Hier ist anzunehmen, daß B wegen seines Geldmangels in einer Zwangslage steht. Der Jahreszinssatz von 50% spricht auch dafür, daß hier die Leistung in einem auffälligen Mißverhältnis zur Gegenleistung steht. Zwar legt der Wucherparagraph keine festen Obergrenzen für Kreditzinsen fest, maßgeblich ist vielmehr die jeweilige geldpolitische und wirtschaftspolitische Lage. Jahreszinsen von 50% bewegen sich jedoch in aller Regel jenseits der Wuchergrenze. Also hat A keinen Anspruch gegen B auf Zahlung der Jahreszinsen.

Nichtig ist auch ein Rechtsgeschäft, das gegen die „guten Sitten" verstößt (§ 138 Abs. 1 BGB). Im Einzelfall ist es schwierig, die Generalklausel der Sittenwidrigkeit auszufüllen. Es hilft auch nicht viel weiter, wenn man wie die Rechtsprechung die Sittenwidrigkeit mit der Formel „Verstoß gegen das Anstandsgefühl aller billig und gerecht Denkenden" umschreibt. Hier wird nur eine durch zwei neue Generalklauseln, nämlich durch die Begriffe „billig" und „gerecht" ersetzt. Es führt nur weiter, wenn man diesen Begriff anhand von Fallgruppen ausfüllt. Sittenwidrig sind demnach z. B. schwere Verstöße gegen die Moral nicht nur des Geschäfts-, sondern auch des Familienlebens, Treuebrüche und Verstöße gegen die Wertordnung, die durch die Grundrechte gebildet wird. § 138 BGB ist nach der derzeit herrschenden Rechtsprechung eines der Einfallstore für die Grundrechte in das Zivilrecht. Da nach dieser Rechtsprechung die Grundrechte nur mittelbar wirken (vgl. oben), bedarf es einer Ausfüllung dieser Generalklausel durch die Prinzipien und Wertmaßstäbe der Grundrechte, um eine freiheitliche und soziale, die Menschenwürde des Bürgers schützende Gemeinschaftsordnung im Zivilrecht durchzusetzen.

B will von A ein Bordell pachten, fragt aber an, ob derartige Verträge nicht sittenwidrig seien.

Der BGH hat früher die Sittenwidrigkeit eines Bordellpachtvertrages angenommen (BGHZ 41, 341). Neuerdings werden derartige Verträge zugelassen, wenn die Unterhaltung des Bordells straffrei und der Pachtzins nicht unangemessen hoch ist (BGHZ 63, 365). Der Vertrag zwischen Bordellbesucher und Prostituierter ist jedoch sittenwidrig, also nichtig (OLG Düsseldorf MDR 1975, 661).

d) Geschäftsunfähigkeit

Der fünfjährige A kauft sich ein Tretauto zum Preis von 40,- DM. Er bezahlt auch den Kaufpreis. Als nach wenigen Minuten seine Mutter mit A und dem Tretauto in das Geschäft zurückkommt, weigert sich der Verkäufer V, die 40,- DM zurückzugeben. Zu Recht?

V könnte die Rückgabe nur verweigern, wenn der Kaufvertrag mit A wirksam geworden ist. A ist jedoch erst fünf Jahre alt und damit nach § 104 Nr. 1 geschäftsunfähig. Seine Willenserklärung ist nach § 105 Abs. 1 nichtig. Also ist ein Kaufvertrag nicht zustande gekommen. Die Mutter kann die Rückzahlung der 40,- DM an A als seine gesetzliche Vertreterin verlangen, je nach Lage des Falles ist sie selbst Eigentümerin des Geldes. Der Verkäufer ist Eigentümer des Tretautos geblieben. Sowohl das Verpflichtungsgeschäft des Kaufvertrages als auch die beiden Erfüllungsgeschäfte der Übereignung des Tretautos und des Geldes sind nichtig.

Geschäftsunfähig ist auch der Geistesgestörte nach § 104 Nr. 2. Nichtig ist nicht nur die Willenserklärung des Geschäftsunfähigen, sondern auch die eines Bewußtlosen oder eines Menschen, dessen Geistestätigkeit vorübergehend gestört ist (§ 105 Abs. 2), also z. B. bei Volltrunkenheit und Hypnose. Seit dem Wegfall der Geschäftsunfähigkeit wegen Entmündigung (früher § 104 Nr. 3) gibt es eine beschränkte Geschäftsfähigkeit bei zu Betreuenden (vgl. unten).

IV. Rechtsgeschäft und Vertrag   121

e) Schein, Scherz und geheimer Vorbehalt

Der Karnevalsprinz A läßt sich von Oberbürgermeister B dessen stattlichen Privatwagen schenken. B beruft sich darauf, daß es sich hier um einen Scherz gehandelt habe.

Nach § 118 ist seine Willenserklärung nichtig, weil sie nicht ernst gemeint war und in der Erwartung abgegeben wurde, der Mangel der Ernstlichkeit werde nicht verkannt werden.

Bei einer Scherzerklärung kann der andere Vertragsteil jedoch einen Schaden erleiden, weil er auf die Ernsthaftigkeit der Erklärung vertraut hat. Wenn er hierbei nicht fahrlässig gehandelt hat, kann er nach § 122 Abs. 1 den Ersatz des Schadens verlangen, den er dadurch erlitten hat, daß er auf die Gültigkeit der Erklärung vertraut hat (Vertrauensschaden).

Scheingeschäfte, bei denen sich beide Seiten von vorneherein einig waren, daß das von ihnen abgeschlossene „Rechtsgeschäft" nicht verbindlich sein solle, sind nach § 117 Abs. 1 nichtig. Vertrauensschaden kann nicht verlangt werden, da sich beide Seiten ja einig sind.

Behält sich jemand nur insgeheim vor, das Erklärte nicht zu wollen, so ist seine Willenserklärung trotzdem wirksam (§ 116 S. 1). Nichtig ist sie nur, wenn der andere den Vorbehalt kennt (§ 116 S. 2).

f) Wiederholung

A verkauft an B das Grundstück Hafenstr. 15. Vor dem Notar erklären beide, um Steuern und Gebühren zu sparen, der Kaufpreis betrage 300000,- DM. Dieser Betrag wird auch vom Notar als Kaufpreis beurkundet. Mündlich haben beide jedoch vereinbart, daß der Kaufpreis 400000,- DM betragen solle. Später will A das Grundstück behalten. Kann B die Auflassung und Eintragung (Übereignung) des Grundstücks verlangen? Muß er 300000,- DM oder 400000,- DM bezahlen?

B könnte die Übereignung des Grundstücks, die nach § 925 BGB durch Auflassung (Einigung) und Eintragung in das Grundbuch erfolgt, verlangen, wenn ein wirksamer Kaufvertrag über das Grundstück nach § 433 zustandegekommen ist. A und B haben zwar übereinstimmend vor dem Notar erklärt, daß das Grundstück für 300000,- DM verkauft werden sollte. Beide Erklärungen waren aber nur zum Schein abgegeben. Der mit dem Kaufpreis von 300000,- DM beurkundete Kaufvertrag ist daher nichtig (§ 117 Abs. 1 BGB).

Ein Kaufvertrag könnte jedoch in Höhe von 400000,- DM zustandegekommen sein. Über diesen Betrag haben sich A und B in Wahrheit geeinigt. Nach § 117 Abs. 2 BGB gelten für diesen Kauf jedoch voll die Vorschriften, die für den Verkauf von Grundstücken normiert sind. Es handelt sich um einen verdeckten Vertrag. Nach § 313 S. 1 hätte der Kaufvertrag notariell beurkundet werden müssen. Diese Form wurde nicht eingehalten. Der Vertrag ist daher nach § 125 nichtig. B kann also auch nicht die Übereignung des Grundstückes zum Preis von 400000,- DM verlangen. A kann demnach das Grundstück behalten. Er hat keine Kaufpreisansprüche.

4. Die Willenserklärung des Minderjährigen

a) Beschränkte Geschäftsfähigkeit

Wer sieben Jahre alt ist, ist nach § 106 minderjährig. Volljährig wird man nach § 2 mit 18 Jahren.

Der Minderjährige bedarf nach § 107 zu einer Willenserklärung, durch die er nicht lediglich einen rechtlichen Vorteil erlangt, der Einwilligung seines gesetzlichen Vertreters. Gesetzliche Vertreter sind Vater und Mutter gemeinsam (§ 1629 Abs. 1 S. 2). Unter besonderen Voraussetzungen ist ein Elternteil allein gesetzlicher Vertreter (z. B. nach § 1671), oder es wird ein Vormund bestellt (§§ 1773, 1793).

Beim Minderjährigenrecht geht es um die Abgleichung der (beschränkten) Handlungsfähigkeit Minderjähriger mit den Leitungsbefugnissen des gesetzlichen Vertreters, das heißt Vater und Mutter. Andere Fälle der beschränkten Geschäftsfähigkeit regelt § 1903. Andere Fälle der beschränkten Geschäftsfähigkeit regelt § 1903. Durch das Betreuungsgesetz wurden mit Wirkung vom 1. 1. 1992 Vorschriften für Volljährige eingeführt, die wegen Krankheit oder Behinderung betreut werden müssen. Für bestimmte Rechtsgeschäfte kann gerichtlich angeordnet werden, daß sie der Einwilligung des Betreuers bedürfen (§ 1903). Die zu Betreuenden werden hier wie Minderjährige behandelt.

b) Wirksame Rechtsgeschäfte

A schenkt dem minderjährigen B zu Weihnachten einen Kassettenrecorder. Darf B diesen behalten?

Die Schenkung bringt ihm lediglich einen rechtlichen Vorteil. Seine Willenserklärung beim Schenkungsvertrag und beim Übereignungsvertrag ist nach § 107 wirksam.

A schenkt dem minderjährigen B ein Grundstück.

Hier beinhaltet die Schenkung zwar ebenfalls in der Hauptsache einen rechtlichen Vorteil für B. Daneben oder in der Folge der Schenkung können für B aber auch Verpflichtungen entstehen. So ist das Grundstück mit Steuern und Anliegerbeiträgen belastet. Da diese öffentlich-rechtlichen Verpflichtungen jedoch keine rechtsgeschäftlichen Folgen aus der Willenserklärung des Minderjährigen sind, ist auch die Schenkung und Übereignung des Grundstücks wirksam, weil die Erklärung des Minderjährigen nach § 107 wirksam ist. Anders ist zu entscheiden, wenn das Grundstück mit Hypotheken belastet ist, weil der Grundstückserwerber durch diese Rechte wirtschaftlich belastet wird.[110]

Der minderjährige A kauft ein Moped zum Preis von 900,- DM. Die Eltern haben im voraus in das Geschäft eingewilligt. Der Kaufvertrag ist sofort wirksam (§ 107).

Der minderjährige A kauft mit seinem Taschengeld zwei Kassetten zum Preis von 20,- DM. Er durfte das Taschengeld auch zu diesem Zweck verwenden.

Der Vertrag ist hier von Anfang an wirksam, weil der minderjährige A die vertragsmäßige Leistung mit Mitteln bewirkt, die ihm zu diesem Zweck oder zur freien Verfügung vom gesetzlichen Vertreter überlassen wurden (Taschengeldparagraph,

---

[110] Anders Bayerisches Oberstes Landesgericht, Rechtspfleger 1979, 197

§ 110). Haben die Eltern dem Minderjährigen verboten, das Taschengeld zu diesem Zweck zu verwenden, so greift § 110 nicht ein.[111]

c) Zustimmungsbedürftige Rechtsgeschäfte

Der minderjährige A kauft ein Moped zum Preis von 900,- DM ohne Einwilligung seiner Eltern.

Schließt A den Vertrag ohne die Einwilligung des gesetzlichen Vertreters, so muß diese nachgeholt werden. Die Wirksamkeit des Vertrags hängt von der Genehmigung des gesetzlichen Vertreters ab (§ 108 Abs. 1). Der Verkäufer kann den Vertrag nach § 109 Abs. 1 bis zur Genehmigung durch den gesetzlichen Vertreter widerrufen; er kann den Widerruf auch dem Minderjährigen gegenüber erklären. Wird der Vertrag genehmigt, so ist er rückwirkend wirksam (§ 184 Abs. 1). Verweigert der gesetzliche Vertreter die Genehmigung, so ist der Vertrag von Anfang an nichtig. Der Minderjährige wird also gegen unvorteilhafte Rechtsgeschäfte geschützt.

Hat der Verkäufer das Moped bereits A übereignet (§ 929), so ist der Übereignungsvertrag wirksam, da er dem A nach § 107 lediglich einen rechtlichen Vorteil bringt. Ist der Kaufvertrag jedoch unwirksam, so kann der Verkäufer von A die Rückübereignung des Mopeds nach § 812 Abs. 1 verlangen, da er ohne Rechtsgrund an A übereignet hat.

Es wird deutlich, daß die Ebenen des Verpflichtungs- und des Verfügungsgeschäfts strikt zu trennen sind. Ist wie hier ein Verfügungsgeschäft wirksam, während das zugrundeliegende Verpflichtungsgeschäft unwirksam ist, so wird § 812 benötigt, um das fehlgeschlagene Leistungsgeschäft (Übereignung des Mopeds) rückabzuwikkeln.

Nach § 112 kann der gesetzliche Vertreter mit Genehmigung des Vormundschaftsgerichts dem Minderjährigen den Betrieb eines Erwerbsgeschäfts gestatten. Dieser ist dann unbeschränkt geschäftsfähig, soweit er im Geschäftsbetrieb Rechtsgeschäfte abschließt (vgl. die Ausnahme in § 112 Abs. 1 S. 2). Die Vorschrift ist heute wenig bedeutsam, da das Volljährigkeitsalter auf 18 Jahre gesenkt wurde (früher 21 Jahre).

Nach § 113 kann der gesetzliche Vertreter den Minderjährigen zur Eingehung eines Dienst- oder Arbeitsverhältnisses ermächtigen. Der Minderjährige ist dann für Rechtsgeschäfte in diesem Verhältnis unbeschränkt geschäftsfähig (vgl. zur Ausnahme auch hier § 113 Abs. 1 S. 2). Da diese Vorschrift nach allerdings umstrittener Auffassung für Auszubildende nicht anzuwenden ist, ist sie in der Praxis ebenfalls wenig bedeutsam. Im Zweifel ist davon auszugehen, daß der gesetzliche Vertreter eine so weitreichende Ermächtigung, wie sie § 113 beschreibt, nicht gibt.

Wird der Minderjährige volljährig, ehe das Geschäft genehmigt ist, so kann er selbst nach § 108 Abs. 3 entscheiden, ob er genehmigen will oder nicht.

d) Wiederholung

A ist minderjährig. Er erhält von seinen Eltern 200,- DM zum Kauf eines Fahrrads. Unterwegs verliert er das Geld. Er kauft das Fahrrad bei B, erklärt jedoch, daß er die 200,- DM erst noch bei seinen Eltern holen müsse. Die Eltern meinen, A müsse die

---

[111] Bei § 110 ist vieles umstritten; vgl. *Schwab*, Einführung in das Zivilrecht, 7. Aufl. 1987, S. 299–300.

Folgen seiner Unachtsamkeit selbst tragen. Sie weigern sich, den Kaufpreis zu bezahlen. Muß A das Fahrrad zurückgeben?

Die Eltern wollen, daß A das Fahrrad mit den überlassenen 200,– DM kauft. Sie wollen nicht, daß er sich beliebig in Höhe von 200,– DM zum Kauf von Fahrrädern verpflichtet. Sie wollen vielmehr den Kauf des Fahrrades mit dem konkret überlassenen Geldbetrag sicherstellen. Verwendet A das Geld hierzu, ist der Kaufvertrag nach § 110 von Anfang an wirksam. Verliert A das Geld unterwegs, so kann er einen wirksamen Kaufvertrag nicht mehr abschließen. Die Wirksamkeit des Vertrages hängt vielmehr nach § 108 Abs. 1 von der Genehmigung des gesetzlichen Vertreters ab. Der Übereignungsvertrag zu dem Fahrrad ist zwar nach §§ 107, 929 wirksam, da die Erklärung des A ihm lediglich einen rechtlichen Vorteil bringt. Ist jedoch der Kaufvertrag, weil ihn die Eltern nicht genehmigt haben, unwirksam, so ist A nach § 812 Abs. 1 zur Rückübereignung an B verpflichtet, da er das Eigentum an dem Fahrrad ohne Rechtsgrund erlangt hat.

5. Die anfechtbare Willenserklärung
a) Irrtum
aa) Motivirrtum
A nimmt bei B einen Bankkredit von 100 000,– DM auf. Der Zinssatz von 8 % wird auf 4 Jahre festgeschrieben. 8 Tage darauf senkt die Bundesbank den Diskontsatz. A widerruft die Zinsbindung, er habe sich beim Abschluß des Kreditvertrages geirrt. Kann ihn die B-Bank am Kreditgeschäft festhalten?

Durch übereinstimmende Willenserklärungen ist nach § 607 ein Kreditvertrag zwischen A und B zustandegekommen. Der Zinssatz von 8 % ist Bestandteil des Kreditvertrages. Die Erklärung des A, daß er sich über die Zinshöhe geirrt habe und von dem Vertrag loskommen wolle, könnte als Anfechtung seiner Willenserklärung wegen Irrtums nach § 119 aufzufassen sein. A kann jedoch weder geltend machen, er habe eine Erklärung dieses Inhalts überhaupt nicht abgeben wollen (Irrtum in der Erklärungshandlung), noch war er über den Inhalt seiner Erklärung im Irrtum (Irrtum über die Erklärungsbedeutung). A kann allenfalls von dem irrigen Motiv geleitet gewesen sein, der Diskontsatz der Bundesbank werde nicht weiter sinken, es sei daher sinnvoll, den Zinssatz auf 8 % festzusetzen und auf 4 Jahre festzuschreiben. Dieser Motivirrtum ist jedoch nach § 119 unbeachtlich. A kann seine Willenserklärung nicht anfechten. Er muß den Kreditvertrag erfüllen.

bb) Irrtum in der Erklärungshandlung
K erhält von V einen Brief, in dem ihm dieser seine gebrauchte Stehlampe für 85,– DM anbietet. K schreibt zurück, er nehme das Angebot an. Als V die Stehlampe einpacken will, um sie bei K vorbeizubringen, entdeckt er, daß er sich in seinem Brief vertippt hat. Er wollte ein Angebot in Höhe von 850,– DM machen, hat jedoch die Null nicht eingetippt. Kann V von dem Kaufvertrag mit K loskommen?

V könnte sein Vertragsangebot nach § 119 Abs. 1 mit der Wirkung anfechten, daß es nach § 142 Abs. 1 als von Anfang an nichtig anzusehen ist. Voraussetzung ist, daß A sich in der Erklärungshandlung oder über die Erklärungsbedeutung geirrt hat. Da A sich beim Angebot vertippt hat, seine Erklärung also abgeirrt ist, liegt ein Irrtum in der Erklärungshandlung nach § 119 Abs. 1 vor; V wollte eine Erklärung dieses Inhalts überhaupt nicht abgeben. V muß gegenüber K mündlich oder schriftlich anfechten. Seine Erklärung gilt dann nach § 142 Abs. 1 als nichtig. V braucht nicht zum Preis von 85,– DM zu liefern. Er kann jedoch ein neues Vertragsangebot in Höhe von 850,– DM machen.

IV. Rechtsgeschäft und Vertrag   125

cc) Irrtum über die Erklärungsbedeutung

O bestellt bei N 20 Dosen Haakjöringsköd. N übersetzt das Wort zutreffend und liefert Haifischfleisch. O wollte aber Walfleisch bestellen. Kann er von dem Kaufvertrag noch loskommen?

O hat sich über die Bedeutung seiner Erklärung geirrt. Sein Vertragsangebot hatte daher einen anderen Inhalt, als er annahm. Daher kann er nach § 119 Abs. 1 seine Erklärung anfechten. Seine subjektive Vorstellung weicht vom objektiven Inhalt seines Angebots ab. Die Erklärung ist nach § 142 Abs. 1 als von Anfang an nichtig anzusehen. N hat ihm jedoch die 20 Dosen bereits zugeschickt. Da mit der Wirkung der Anfechtung der Kaufvertrag vernichtet wurde, kann N die ohne Rechtsgrund gelieferten 20 Fischdosen nach § 812 Abs. 1 (ungerechtfertigte Bereicherung) zurückverlangen. Sind N im Vertrauen auf die Gültigkeit seiner Erklärung Kosten entstanden – möglicherweise hat er die Portokosten übernommen –, so ist ihm O nach § 122 Abs. 1 zum Ersatz des Schadens verpflichtet, den N im Vertrauen auf die Gültigkeit seiner Erklärung erlitten hat. O muß also die Portokosten erstatten. Nicht zum Schadensersatz verpflichtet wäre O nur dann, wenn N den Grund der Anfechtbarkeit gekannt oder in Folge von Fahrlässigkeit nicht gekannt hätte (§ 122 Abs. 2).

K hat mit dem Kunsthändler V lange über den Ankauf eines Bildes von Beckmann verhandelt. V hat 90 000,– DM verlangt. K konnte sich nicht zum Kauf entschließen. Als K bei V anruft und ihm anbietet, den Beckmann für 70 000,– DM zu kaufen, nimmt V an. Er meint jedoch ein anderes Beckmann-Gemälde, über das bei den Verkaufsverhandlungen kurz gesprochen worden war. K läßt sich zwar von V das Bild kurz beschreiben, erkennt seinen Irrtum aber erst, als es geliefert wird. Kann er von dem Kaufvertrag noch loskommen?

K hat sich über die Identität der Kaufsache geirrt. Nach § 119 Abs. 1 liegt hier ein Irrtum über die Erklärungsbedeutung vor. K kann also wirksam anfechten.

V ruft K an und teilt ihm mit, er könne günstig Kartoffeln zum Preis von 0,25 DM das Kilo bei einer Mindestabnahmemenge von 2 Zentnern liefern. K bestellt 5 Zentner. Er hat am Telefon 20 statt 25 Pfennig verstanden. Kann K, der den Irrtum nach Lieferung und Fakturierung erkennt, noch von dem Kaufvertrag loskommen?

K könnte nach § 119 Abs. 1 mit der Wirkung des § 142 anfechten, wenn er sich über die Bedeutung seiner Erklärung geirrt hat. A hat ein falsch verstandenes Angebot angenommen. Er hat daher seiner Annahmeerklärung die Bedeutung „20 Pfennig" beigemessen, während sie nach dem Inhalt des Angebots, auf das sich die Annahme bezog, „25 Pfennig" bedeutete. Da K die Erklärung des V zum Inhalt seiner Erklärung gemacht und sich über die Bedeutung dieser Erklärung geirrt hat, kann er nach § 119 Abs. 1 wirksam anfechten. Er muß allerdings den Vertrauensschaden des V nach § 122 Abs. 1 ersetzen.

Malermeister B hat dem A ein Angebot zur Renovierung seiner Wohnung gemacht und hierbei die Teile des geplanten Werks sorgfältig berechnet und ausgeführt. Die Gesamtsumme des Angebots beträgt 3000,– DM. A nimmt unter der Voraussetzung an, daß B diese Summe nicht überschreiten dürfe. B stellt nachträglich fest, daß er ein Zimmer falsch ausgemessen hat. Bei richtiger Messung würde auf der Grundlage seines Angebots ein Preis von 3300,– DM herauskommen. Kann B von dem Vertrag loskommen, wenn A nicht bereit ist, die zusätzlichen 300,– DM zu bezahlen?

B könnte seine Erklärung wegen Irrtums über die Erklärungsbedeutung nach § 119 Abs. 1 anfechten. Über die Bedeutung seiner Erklärung hat sich B jedoch nicht geirrt. Vielmehr liegt ein Kalkulationsirrtum vor. B kam aufgrund einer falschen Berechnung zu einer falschen Angebotssumme. In der Regel berechtigen Kalkulationsfehler nicht zu einer Irrtumsanfechtung, da sie den Erklärungsinhalt unberührt lassen. Hier ist jedoch deshalb eine Ausnahme zu machen, weil B dem A die gesamten Kalkulationsunterlagen mitgeteilt hat und A hätte erkennen können, daß für das eine Zimmer eine falsche Quadratmeterzahl eingesetzt wurde. B ist daher ausnahmsweise berechtigt, seine Erklärung nach § 119 Abs. 1 wegen Irrtums über die Erklärungsbedeutung anzufechten.

dd) Eigenschaftsirrtum

K hat im Schaufenster des Kunsthändlers V ein Beckmann-Gemälde gesehen. Es gefällt ihm sehr gut. Er kauft es für 2000,- DM. Hinterher erfährt er, daß es sich um eine Kopie handelt. Das Original hätte 90 000,- DM gekostet. Kann K von dem Vertrag loskommen?

K hat sich weder in der Erklärungshandlung noch über die Erklärungsbedeutung geirrt. Er hat jedoch eine Kopie für ein Original gehalten. Hierin könnte ein Irrtum über eine verkehrswesentliche Eigenschaft der Kaufsache nach § 119 Abs. 2 liegen. Ein solcher Irrtum würde dann wie ein Irrtum über die Erklärungsbedeutung behandelt. Die Echtheit eines Gemäldes ist eine verkehrswesentliche Eigenschaft. Also kann K nach § 119 Abs. 2 wirksam anfechten. Es spielt hierbei keine Rolle, ob ein unbefangener Betrachter bei dem niedrigen Preis des Gemäldes hätte erkennen müssen, daß es sich hier nur um eine Kopie handeln konnte.

ee) Wer kann wie lange anfechten?

K hat sich zwar bei dem Kauf geirrt, nachträglich gefällt ihm die Kopie jedoch so gut, daß er sie behalten möchte. Hat V eine Möglichkeit, von dem Vertrag loszukommen?

Nein. Das Gestaltungsrecht der Anfechtung steht nur dem zu, der sich geirrt hat. Der Anfechtungsberechtigte hat es in der Hand, die Anfechtung zu erklären und dadurch das Rechtsgeschäft nach § 142 Abs. 1 rückwirkend zu vernichten. Tut er dies jedoch nicht, so bleibt es voll wirksam. V ist daher verpflichtet, den nicht angefochtenen Kaufvertrag zu erfüllen.

K entschließt sich nach 3 Monaten, die Kopie zurückzugeben. V hält ihm entgegen, daß er die Erklärung hätte früher anfechten müssen. Zu Recht?

Nach § 121 Abs. 1 muß wegen Irrtums oder falscher Übermittlung (§ 120) unverzüglich angefochten werden, nachdem der Anfechtungsberechtigte von dem Anfechtungsgrund Kenntnis erlangt hat. K muß also anfechten, wenn er bei Lieferung des Bildes erkennt, daß es sich nur um eine Kopie handelt. Die verspätete Anfechtung ist unwirksam. Ohne Rücksicht auf die Kenntnis des Irrtums erlischt das Anfechtungsrecht nach 30 Jahren (§ 121 Abs. 2 BGB). Dies entspricht der regelmäßigen Verjährungsfrist nach § 195. Der Gesetzgeber gibt in diesen Fällen der Rechtssicherheit den Vorrang vor der materiellen Gerechtigkeit.

b) Arglistige Täuschung

Der Händler V bietet dem K einen echten Teppich zum Preis von 4000,- DM an. K entschließt sich zum Kauf. V gibt ihm den verkauften Teppich gleich mit. Beim Zusam-

IV. Rechtsgeschäft und Vertrag   127

menrollen des Teppichs gelingt es V, einen billigen maschinengewirkten Teppich an die Stelle des echten, handgeknüpften Teppichs zu setzen und dem K mitzugeben. Kann K die Lieferung des echten Teppichs verlangen?

Ja. Beide haben sich über diesen Teppich geeinigt. Also ist V nach § 433 Abs. 1 zur Lieferung und Übereignung des echten Teppichs verpflichtet.

Wie wäre zu entscheiden, wenn V den K über die Echtheit des Teppichs getäuscht hätte und K von dem Kauf loskommen will?

K könnte seine Erklärung nach § 123 Abs. 1 anfechten, wenn er zu ihr durch arglistige Täuschung bestimmt worden ist. Das Gesetz will sicherstellen, daß der Vertragspartner sich frei und unbeeinflußt durch falsche Informationen zu seiner Willenserklärung entscheidet. Hier ist K durch die Täuschung über die Echtheit des Teppichs zur Erklärung bestimmt worden. Er kann daher wegen arglistiger Täuschung nach § 123 Abs. 1 mit der Wirkung des § 142 Abs. 1 anfechten. K ist nicht verpflichtet, den Teppich abzunehmen.

c) Drohung

Wie wäre zu entscheiden, wenn V den K nicht über die Echtheit des Teppichs täuscht, ihm jedoch androht, die Nachbarschaft über die Tatsache zu informieren, daß der Sohn S des K drogenabhängig ist?

Hier kann K wirksam anfechten, weil er zur Abgabe seiner Willenserklärung widerrechtlich durch Drohung bestimmt worden ist (§ 123 Abs. 1). Drohung ist die Ankündigung eines empfindlichen Übels, das der Drohende dem anderen Teil entweder selbst zufügen will oder dessen Eintritt in der Hand zu haben er vorgibt. Die Drohung muß widerrechtlich sein. V kann von seiner Meinungsfreiheit Gebrauch machen, die Nachbarschaft also auch über die Drogenabhängigkeit des S unterrichten. Widerrechtlich ist seine Handlung, weil er sie als Mittel zu dem Zweck einsetzt, den K zum Abschluß eines Kaufvertrages zu bringen. Die Rechtsordnung mißbilligt es, wenn eine Vertragspartei auf diese Weise unter Druck gesetzt wird. V durfte das Mittel, die Nachbarschaft über S zu informieren, nicht zu dem Zweck einsetzen, den K zum Abschluß des Kaufvertrages, und dies auch noch zu einem weit überhöhten Preis, zu zwingen. Die Anfechtung des K ist wirksam.

d) Exkurs: Wegfall der Geschäftsgrundlage

V stellt Fertighäuser her. Er verkauft ein solches Haus an K. Das Haus soll auf einem Grundstück montiert werden, von dessen Bebaubarkeit beide Vertragsparteien ausgehen. K erhält jedoch keine Baugenehmigung, da der entsprechende Bebauungsplan kurzfristig geändert wurde. Kann K noch von dem Kaufvertrag loskommen, wenn er kein anderes passendes Grundstück findet?

K kann nicht nach § 119 Abs. 1 oder Abs. 2 anfechten. Er hat genau das Fertighaus erhalten, das er bestellt hat. Die Bebaubarkeit des Grundstücks, auf welches das Haus gestellt werden soll, ist keine verkehrswesentliche Eigenschaft des Hauses. Das Grundstück, auf welches das Haus gestellt werden soll, ist nicht Bestandteil des Kaufvertrages geworden. An sich wäre der Irrtum darüber, daß für das gekaufte Fertighaus auch ein passendes, bebaubares Grundstück zur Verfügung stehe, ein unbeachtlicher Motivirrtum. Eine solche Lösung wäre jedoch unbillig. Beide Parteien sind davon ausgegangen, daß auf dem Grundstück gebaut werden könne. Diese Vorstellung ist Grundlage des Geschäfts geworden. Fehlt diese Geschäftsgrundlage oder fällt sie später weg, so ist der Vertrag an die tatsächliche Sachlage anzupassen. Der Benachteiligte soll nicht an dem Buchstaben des Vertrages festgehalten werden. Da für K der Kauf nur einen Sinn hätte, wenn er das Fertighaus auch auf einem Grundstück aufstellen kann, bleibt hier als Mittel der Vertragsanpassung nur die Rückgängigmachung des Kaufs (vgl. BGH JZ 1966, 409). Die Lehre von der Geschäftsgrundlage ist eine Ausprägung des Grundsatzes von Treu und Glauben, die aus § 242 entwickelt worden ist. Voraussetzung ist, daß ein Irrtum Grundlage des Geschäfts war, jedoch nicht Vertragsinhalt geworden ist. Der Wegfall der Geschäftsgrundlage darf nicht in den Risikobereich nur einer Vertragspartei fallen. Die Vertragsanpassung hat in erster Linie durch mildere Mittel zu erfolgen, im äußersten Falle ist der Vertrag jedoch rückgängig zu machen.

e) Wiederholung

A schließt mit der B-Bank einen Kreditvertrag über 100 000,– DM zu einem Zinssatz von 9% ab. Die B-Bank erfährt hinterher, daß A schon mehrfach Konkurs anmelden mußte. Kann sie von dem Vertrag loskommen?

Nach § 119 Abs. 1 ist die Erklärung der B-Bank nicht anfechtbar, weil sie sich weder in der Erklärungshandlung noch über die Erklärungsbedeutung geirrt hat. Die Bonität ihres Kreditnehmers ist nicht Vertragsinhalt geworden. Die B-Bank könnte jedoch nach § 119 Abs. 2 wirksam anfechten, wenn die Bonität eine verkehrswesentliche Eigenschaft des Schuldners wäre, die zur Anfechtung wegen Eigenschaftsirrtum berechtigt. Nach § 119 Abs. 2 gilt als Irrtum über den Inhalt der Erklärung der Irrtum nicht nur über Sacheigenschaften, sondern auch über Eigenschaften der Person, die im Verkehr als wesentlich angesehen werden. Eigenschaften der Person oder der Sache sind tatsächliche und rechtliche Verhältnisse, die wegen ihrer Beschaffenheit und voraussichtlichen Dauer nach der Verkehrsanschauung einen Einfluß auf die Wertschätzung der Person oder der Sache ausüben. Hierzu gehört auch die Kreditwürdigkeit eines Kreditnehmers. Die B-Bank kann nach § 119 Abs. 2 wegen Eigenschaftsirrtums wirksam anfechten.

6. Bedingung, Befristung (Zeitbestimmung)

A verkauft B eine Kaffeemaschine für 250,– DM unter Eigentumsvorbehalt. B soll den Kaufpreis nach 4 Wochen bezahlen. Zugleich soll das Eigentum an der Kaffeemaschine auf ihn übergehen.

Nach § 455 ist beim Kauf unter Eigentumsvorbehalt im Zweifel anzunehmen, daß die Übertragung des Eigentums (§ 929) unter der aufschiebenden Bedingung vollständiger Zahlung des Kaufpreises erfolgt. Nach § 158 unterscheidet man zwischen der aufschiebenden und der auflösenden Bedingung. Das aufschiebend bedingte Rechtsgeschäft wird mit dem Eintritt der Bedingung wirksam (§ 158 Abs. 1). Wird das Rechtsgeschäft unter einer auflösenden Bedingung vorgenommen, so wird es zwar sofort wirksam, tritt jedoch die Bedingung ein, so wird der frühere Rechtszustand wiederhergestellt (§ 158 Abs. 2). In diesem Fall handelt es sich um eine aufschiebende Bedingung.

Für die Regelung des Schwebezustands bis zum Eintritt der Bedingung trifft das BGB eine Reihe von Vorkehrungen (§§ 159–161). Wird der Eintritt der Bedingung treuwidrig verhindert, so gilt sie als eingetreten (§ 162 Abs. 1). Wird er treuwidrig herbeigeführt, so gilt der Eintritt der Bedingung als nicht erfolgt (§ 162 Abs. 2).

IV. Rechtsgeschäft und Vertrag 129

Statt das Schicksal eines Vertrages vom Eintritt eines zukünftigen, ungewissen Ereignisses, also der Bedingung, abhängig zu machen, können die Beteiligten auch feste Termine vereinbaren. Sie befristen den Vertrag, wobei sowohl Anfangs- als auch Endfristen möglich sind. Die Regeln über die Bedingung gelten für befristete Rechtsgeschäfte entsprechend (§ 163).

7. Vertretung

a) Vertreter und Bote

Schulze klingelt an der Haustür des Müller und sagt zu ihm: "Herr Meier läßt Ihnen ausrichten, daß er die beiden von Ihnen angebotenen gebrauchten Fernsehapparate für zusammen 1500,- DM kauft."

Hier überbringt Schulze als Bote eine Willenserklärung des Meier, nämlich die Annahme zu dem Kaufvertragsangebot von Müller. Anders wäre der Fall zu entscheiden, wenn Meier den Schulze bittet, für ihn die beiden Fernsehapparate zu kaufen. Der Fall würde sich dann wie folgt abspielen:

Schulze erklärt dem Müller, daß er für Meier das Angebot des Müller über den Verkauf der beiden Fernsehapparate zum Preis von 1500,- DM annehmen wolle. Es handelt sich hier um einen Fall der Vertretung. Nach § 164 Abs. 1 wirkt die Willenserklärung des Schulze, die er im Rahmen der ihm zustehenden Vertretungsmacht im Namen des Meier abgibt, unmittelbar für und gegen den Meier. In diesem Fall hat Schulze ausdrücklich für den Meier gehandelt. Es hätte jedoch ausgereicht, daß man seinen Willen, für den Meier zu handeln, aus den Umständen entnehmen konnte (§ 164 Abs. 1).

b) Offene und verdeckte Stellvertretung

Stellvertretung setzt voraus, daß der Vertreter das Vertretungsverhältnis beim Abschluß des Vertrages offenlegt. Es spielt keine Rolle, ob dies ausdrücklich oder durch konkludentes Handeln geschieht. Schwierigkeiten ergeben sich aber dann, wenn der Handelnde beim Vertragsschluß nicht erwähnt, daß er nur als Stellvertreter für einen anderen handelt. Da es an der Offenkundigkeit des Stellvertreterhandelns fehlt, interpretiert man die Handlung in diesem Fall als sogenanntes Eigengeschäft. Nach § 164 Abs. 2 kann sich der, welcher die Stellvertretung nicht offengelegt hat, nicht darauf berufen, daß er nicht für sich selbst habe handeln wollen. Der Vertrag kommt mit ihm wirksam zustande.

Durch diese Auslegungsregeln wird zwar die erwünschte Rechtsklarheit für den Normalfall geschaffen. In vielen Geschäften des täglichen Lebens spielt die Frage der Vertretung für die Vertragsbeteiligten jedoch keine Rolle. Kauft jemand z. B. eine Tageszeitung am Kiosk, so ist es dem Händler gleichgültig, ob der Zahlende für sich oder für jemand anders kaufen will. Der Händler will das Geschäft mit dem abschließen, den es angeht. In Fällen, bei denen zumindest einer Vertragsseite die Kenntnis dessen, mit dem er das Geschäft abschließt, gleichgültig ist, läßt die Rechtsprechung den Vertrag mit dem zustandekommen, den es angeht. Hier werden zwar die Grenzen des § 164 Abs. 1 überschritten. Dies wird jedoch als noch zulässige Vertragsauslegung angesehen. Den Beteiligten kam es eben darauf an, Geschäfte des täglichen Lebens möglichst reibungslos abzuwickeln. Auf der einen Seite steht die sofortige Zahlung, auf der anderen die Zurechnung des Rechtsgeschäfts für den, den es angeht.

Im Handelsverkehr sind besondere Fälle der verdeckten Stellvertretung normiert. Nach § 383 HGB verkauft der Kommissionär Waren oder Wertpapiere gewerbsmäßig für Rechnung eines anderen (des Kommittenten) in eigenem Namen. Der Vertrag kommt zwar für und gegen den Kommissionär zustande. Dieser ist jedoch nach § 384 Abs. 1 HGB verpflichtet, das übernommene Geschäft im Interesse des Kommittenten wahrzunehmen und dessen Weisungen zu befolgen.

c) Handeln unter fremdem Namen

Schulze klingelt an der Wohnungstür des Müller, stellt sich als „Herr Meier" vor und kauft die beiden Fernsehapparate.

In diesem Fall hat Schulze unter dem Namen des Meier gehandelt. Wenn dies mit Meier so vereinbart war, hat die Rechtsordnung hiergegen grundsätzlich nichts einzuwenden. Man kann jedoch das Handeln unter fremdem Namen nicht in allen Fällen mit dem Handeln in fremdem Namen gleichsetzen. Die andere Vertragspartei soll in ihrem Vertrauen darauf geschützt werden, daß das Geschäft auch mit der Person zustande kommt, mit der sie abschließen wollte. Wollte Müller gerade mit Meier abschließen, etwa, weil er mit ihm die Vertragsverhandlungen geführt hat, so kommt der Vertrag mit Meier zustande. Ist der Name des Vertragsschließenden für Müller hingegen Nebensache, so kommt das Geschäft mit der Person zustande, der er die Fernsehapparate verkaufen wollte. In diesem Fall hätte Müller den Schulze als Vertragspartei identifiziert, daß dieser unter dem Namen „Meier" aufgetreten ist, wäre dann gleichgültig.

Anders wäre der Fall als Massengeschäft des täglichen Lebens zu beurteilen. Hier wäre Müller die Person dessen, mit dem er den Vertrag abschließt, von vorneherein gleichgültig. Er würde die – meist nicht teure – Kaufsache an den verkaufen, den es angeht (vgl. oben).

d) Vollmacht

aa) Erteilung und Widerruf der Vollmacht

Der Vertreter bedarf, damit seine Erklärung für und gegen den Vertretenen wirksam werden kann, einer Ermächtigung. Nach § 167 Abs. 1 wird die Vollmacht durch Erklärung gegenüber dem zu Bevollmächtigenden (Innenvollmacht) oder gegenüber dem Dritten, der mit dem Vertreter handeln soll (Außenvollmacht), erteilt. Für die Erteilung der Vollmacht gibt es keine Formvorschriften (§ 167 Abs. 2).

Wenn nichts anderes vereinbart ist, kann die Vollmacht nach § 168 jederzeit widerrufen werden. Bei der Frage, wem gegenüber der Widerruf zu erklären ist, muß man zwischen der Innen- und der Außenvollmacht unterscheiden (vgl. oben). Die Innenvollmacht wird nach § 168 Satz 3, 167 Abs. 1 gegenüber dem Bevollmächtigten (Vertreter) widerrufen. Die Außenvollmacht bleibt wirksam, bis der Widerruf dem Dritten, dem sie erteilt wurde, angezeigt wird (§ 170). Ist die Außenvollmacht durch besondere Mitteilung an den Dritten (§ 171) oder durch Vollmachtsurkunde (§ 172) erteilt, so gilt sie solange als fortbestehend, bis sie über dieselbe Informationsquelle widerrufen worden ist (§§ 170–172). Hierdurch soll der Rechtsverkehr geschützt werden.

bb) Duldungs- und Anscheinsvollmacht

Die Rechtsprechung hat den Verkehrsschutz auch auf die Fälle ausgedehnt, in denen zwar niemals eine Vollmacht erteilt wurde, der Vertretene jedoch das Auftreten seines Vertreters geduldet hat und hiergegen nicht eingeschritten ist. Der Vertretene hat hier durch seine Duldung den Anschein geschaffen, als habe er eine wirksame Vollmacht erteilt. Er hat durch diese Duldung zurechenbar einen Rechtsschein verursacht, aus dem er verpflichtet ist, die vorgenommenen Handlungen des Vertreters gegen sich gelten zu lassen.[112]

Schließlich ging die Rechtsprechung so weit, die Rechtsscheinhaftung des Vertretenen auch auf die Fälle auszudehnen, in denen er von den Vertretungshandlungen nichts wußte, dies jedoch bei gehöriger Sorgfalt hätte wissen müssen.

A läßt Geschäftsbriefe mit seiner Blankounterschrift im unverschlossenen Schreibtisch herumliegen. B weiß davon. A läßt es zu, daß B zu seinem Schreibtisch Zutritt hat.

Wenn B ein Blankoformular entwendet und hieraus eine Warenbestellung anfertigt, so muß A seine Unterschrift gegen sich gelten lassen. B hat unter dem Namen des A gehandelt. A hat zurechenbar den Rechtsschein veranlaßt, daß er selbst diese Bestellung herausgegeben habe. Er hat nämlich fahrlässig B den Zugriff auf die Blankoerklärungen ermöglicht.

Die Grenzen des Instituts der „Anscheinsvollmacht" sind nicht leicht zu ziehen. Die Frage ist, inwieweit eine Haftung aus Rechtsschein **zurechenbar** ist. Die Fahrlässigkeit dessen, für den gehandelt wurde, muß sich auf die konkrete Rechtsfolge beziehen. Läßt also jemand einen Zettel mit seiner Unterschrift herumliegen, so braucht er nicht damit zu rechnen, daß ein Betrüger hieraus eine Verpflichtungserklärung verfertigt. In dem Fall der Blankoformulare sind jedoch bereits Verpflichtungserklärungen in Aussicht genommen. Die Blankounterschriften stehen ja auf Geschäftsbriefen des A. Deshalb hat er auch die konkrete Rechtsfolge zurechenbar veranlaßt, daß er sich mit der Unterschrift zu der Bestellung verpflichtet habe, die B fälschlich und pflichtwidrig eingefügt hat.

cc) Reichweite der Vollmacht

Die Generalvollmacht erstreckt sich auf alle Rechtsgeschäfte für und gegen den Vertretenen. Die Spezialvollmacht erstreckt sich auf einen abgegrenzten Geschäftsbereich oder auf einzelne Geschäfte. Die Einzelvollmacht beschränkt sich auf ein einziges Rechtsgeschäft. Alle diese Arten der Vollmacht sind nach dem Grundsatz der Privatautonomie zulässig. Es ist auch möglich, die Vollmacht auf den Empfang von Willenserklärungen für den Vertretenen zu beschränken (Empfangsvollmacht).

Besondere, formalisierte Arten der Vollmacht gibt es im Handelsrecht. Die von einem Vollkaufmann nach §§ 48 und 49 HGB erteilte **Prokura** kann vom Vertretenen gegenüber Dritten nicht eingeschränkt werden, wenn man von eng begrenzten Ausnahmen absieht (§ 50 HGB). Sie ermächtigt zu allen Arten von gerichtlichen und außergerichtlichen Rechtshandlungen, die der Betrieb eines Handelsgewerbes mit sich bringt. Lediglich für die Veräußerung oder Belastung von Grundstücken muß eine besondere Ermächtigung erteilt werden (§ 49 HGB). Daneben gibt es die **Handlungsvollmacht** (§§ 54 und 55 HGB). Sie ermächtigt entweder generell zum Betrieb eines bestimmten Handelsgewerbes (Generalhandlungsvollmacht) oder zur Vornahme einzelner zu einem bestimmten Handelsgewerbe gehörigen Geschäfte

---

[112] *Säcker* in Münchener Kommentar § 167 Rz. 47. Die Duldung wird verschiedentlich auch als konkludente Vollmacht interpretiert, so *Flume*, Allgemeiner Teil des Bürgerlichen Rechts, Band 2, Das Rechtsgeschäft, 3. Aufl. 1979, § 49, 3.

(Arthandlungsvollmacht, Spezialhandlungsvollmacht). Im Regelfall umfaßt sie nicht Grundstücksgeschäfte, Wechselverbindlichkeiten, Kreditaufnahme und Prozeßführungsbefugnis (§ 54 HGB).

dd) Innen- und Außenverhältnis

Die Vollmacht regelt den Handlungsrahmen des Vertreters gegenüber dem Geschäftspartner im Außenverhältnis. Soweit dies durch die Vollmacht gedeckt ist, kann der Vertreter den Vertretenen im Außenverhältnis wirksam verpflichten. In aller Regel besteht jedoch zwischen dem Vertreter und dem Vertretenen ein besonderer Vertrag im Innenverhältnis, der den Vertreter zur Beachtung der Interessen des Vertretenen verpflichtet. So wird z. B. mit dem Prokuristen ein Dienstvertrag abgeschlossen, in dem die Rechte und Pflichten genauestens festgelegt sind. Derartige Verträge betreffen das Innenverhältnis. Sie sind zwar für die Wirksamkeit der Vertretung im Außenverhältnis ohne Belang, aus einer Verletzung der Pflichten im Innenverhältnis können sich jedoch Schadensersatzpflichten ergeben. In besonderen Fällen kann das Dienstverhältnis gekündigt werden.

Nach § 168 erlischt die Vollmacht, wenn das ihr zugrundeliegende Innenverhältnis beendet wird. Endet also der Dienstvertrag des Prokuristen, so müßte in der Regel auch die Prokura enden. Aus § 52 HGB ergibt sich nichts Gegenteiliges. Hinzu kommt allerdings, daß die Prokura ins Handelsregister eingetragen ist (§ 53 HGB) und daß der hierdurch veranlaßte Rechtsschein durch Löschung beseitigt werden muß.

Wird die Vollmacht widerrufen, so braucht damit das Innenverhältnis nicht gleichzeitig beendet zu werden (§ 168 S. 2 BGB). Demnach kann die Prokura widerrufen werden, während das Dienstverhältnis mit dem Prokuristen weiterbesteht. Es verändern sich dann nicht die Rechte und Pflichten aus dem Dienstvertrag, wohl aber hat der bisherige Prokurist seine Prokura verloren.

Häufig wird eine weitreichende oder gar unbeschränkte Vollmacht erteilt, während im Innenverhältnis das Handeln des Vertretenen an bestimmte Zustimmungen oder die Einhaltung bestimmter Grenzen gebunden wird. Das Innenverhältnis weicht hier vom Außenverhältnis ab. Der Vertrag mit dem Dritten ist wirksam, im Innenverhältnis muß möglicherweise Schadensersatz geleistet werden.

A hat P Prokura erteilt, ihn im Dienstvertrag jedoch an die Einhaltung zweier Grenzen gebunden: Zum einen soll P bei Verträgen mit einem Umfang von über 10 000,- DM vorher die Zustimmung des A einholen. Zum anderen soll er bei allen Geschäften mit der X-AG nur gemeinsam mit A handeln. P schließt einen Kaufvertrag mit einer Gesamtsumme von 100 000,- DM ohne Zustimmung des A ab. Ist A verpflichtet, die Ware an den Käufer K zu liefern?

K kann von A die Lieferung der Kaufsache verlangen, wenn zwischen beiden ein wirksamer Kaufvertrag zustandegekommen ist. P hat A als Prokurist verpflichtet. Nach § 50 Abs. 1 HGB ist der Umfang der Prokura unbeschränkt. Also muß A an K die Ware liefern und übereignen. Er kann Bezahlung des Kaufpreises und Abnahme der Ware verlangen (§ 433 BGB).

Im Innenverhältnis zwischen A und P hat P jedoch seine Verpflichtung aus dem Dienstvertrag verletzt, weil er die Obergrenze von 10 000,- DM nicht eingehalten hat. Falls A ein Schaden entstanden ist, kann er dessen Ersatz von P verlangen (vgl. Recht des Dienstvertrages).

ee) Untervollmacht

Der Vertreter kann Untervollmacht erteilen, d. h. seinerseits einen Dritten ermächtigen, im Namen des Vertretenen zu handeln. Die Erklärung des Unterbevollmächtigten wirkt dann für und gegen den Vertretenen. Der Vertretene kann die Erteilung einer Untervollmacht ausdrücklich oder konkludent untersagen, z. B. wenn er am Abschluß des Geschäfts durch die Person des Vertreters ein besonderes Interesse hat.

e) Willensmängel

A bittet den B, ein bestimmtes Porzellanservice, das im Schaufenster des C für 1900,- DM ausgestellt ist, für ihn zu kaufen. B kauft das Service bei C. Nachträglich stellt sich heraus, daß C das Fenster inzwischen umdekoriert hat und ein anderes Service ausgestellt hat. Kann A den Kaufvertrag mit C rückgängig machen?

A könnte die Willenserklärung, die ihm zugerechnet wird, wegen Irrtums nach § 119 anfechten. Bei Willensmängeln kommt es nach § 166 Abs. 1 auf die Person des Vertreters, nicht auf die des Vertretenen an. B hat sich über die Identität des Services geirrt. Er war nicht darüber informiert, daß C inzwischen umdekoriert hatte. A kann daher die Willenserklärung, bei deren Abgabe ihn B vertreten hatte, wegen Irrtums über die Erklärungsbedeutung nach § 119 Abs. 1 anfechten.

A bittet B, ein Beckmann-Gemälde, das er im Schaufenster des C gesehen hat, für ihn zu kaufen. Als B das Gemälde bei C kaufen will, klärt ihn dieser darüber auf, daß es sich um eine Kopie handelt. B kauft das Bild.

Hier kann A nicht wegen Irrtums über eine verkehrswesentliche Eigenschaft nach § 119 Abs. 2 anfechten, da sich der Vertreter B, auf dessen Kenntnis zur Frage der Echtheit des Bildes es in diesem Fall nach § 166 Abs. 1 ankommt, nicht geirrt hat.

f) Vertretung ohne Vertretungsmacht

A kauft bei B eine elektrische Schreibmaschine für 1500,- DM. Er behauptet, im Namen des X zu kaufen. B, der den X als zahlungsfähigen Schuldner kennt und schätzt, ist bereit, auf Wunsch des A den Kaufpreis zu stunden. Kurz vor Auslieferung der Schreibmaschine telefoniert B wegen einer anderen Angelegenheit mit X und erfährt, daß dieser gar keine Schreibmaschine bestellt habe. Wie ist die Rechtslage?

A ist als Vertreter des X bei B aufgetreten, ohne von X hierzu ermächtigt zu sein. Es liegt auch kein Eigengeschäft des A vor, weil er ja offen im Namen des X gehandelt hat. Zu fragen ist, ob das Geschäft gegenüber X wirksam geworden ist. Nach § 177 Abs. 1 hängt die Wirksamkeit der Erklärung des A von der Genehmigung des Vertretenen X ab. Dadurch erhält X die Möglichkeit, den Mangel der Vertretungsmacht nachträglich zu heilen und das Geschäft von Anfang an wirksam werden zu lassen (§ 184 Abs. 1). Er könnte also die Schreibmaschine abnehmen und den Kaufpreis hierfür bezahlen. Verweigert X jedoch die Genehmigung des Vertrages, so ist nach § 179 Abs. 1 A dem B nach dessen Wahl zur Erfüllung oder zum Schadensersatz verpflichtet. B kann sich also aussuchen, ob er die Schreibmaschine verkaufen und übereignen will oder ob er von A Schadensersatz verlangt.

Bis zur Entscheidung des angeblich Vertretenen über die Genehmigung des Rechtsgeschäfts ist der vom Vertreter ohne Vertretungsmacht abgeschlossene Vertrag schwebend unwirksam. Der Geschäftspartner kann nicht unbegrenzt darauf warten, ob der fälschlich Vertretene seine Genehmigung erteilt oder nicht. Daher gestattet ihm § 177 Abs. 2, daß er den Vertretenen zur Erklärung über die Genehmigung auffordert. Dieser muß ihm gegenüber die Genehmigung erklären. Er hat hierzu zwei Wochen Zeit, danach gilt die Genehmigung als verweigert (§ 177 Abs. 2). Eine vorher gegenüber dem Vertreter erteilte Genehmigung wird durch die Aufforderung unwirksam (§ 177 Abs. 2 S. 1). Nahm A irrtümlich an, von X zum Kauf der Schreibmaschine bei B ermächtigt zu sein, so ist er dem B nach § 179 Abs. 2 nur zum Ersatz des Vertrauensschadens verpflichtet. Es spielt keine Rolle, ob der Irrtum des A auf Fahrlässigkeit beruhte oder sonst vermeidbar war. Kannte B den Mangel der Vertretungsmacht des A oder hätte er ihn kennen müssen, so haftet A nach § 179 Abs. 3 S. 1 nicht. Dasselbe gilt, wenn A beschränkt geschäftsfähig ist und der gesetzliche Vertreter nicht zustimmt (§ 179 Abs. 3 S. 2). In beiden Fällen ist das Vertrauen des B nicht geschützt.

Ermächtigt B den A, für ihn Schreibmaschinen zu verkaufen, und schließt A einen solchen Kaufvertrag mit sich selbst ab, so scheitert dies an § 181. Der Vertreter kann nicht im Namen des Vertretenen mit sich selbst ein Rechtsgeschäft vornehmen. Ausnahmen von diesem Verbot des sogenannten **In-sich-Geschäfts** sind jedoch möglich. Dies kann z. B. durch Vertrag geschehen. In-sich-Geschäfte sind in jedem Fall wirksam, wenn sie ausschließlich in der Erfüllung einer Verbindlichkeit bestehen (§ 181).

g) Wiederholung

A ermächtigt den B, für seine Rechnung bei C Lebensmittelkonserven bis zu einem Limit von 20000,- DM zu kaufen. B überschreitet dieses Limit und kauft Konserven im Wert von 40000,- DM. C liefert die Ware. Welche Ansprüche bestehen zwischen den Beteiligten?

C könnte von A die Bezahlung des Kaufpreises nach § 433 Abs. 2 in Höhe von 40000,- DM verlangen. B war jedoch nur in Höhe von 20000,- DM bevollmächtigt. Nur in dieser Höhe ist der Kaufvertrag im Außenverhältnis gegenüber C wirksam geworden. Also kann C von A nur die Bezahlung von 20000,- DM verlangen. Hinsichtlich der restlichen 20000,- DM ist der Kaufvertrag jedoch nicht von vornherein unwirksam. Die Willenserklärung des B, die er insoweit als Vertreter ohne Vertretungsmacht abgegeben hat, hängt nach § 177 Abs. 1 von der Genehmigung des Vertretenen A ab. Erteilt A die Genehmigung, so kann C von ihm die vollen 40000,- DM verlangen. Verweigert A die Genehmigung, so kann C nach § 179 Abs. 1 nach seiner Wahl von B Erfüllung des Restkaufvertrages in Höhe von 20000,- DM oder Schadensersatz verlangen (anders bei Prokura, vgl. S. 132).

Möglicherweise bestehen Schadensersatzansprüche des A gegen B im Innenverhältnis, weil dieser den Umfang seiner Vollmacht überschritten hat. Hierüber ist im Sachverhalt nichts ausgesagt.

8. Übungsfälle

a) der minderjährige Mopedkäufer

A und B sind 17 Jahre alt, sehen aber älter aus. Am 1.2. bittet A den B, in seinem Namen ein Moped zu kaufen, das er bei C gesehen hat. B tut dies am 8.2. C gewährt für den Kaufpreis in Höhe von 800,- DM ein Zahlungsziel bis 1.6. A soll das Moped am 10.2. abholen. Zuvor erklären jedoch die Eltern von A und B übereinstimmend, sie seien mit dem Vertrag nicht einverstanden. Welche Ansprüche hat C?

Lösungsvorschlag:

C könnte von A die Bezahlung des Kaufpreises (800,- DM) für das Moped nach § 433 Abs. 2 BGB verlangen. Voraussetzung ist, daß zwischen C und A ein Kaufvertrag zustandegekommen ist (Angebot und Annahme). Bei der Abgabe des Angebots hat B für A gehandelt. Fraglich ist, ob er hierzu wirksam bevollmächtigt war. Die Vollmacht (einseitig empfangsbedürftige Willenserklärung) hat der minderjährige A (vgl. §§ 164 Abs. 1 S. 2, 106) konkludent erteilt, indem er B „gebeten" hat, das Moped zu kaufen (Innenvollmacht). Nach § 111 S. 1 wäre hierzu die Einwilligung des gesetzlichen Vertreters, d. h. beider Elternteile, erforderlich. Diese Einwilligung (vorherige Zustimmung) lag nicht vor. Also ist keine wirksame Vollmacht erteilt.

B hat als Vertreter ohne Vertretungsmacht gehandelt (§ 177 Abs. 1). A kann diesen schwebend unwirksamen Vertrag genehmigen. Da ihm diese Erklärung nicht lediglich einen rechtlichen Vorteil bringt, braucht er die Einwilligung des gesetzlichen Vertreters (§ 107), oder die (nachträgliche) Genehmigung (§ 108 Abs. 1). Beides liegt nicht vor. Der Vertrag ist nicht genehmigt. A muß nicht den Kaufpreis zahlen, kann aber auch nicht die Lieferung des Mopeds verlangen (§ 433).

C könnte von B als Vertreter ohne Vertretungsmacht nach § 179 Abs. 1 Erfüllung des Kaufvertrages oder Schadensersatz verlangen. Nach § 179 Abs. 3 S. 2 haftet B nicht, da er minderjährig ist und ohne Zustimmung seines gesetzlichen Vertreters gehandelt hat.

Ergebnis: C hat keine Ansprüche gegen A und B.

b) die mißglückte Stoffbestellung

K bestellt bei V 10 Rollen imprägnierten Stoff nach Katalog für 4000,- DM. Er übersieht bei der Bestellung, daß das von ihm gewünschte Muster in Kunstfaser geliefert wird, während alle anderen auf dieser Katalogseite aufgeführten Muster in Baumwolle geliefert werden. K will nachträglich ein ähnliches Muster nehmen, das in Baumwolle lieferbar ist.

a) Wie ist die Rechtslage, wenn die Bestellung dem V am 15.1. zugegangen ist, K jedoch dem V gleichzeitig seinen Änderungswunsch mitgeteilt hat?
b) V hat sich mit Schreiben vom 16.1. mit der Bestellung einverstanden erklärt. Kann K, wenn er diese Antwort gelesen hat, noch von der Kunstfaserlieferung loskommen?

Lösungsvorschlag:

a) V könnte von K die Bezahlung des Kaufpreises für die 10 Rollen Kunstfaserstoffes in Höhe von 4000,- DM nach § 433 Abs. 1 verlangen. Voraussetzung ist, daß ein Kaufvertrag über den Kunstfaserstoff zustandegekommen ist. Die Bestellung des K ging V am 15.1. zu, gleichzeitig teilte er jedoch seinen Wunsch mit, ein ähnliches Muster in Baumwolle zu nehmen. Die ursprüngliche Willenserklärung des K ist nach § 130 Abs. 1 nicht wirksam geworden, da V gleichzeitig ein Widerruf zugegangen ist. Dieser Widerruf besteht darin, daß K ein neues, abgeändertes Vertragsangebot macht. Dieses Angebot kann V annehmen. Dann kann er die Bezahlung des Kaufpreises verlangen.

b) V könnte von K die Bezahlung des Kaufpreises für die 10 Rollen Kunstfaserstoff in Höhe von 4000,- DM nach § 433 Abs. 1 verlangen. Durch das Angebot des K, das V am 15.1. zugegangen ist, und die Annahme des V, die K nach Zugang gelesen hat, ist ein wirksamer Kaufvertrag über den Kunstfaserstoff zustandegekommen.

K könnte seine Erklärung anfechten, wenn er sich nach § 119 Abs. 1, Abs. 2 geirrt hat. K hat sich weder in der Erklärungshandlung noch über die Erklärungsbedeutung geirrt. Er wollte die 10 Rollen imprägnierten Stoffes in dem von ihm ausgesuchten Muster kaufen. Er nahm jedoch irrig an, der Stoff sei in Baumwolle ausgeführt, während er in Wirklichkeit in Kunstfaser geliefert wird. Hierin könnte ein Irrtum über eine verkehrswesentliche Eigenschaft der Kaufsache nach § 119 Abs. 2 liegen. K kann dann wirksam anfechten. Ob ein Stoff in Baumwolle oder Kunstfaser ausgeführt wird, ist verkehrswesentlich, da die Verwendungsmöglichkeiten des Stoffs von diesen Qualitätsunterschieden erheblich beeinflußt werden. Außerdem ist damit auch in der Regel ein erheblicher Wertunterschied verbunden. Zu fragen ist jedoch, ob diese Eigenschaft überhaupt Inhalt des Geschäfts geworden ist, das zwischen V und K abgeschlossen wurde. Aus dem Katalog geht eindeutig hervor, daß der Stoff in Kunstfaser geliefert wird. K hat dies lediglich übersehen. Er kann anfechten, da er nach Katalog und damit in Kunstfaser bestellt hat, während er sich einen anderen Wirklichkeitssachverhalt, in diesem Fall die Lieferung in Baumwolle, vorgestellt hat. Die Anfechtung des K kann sich auf § 119 Abs. 2 (Irrtum über eine verkehrswesentliche Eigenschaft) stützen. Der Kaufvertrag wird nach § 142 Abs. 1 rückwirkend vernichtet.

c) das mißbrauchte Briefformular

A entwendet aus dem Schreibtisch des B einen Geschäftsbrief und tippt darauf eine Bestellung über 10 Rollen Stoff in Höhe von 4000,– DM ein. Er fälscht die Unterschrift des B und setzt sie unter die Bestellung. Kann C, bei dem der Stoff bestellt wird, von B die Bezahlung des Kaufpreises und die Abnahme der Kaufsache verlangen?

Lösungsvorschlag:

C könnte nach § 433 Abs. 2 die Bezahlung des Kaufpreises und die Abnahme der Kaufsache verlangen. Zwischen B und C wurde kein Kaufvertrag abgeschlossen. Es könnte jedoch sein, daß B sich die Unterschrift entgegenhalten lassen muß, die A gefälscht hat. Es handelt sich hier um Handeln unter fremden Namen. A hat über die Identität des Unterschreibenden getäuscht, indem er die Unterschrift des B gefälscht hat. Der Fall könnte wie eine Anscheinsvollmacht des B zu behandeln sein. Voraussetzung wäre, daß B zurechenbar den Rechtsschein veranlaßt hat, die Bestellung stamme von ihm. Dadurch, daß B Formulargeschäftsbriefe benutzt und gelagert hat, setzt er jedoch noch keinen Rechtsschein, sich möglichen Lieferanten gegenüber wirksam verpflichten zu wollen. Einen solchen Rechtsschein würde er allenfalls veranlassen, wenn er bereits eine Unterschrift geleistet hätte. Die Fälschung des A ist B jedoch nicht zuzurechnen. Der Fälscher A ist wie ein Vertreter ohne Vertretungsmacht zu behandeln, B kann das Geschäft nach § 177 Abs. 1 noch genehmigen. Tut er dies nicht, so kann C von A nach seiner Wahl Erfüllung des Kaufvertrages oder Schadensersatz verlangen.

IV. Rechtsgeschäft und Vertrag 137

9. Ratschläge für die Lösung von privatrechtlichen Fällen

Während das Gericht erst den Sachverhalt aufklären muß und dann über die Anwendung der gesetzlichen Tatbestände auf diesen Sachverhalt entscheidet, erhalten die Studenten in der Klausur einen festliegenden Sachverhalt, sie prüfen also nur noch die Rechtsanwendung.

Sie erstellen hierzu ein Rechtsgutachten. Ausgangspunkt ist die Fragestellung im Fall, z. B.
a) Wie ist die Rechtslage?
b) Welche Ansprüche stehen A zu?
c) Kann A von B die Bezahlung des Kaufpreises verlangen?
Man kann hierzu die Eselsbrücke mit den fünf „W"s benutzen: **W**er **w**ill **w**as von **w**em **w**oraus?

zu a): Hier sind sämtliche Ansprüche und Gestaltungsrechte (z. B. Kündigung) zwischen den Beteiligten zu prüfen.

Zu b): Hier sind nur die Ansprüche des A zu prüfen.

zu c): Hier ist nur der Anspruch des A gegen B nach §433 Abs. 2 BGB auf Bezahlung des Kaufpreises zu prüfen. Nicht zu prüfen sind andere Ansprüche und Gestaltungsrechte.

Für die Abfolge der Argumentation ist der Gutachtenstil, nicht der Urteilsstil zu verwenden.

Zu prüfen ist die Anspruchsgrundlage (z. B. §433 Abs. 2 BGB); darin sind die Anspruchsvoraussetzungen (Tatbestandselemente) je nach Bedeutung der zu behandelnden Probleme kurz oder ausführlich zu prüfen.

Beispiel:
A könnte von B die Bezahlung des Kaufpreises in Höhe von 85,- DM für das Paar Schuhe beanspruchen. Voraussetzung ist, daß zwischen A und B ein wirksamer Kaufvertrag zustandegekommen ist. In den Worten des A, diese Schuhe könne er für 85,- DM und damit besonders preiswert abgeben, liegt ein Angebot. Hierauf hat B nicht geantwortet. Er könnte den Kaufvertrag durch schlüssiges Handeln angenommen haben, indem er... Dafür, daß hierin eine Annahmeerklärung zu sehen ist, spricht... (wird ausgeführt). Dagegen spricht,... (wird ausgeführt). Diese Überlegungen werden jedoch durch folgende zuerst genannten Gesichtspunkte widerlegt ... (wird ausgeführt). Also hat B das Angebot des A angenommen; ein Kaufvertrag ist zustandegekommen; A kann von B die Bezahlung des Kaufpreises nach §433 Abs. 2 BGB verlangen.

In der Klausur werden in der Regel nur die Gesetze zitiert. Hinweise auf die Rechtsprechung sind nur notwendig, wenn bestimmte Rechtsfiguren (z. B. faktische Verträge, Wegfall der Geschäftsgrundlage) nicht unmittelbar aus dem Gesetz folgen.

Anders ist es bei Hausarbeiten. Hier sind Literatur und Rechtsprechung aufzuarbeiten und dort, wo auf sie Bezug genommen wird, zu zitieren (vgl. die Zitierhinweise am Anfang). Zu jeder Hausarbeit gehört eine Gliederung und ein Literaturverzeichnis. Ein Abkürzungsverzeichnis ist nicht erforderlich. Man sollte aber auf die in einem gebräuchlichen Kommentar benutzten Abkürzungen verweisen.

10. Vertiefung

Auszug aus Wiethölter, Rechtswissenschaft, 1968, 195–200 (Fortsetzung von III 6)

„An einer Reihe von exemplarischen Sachverhalten möchte ich ‚privatrechtliches' Arbeiten in unserer Zeit skizzieren.

1. Wenn das gekaufte Hemd einen falsch eingenähten Ärmel hat, kann ich nach dem BGB (§§ 459 ff.) den Kauf rückgängig machen (Hemd zurück, Geld zurück) oder verlangen, daß es mir billiger überlassen bleibt. In der Praxis lassen sich Geschäfte darauf entweder aus Kulanz auch ein oder sie schicken das Hemd zur Nachbesserung an den Hersteller. Vom BGB ist nicht die Rede. Die Geschäfte berufen sich auf Allgemeine Geschäftsbedingungen. Ohne ausdrückliche Anerkennung solcher Geschäftsbedingungen ist etwa kein neues Auto zu kaufen. Ist die Kupplung nicht in Ordnung, wird sie nachgebessert, nicht etwa wird das Auto zurückgenommen oder der Kaufpreis gesenkt. Ohne daß ich hier Einzelheiten darstellen kann, zeigt sich: von Privatautonomie keine Spur! *Eine* Vertragsseite setzt die Bedingungen, die nach dem Autonomiemodell an sich von *zwei* Parteien vereinbart werden sollten. Das ist ein Phänomen nicht schlicht der Rechtsentwicklung, sondern der modernen ökonomischen Produktions-, Leistungs- und Versorgungsstrukturen. **Schutz für den einzelnen Kunden liegt hier nicht in der Freiheit des Vertrages, sondern in der Gewährleistung inhaltlicher Qualitäten der Allgemeinen Geschäftsbedingungen** als der aus Gründen vor allem der Standardisierung und Rationalisierung vorfabrizierten inhaltsgleichen Massenverträge. In der Rechtswelt streitet man sich, ob Allgemeine Geschäftsbedingungen Vertrags- oder Rechtssatzcharakter haben. Der Steit ist müßig. Dem Phänomen nach gehören solche Standardverträge ähnlich wie auch die Tarifautonomie der Sozialpartner zur „**Rechtssetzungsdelegation an Private**" (so müßte man in der Terminologie des liberalen Bürgerlichen Rechts formulieren), zur „kontrollierten Gruppen- und Verbandsautonomie" (so müßte man in der Terminologie des politischen Bürgerlichen Rechts formulieren). Die Kontrolle liegt heute noch fast ausschließlich bei Gerichten, die wesentlich mit Hilfe von sog. *Generalklauseln* (z. B. §§ 138, 242, 315 BGB) entscheiden, ob im Einzelfall Geschäftsbedingungen sittenwidrig, treuwidrig, unbillig sind. Generalklauseln sind allgemeine Blankettbestimmungen ohne fixierten Inhalt. Solche Methoden und Waffen sind sicher veraltet, aber modernere besitzen wir nicht. Natürlich ist nicht ‚Sittenwidrigkeit' im Spiel, sondern Marktmacht, Absatzstrategie, kurzum: Wirtschaftspolitik.

Wer etwas auf Kredit kauft, begibt sich in der Regel in rechtlich komplizierte Finanzierungsbeziehungen, ohne daß es ihm auffällt. Der Kunde unterschreibt nur gedruckte und ausgefüllte Formulare, erhält die Ware und zahlt dann ab. Den rechtlichen Hintergrund bilden meist Kaufrechtsbeziehungen zwischen Verkäufer und dem Kunden, Darlehnsrechtsbeziehungen zwischen Finanzierungsinstitut und dem Kunden, Rücksicherungsrechtsbeziehungen zwischen Verkäufer und Finanzierungsinstitut. Was nun, wenn die Ware Mängel hat, der Kaufvertrag schließlich ‚platzt'? Nach ‚Bürgerlichem' Recht (Allg. Geschäftsbedingungen und BGB) sind Kauf- und Darlehnsgeschäft völlig getrennt. Der Kunde muß das Darlehn des Finanzierungsinstituts weiter zurückzahlen, ohne daß er vielleicht seinen Kaufpreis vom Verkäufer korrekt und schnell zurückerlangt. Die Rechtsprechung hat hier durchgegriffen und sieht heute Kauf- und Darlehnsgeschäft als einen einheitlichen neuen Typus des **finanzierten Abzahlungsgeschäfts** an, von dem im BGB keine Rede ist, mit der Folge, daß, wenn der Verkäufer nicht richtig erfüllt, der Käufer das Darlehn nicht zurückzuzahlen braucht, obwohl ‚rechtlich' zwei völlig getrennte Schuldrechtsverhältnisse vorliegen.

2. Als Methode in der ‚Aufbereitung' modernen Bürgerlichen Rechts spielt heute eine große Rolle die Durchdringung des Privatrechts von der Verfassung her. Methodisch ‚sauber' ist das freilich auf alten Systemgrundlagen nicht zu schaffen. Das Zauberersatzwort deshalb lautet: *Drittwirkung von Grundrechten!* Die Grundrechte, so meint man hier, müßten außer im Verhältnis des einzelnen zum Staat auch im Verhältnis des einzelnen zum einzelnen gelten, vorsichtig zwar und mit Grenzen und Ausnahmen, aber jedenfalls im Prinzip. Diese Methode zeigt deutlich, daß sie die bisherige, aber überholte Spaltung von öffentlichem und privatem Recht nicht aufhebt, sondern fortsetzt. In Wahrheit sind Grundrechte eben nicht ausschließlich Abwehrrechte des einzelnen gegen den Staat (der heute die demokratische politische Gesellschaft selbst ist, an der jeder einzelne seinen Anteil hat und nimmt!), sondern Ausdruck der *Rechtsposition*, die jedem einzelnen für seine Teilhabe und Teilnahme zukommt. Dann aber kann sich z. B. eine Apothekenangestellte selbstverständlich nicht – auch nicht unter Berufung auf Grundrechte (Gewissen!)! – weigern, etwa empfängnisverhütende Mittel zu verkaufen, sonst muß sie z. B. in eine Konditorei gehen. Umgekehrt aber hat selbstverständlich – auch ohne Berufung auf Grundrechte! – ein Mitglied in einem Sportverein, ein Unternehmen in einem Verband Anspruch auf Gleichbehandlung, weil das ein politisches Gerechtigkeitsprinzip ersten Ranges im Gruppen- und Verbandsrecht ist in einer Zeit, in der jeder einzelne ohne Repräsentation Interessen nicht mehr durchsetzen kann und unversorgt bliebe.

3. Auch im Recht der Generalklauseln zeichnen sich erst langsam modernere Auffassungen ab. Wenn der Bundesgerichtshof die Reklame „Ja Markenbenzin!" einer markenfreien Tankstelle oder die Zusendung unbestellter Waren als *sittenwidrig* i. S. von § 1 UWG erklärt und damit verbietet, dann sind eben nicht Sitten betroffen, sondern die *‚gute Ordnung'* (ordre public!) der Bundesrepublik selbst: Im Markenbenzinfall geht es nämlich wirtschaftspolitisch um die Absicherung des sog. zweigleisigen Vertriebs von Markenartikeln, der nur bei Geheimhaltung und Intransparenz funktioniert. Im Warenzusendungsfall geht es wirtschaftspolitisch um eine Belästigungsflut, gegen die der einzelne schlicht machtlos ist. Sittenwidrigkeit als Kontrollmaßstab ist also auch im Privatrecht – ähnlich wie im Strafrecht – der Sache nach längst gestorben und durch *Rechtswidrigkeit* abgelöst, weil Recht selbst und allein – ohne Verweisung auf ohnehin höchst plurale außerrechtliche Wertvorstellungen – die Maßstäbe guter Ordnung des Zusammenlebens setzt. Nicht Moral tut hier not, sondern public policy!

4. Das *allgemeine Persönlichkeitsrecht* hat sich trotz des und gegen das BGB durchgesetzt. Sicher mit Recht! Nur fragt sich, was unter seinem Segel wirklich schützenswert ist. Als Herrschaftsrecht oder auch als Interessenrecht ist es nicht mehr verständlich zu machen. Es schützt den Menschen als Menschen! Je ‚privater' also seine gestörte menschliche Sphäre, desto massiver muß der Schutz sein. Je ‚kommerzieller' und ‚politischer' hingegen die gestörte Sphäre ist, desto weniger Schutz ist mit einem Persönlichkeitsrecht zu rechtfertigen. Wer sich z. B. auf seine verletzte Persönlichkeit beruft, weil er in einer Fernsehsendung als übler Denunziant im letzten Kriege, dessen Opfer aufs Schafott geriet, gezeigt wird, oder weil er für seine Rinderzucht sich nicht an genossenschaftliche Besamungsorganisationen halten will, oder weil er in einer Zeitung wahrheitsgetreu als korrupter Politiker geschildert wird – alles Fälle aus der Rechtsprechung –, beruft sich eben nicht auf schützenswerte Zonen privater, ungestörter menschlicher Existenz, sondern auf soziale, ökonomische, politische Interessen. Ein falsches Denken in Berechtigungen erschwert auf diesem Felde wie auch anderswo unsere juristischen Leistungen. **Ein richtiges**

Denken in Institutionen der politischen wie privaten Existenz heute könnte die Leitlinien für die Orientierung dagegen setzen. Persönlichkeitsschutz ist sicher kein leerer Wahn, aber unter ihm darf nicht Wirtschaftskampf oder Pressefreiheit begraben werden, von ihm darf nicht Kommerzialisierung der menschlichen Würde gerechtfertigt werden. Umgekehrt wäre Ausdehnung des Persönlichkeitsrechtsschutzes vom rein geistig-schöpferischen Bereich auf den soliden Schutz der ‚Beleidigten und Erniedrigten' wie ‚Mühseligen und Beladenen' eine dankbare Aufgabe gerade für das Recht.

[Punkt 5 nicht abgedruckt]

6. Im bürgerlichen Vermögensrecht sind mithin die alten Systemsäulen subjektives Recht und Privatautonomie verfallen, aber nicht zerbrochen. Sie erschweren die moderne Arbeit.

Hat also jeder das Recht auf Entfaltung seiner Persönlichkeit (Art. 2 GG), dann ist es korrekt das Recht *sich* zu entfalten, und es ist *Recht* nicht als Herrschaft und nicht als Interesse, also nicht als subjektives (weder privates noch öffentliches) Recht, sondern als Menschen- *und* Bürgerrecht. Recht auf Heimat mag deshalb Heimat als Völkerrecht sein wie z. B. Recht auf Bildung korrekt ‚Bildung als Bürgerrecht' (*R. Dahrendorf*) ist.

Und ein Recht der Nase oder an meiner Nase habe ich so wenig wie auf meine oder aus meiner Nase; die Nase ist auch nicht ihrerseits etwa ein Recht. Ich bediene mich schließlich ihrer auch nicht zum Riechen, ich rieche. Wer mich darin rechtswidrig stört oder schädigt, der hat weder das Recht noch mein Recht verletzt, sondern mich, und ich *bin im Recht*, wenn ich Aufhebung der Störung oder Schädigung verlange.

Diese Antwort hätte *Schiller* kaum schon erhalten können. Schlimmer ist, daß er sie vermutlich auch heute noch nicht erhalten würde".

(Hervorhebungen: B. N.)

Nachtrag: der Text stammt aus dem Jahre 1968. Inzwischen wurde das AGB-Gesetz verabschiedet. Die „Rechtssetzungsdelegation" an Private ist nur noch im Rahmen der gesetzlich gezogenen Grenzen möglich.

V. Funktion und Grenzen der Privatautonomie in der Wirtschaftsverfassung der Bundesrepublik – eine Zwischenbilanz –

Bei der Auslegung von Verträgen können Korrekturen notwendig werden, durch die eine Benachteiligung der schwächeren Vertragsseite verhindert wird. Dies dürfte aus den vorangegangenen Fallbeispielen deutlich geworden sein. So soll es nach dem AGB-Gesetz einem Luftfahrtunternehmen verwehrt sein, auf einem Inlandsflug die Haftung für jegliches Verschulden bei Verspätungen und Hotelreservierungen auszuschließen. Der Verkäufer eines Handpreisauszeichners darf seine Machtstellung nicht dazu benutzen, dem Käufer auch noch eine Lieferbindung über Papieretiketten aufzuerlegen. Wer ein Fertighaus kauft, dieses aber infolge einer unvorhersehbaren Änderung des Bebauungsplanes der Gemeinde auf seinem Grundstück nicht aufstellen kann, kann sich auf den Wegfall der Geschäftsgrundlage des Kaufvertrages über das Haus berufen und vom Vertrag zurücktreten. Wer einen Kredit zu 50 Prozent Jahreszins aufgenommen hat, kann sich auf die Sittenwidrigkeit und Nichtigkeit der Willenserklärungen berufen. Allen diesen Fällen ist gemeinsam, daß zu ihrer Lösung keine Normen des Grundgesetzes herangezogen werden müssen.

Stellt man sich den Fall vor, daß ein Arbeitnehmer von seinem Arbeitgeber wegen einer Meinungsäußerung zur 35-Stunden-Woche gekündigt wird, dann wird der Unterschied deutlich: Hier steht Rechtsposition gegen Rechtsposition. Der Arbeitgeber beruft sich auf sein Recht am eingerichteten und ausgeübten Gewerbebetrieb (Art. 14 GG), möglicherweise auch auf seine Koalitionsfreiheit nach Art. 9 Abs. 3 GG, der Arbeitnehmer beruft sich auf seine Freiheit der Meinungsäußerung nach Art. 5 Abs. 1 GG und möglicherweise ebenfalls auf seine Koalitionsfreiheit nach Art. 9 Abs. 3 GG. Die Rechtsprechung des Bundesarbeitsgerichts zu derartigen Fällen ist keineswegs einheitlich.[113] Eindeutig ist aber die Grundposition des Bundesarbeitsgerichts: In ständiger Rechtsprechung nimmt es eine unmittelbare Wirkung der Grundrechte im Arbeitsverhältnis an. Es handele sich hier nicht nur um Freiheitsrechte gegenüber der Staatsgewalt, sondern um Ordnungsgrundsätze für das soziale Leben, die in einem aus dem Grundrecht näher zu entwickelnden Umfang unmittelbare Bedeutung auch für den privaten Rechtsverkehr der Bürger untereinander haben.[114]

Demgegenüber halten das Bundesverfassungsgericht und die herrschende Lehre daran fest, daß die Grundrechte nur mittelbar auf den Rechtsverkehr zwischen Privaten einwirken. Die Grundrechte sind deshalb im allgemeinen keine Verbotsgesetze nach § 134 BGB, stellen aber eine objektive Wertordnung dar und beeinflussen das Privatrecht indirekt, vor allem über die Generalklauseln[115] und die Auslegungsgrundsätze. Ein Hauptargument gegen die unmittelbare Drittwirkung der Grund-

---

[113] Vgl. die Fälle in WR II, S. 146–148
[114] Vgl. BAG NJW 1957, 1688f.; NJW 1973, 77f.
[115] Vgl. BVerfGE 7, 198, 205

rechte ist, daß diese die Privatautonomie zerstöre.[116] Bundesverfassungsgericht und Bundesgerichtshof beschränken sich bisher darauf, die Generalklauseln wie „Treu und Glauben" und „Sittenwidrigkeit" als Einfallstore für die Grundrechte nutzbar zu machen. Es bleibt zu fragen, ob nicht größere Machtverschiebungen, wie sie z. B. bei der Analyse des Rechts der Allgemeinen Geschäftsbedingungen deutlich geworden sind, zu einer stärkeren und unmittelbaren Berücksichtigung der Grundrechte auch im Zivilrecht führen können. Aus der Darstellung der Grundrechte und der Grundzüge des Zivilrechts sollte deutlich geworden sein, daß diese Frage nicht unhistorisch und nicht ohne Rücksicht auf die gesellschaftlichen, politischen und sozialen Bezüge beantwortet werden kann, in denen die Grundrechte und die Normen des Zivilrechts heute stehen. Um die Frage beantworten zu können, ist nach der Funktion und den Grenzen der Privatautonomie in der Wirtschaftsverfassung der Bundesrepublik Deutschland zu fragen.

Der Grundsatz der Privatautonomie bedeutet zuerst einmal das Belassen einer **staatsfreien Rechtssphäre**, die dem Bürger die Möglichkeit eröffnet, auf eigene Verantwortung Verträge mit anderen abzuschließen.[117] Dies ist ein historischer Fortschritt gegenüber den Beschränkungen der Feudalzeit, z. B. den Kleiderordnungen des Mittelalters, und gegenüber den Beschränkungen des Merkantilismus, z. B. Beschränkungen durch die vielen Monopolunternehmen der damaligen monarchistischen Staaten.

Die Funktion dieser Freiheit ist ökonomisch gesehen die freie Entfaltung des Privateigentums, das zum Tausch auf dem Markt angeboten werden kann. Die Vertragsfreiheit wird von Karl Renner und Franz Neumann zu Recht auch als Konnexinstitut zum Eigentum bezeichnet. So gesehen ist die Privatautonomie ein ökonomischer Grundpfeiler des Wirtschaftsliberalismus, sie führt zu einem Freiraum des wirtschaftenden Bürgers, in dem er seine Vertragsfreiheit und seine Wettbewerbsfreiheit ausspielen kann. Sie führt zur Trennung von Staat und Gesellschaft. Der Staat hat vor allem die Aufgabe, diesen Freiraum zu garantieren und gegen Beeinträchtigungen abzusichern. Der Staat schützt das Privateigentum der ökonomisch Mächtigen. Max Weber spricht von einer „ökonomischen Ermächtigung".

Eine besondere Situation gilt allerdings auf dem Arbeitsmarkt: Wer hier seine Arbeitskraft verkauft, ist „doppelt frei" – frei von Produktionsmitteln und frei von Arbeitsbeschränkungen – und garantiert durch diese „Transaktion" die Grundlage der kapitalistischen Produktionsweise. Der Staat schützt nicht nur die Gleichheit des Marktes, sondern zugleich auch die Herrschaft des Produktionsmittelbesitzers. Er tritt als Garant nicht nur der Zirkulations-, sondern auch der Produktionssphäre auf.

Historisch und gesellschaftspolitisch „stimmt" eine solche Konzeption solange, wie die extrem individualistische Sicht des autonom wirtschaftenden Bürgers noch eine reale Grundlage in den ökonomischen Verhältnissen und Größenordnungen hat. Das war die Zeit des bürgerlichen Konkurrenzkapitalismus oder Liberalismus im 19. Jahrhundert. Wiethölter[118] weist zu Recht darauf hin, daß dieses auf Savigny

---

[116] Vgl. *Dürig* in *Maunz/Dürig/Herzog/Scholz*, Rz. 162, 505f. zu Artikel 3 Abs. 1 GG; ähnlich auch Hesse, Verfassungsrecht, § 11 II 2)
[117] Vgl. meine Darstellung „Privatautonomie und Unternehmenspolitik", in: *Kießler/Kittner/Nagel*, Unternehmensverfassung und Betriebswirtschaftslehre, 1983, S. 95–112, in diesem Band teilweise abgedruckt auf S. 47–52
[118] Vgl. in diesem Band S. 84 und 85

zurückgehende Konzept des subjektiven Rechts, der Privatautonomie und der Vertragsfreiheit, das der Systematik des Bürgerlichen Gesetzbuches zugrunde lag, zum Recht des legitimen privaten, individualistischen Egoismus im Rahmen des bürgerlichen Rechts führen mußte.

Sobald die Konzentration zu größeren Unternehmenseinheiten führte, die als intermediäre Gewalten auf „ihre" Arbeitnehmer und die Bürger einwirkten, war ein solches individualistisches Rechtskonzept nicht mehr tragfähig. Da es jedoch die dogmatische Grundstruktur des BGB darstellte, mußten sich, um die neuen Entwicklungen aufzufangen, neue Rechtsgebiete neben dem BGB entwickeln, vor allem das Arbeits- und Sozialrecht.

Die traditionelle Zivilrechtsdogmatik, die noch heute mit den Grundlagen „subjektives Recht, Privatautonomie und Vertragsfreiheit" arbeitet, verwickelt sich bei deren Begründung und Durchsetzung in Widersprüche. Sie ist dem Schein der Gleichheit in der Zirkulationssphäre verhaftet und verdeckt die Polarität der Produktionssphäre. Sie zeigt nicht den Zusammenhang zwischen Privateigentum und Privatautonomie auf, durch den sich die Vertragsfreiheit in ihrer historischen Entwicklung erklären läßt. Statt dessen abstrahiert sie von der sozialen Wirklichkeit und verselbständigt die juristische Begriffswelt. Während scheinbar die allgemeinen Interessen an der Freiheit des Individuums geschützt werden sollen, schlägt in Wahrheit die fingierte Marktgleichheit zugunsten der ökonomisch Stärkeren und ihrer Sonderinteressen aus. Die allgemeine Rechtsnorm, die als Konditionalprogramm bei Erfüllung eines bestimmten Tatbestandes eine bestimmte Rechtsfolge festlegt, erfaßt die veränderten Lebenssachverhalte nicht mehr adäquat. Gesetzgebung und Rechtsprechung gehen zunehmend dazu über, die „gestörte" „gute" Privatrechtsordnung nicht vorauszusetzen, sondern durch Intervention erst herzustellen. Die Rechtsprechung stützt sich auf die Generalklauseln wie Treu und Glauben oder die guten Sitten, die Gesetzgebung schränkt die Verwendung von Allgemeinen Geschäftsbedingungen ein, nicht ohne auch hier eine Generalklausel (§ 9 AGBG) zu schaffen, wonach die Allgemeinen Geschäftsbedingungen letztlich am Grundsatz von Treu und Glauben zu messen sind.

Angesichts dieser Situation, in der große gesellschaftliche und wirtschaftliche Macht kontrolliert werden muß, stellt sich die Frage nach der Funktion und den Grenzen der Privatautonomie. Wenn Steindorff[119] nach der wirtschaftsordnenden und steuernden Funktion des Privatrechts fragt, akzeptiert er die Privatautonomie nicht mehr als ohne weiteres vorgegeben. Er nennt dann die vom Privatrecht zu leistenden Funktionen, auch Ordnungsfunktionen wie die Ausgestaltung der Verantwortung, insbesondere der Publizität, und des Sozialschutzes. Zum ersten Bereich gehören bei Steindorff z. B. die Kontrolle von Allgemeinen Geschäftsbedingungen, der Begründungszwang bei der Ausübung von Gestaltungsrechten, die Einschränkung von Widerrufsvorbehalten und die Mitbestimmung der Betroffenen. Zum zweiten Bereich gehören die Gefährdungshaftung, die Verkehrssicherungspflichten und die Schutznormen. Er weist mit Recht darauf hin, daß z. B. im Unternehmensrecht das Zivilrecht mehr und mehr seine „dienende Funktion" aufgebe.

Nimmt man „Wirtschaftsrecht" als einen Oberbegriff, der die Wirtschaftssteuerung und -aufsicht sowie die wirtschaftliche Eigentätigkeit der öffentlichen Hand einer-

---

[119] Wirtschaftsordnung und -steuerung durch Privatrecht?, in: Festschrift für Ludwig Raiser, 1974, S. 621–643

seits und das bürgerliche Vermögensrecht mit dem Handels- und Gesellschaftsrecht andererseits umfaßt, so muß schon im Rahmen dieses privatrechtlichen Teils eine Garantie- und Kontrollfunktion erfüllt werden. Dazu gehören z. B. der Schutz des Abzahlungskäufers, der Mieterschutz und der Schutz des Arbeitnehmers im Betrieb. Garantie und Kontrolle werden in der Regel durch die Gerichte sichergestellt, im Arbeitsrecht gibt es aber auch eine kollektive Interessenvertretung, den Betriebsrat. Man muß diesen allerdings im Rahmen der realen Machtverhältnisse als eine Institution betrachten, die ohne die Gewerkschaften nicht viel wert wäre.

Der Garantie und der Kontrolle dient auch das AGB-Gesetz. Es stellt in seinem materiellen Teil u. a. einen Katalog von absolut und relativ unwirksamen Klauseln auf. Dadurch schränkt es die Machtentfaltung der Verwender von AGB ein. Es handelt sich hier in der Regel um Unternehmen, die mächtiger und besser informiert als der Konsument sind, dem sie die AGB vorlegen. Ihr Machtüberhang und Informationsvorsprung wird eingeschränkt. Andererseits garantiert ihnen das AGB-Gesetz gerade durch diese Korrektur die privatautonome Sphäre des Wirtschaftens und ihr Privateigentum an Produktionsmitteln. Daran ändert auch die Tatsache nichts, daß zur Durchsetzung der Normen des AGB-Gesetzes die Verbandsklage eröffnet wurde. Trotz alledem bleibt der Verwender der AGB in der Vorhand. Die gesetzliche Kontrolle einschließlich des prozessualen Mittels der Verbandsklage ist ebenso wie die Festlegung von Rechenschaftslasten, rules of reason und Verkehrspflichten reaktiv. Es fragt sich allerdings, welche Anreize durch die Anwendung des AGB-Gesetzes für das Verhalten der Verwender in der Zukunft gesetzt werden. Hierbei ist es von Bedeutung, welche Rechtsfolge der Gesetzgeber an die Unwirksamkeit von AGB knüpft. Außerdem ist die Publizität der Gerichtsverhandlungen und insbesondere der Verbandsklagen wichtig. Verwender von unzulässigen AGB werden in der Öffentlichkeit angeprangert.

Ein wichtiges Organisationsgesetz, das ebenfalls der Kontrolle und der Garantie von Rechtspositionen dient, ist das Betriebsverfassungsgesetz. Hinzu kommt die Regelung der Unternehmensmitbestimmung in den entsprechenden Gesetzen (Montanmitbestimmungsgesetz, Mitbestimmungsgesetz und Betriebsverfassungsgesetz 1952). Großunternehmen als intermediäre Gewalten entfalten ihre Macht nicht nur gegenüber ihren Arbeitnehmern. Diese Machtentfaltung im Innern wird durch Organisationsnormen eingeschränkt, die eine kollektive Interessenvertretung der Arbeitnehmerseite sichern. Dies ist nicht nur ein unternehmenspolitisches Problem. Hier geht es auch um die Effektivierung von Grundrechten der Arbeitnehmer. Durch die Wahl von Repräsentanten in die Unternehmensorgane effektivieren sie ihr Grundrecht aus Art. 12 Abs. 1 (Berufsfreiheit), durch die Wahl von Gewerkschaftsvertretern ihre Koalitionsfreiheit aus Art. 9 Abs. 3 GG. Bei der Interaktion im Betrieb und im Unternehmen handelt es sich um eine arbeitsteilige Grundrechtsausübung, denn auch die Manager und Anteilseigner verwirklichen Grundrechte aus Art. 12 Abs. 1 und Art. 14 Abs. 1 GG. Für den Gesetzgeber geht es darum, konkurrierende Freiheiten miteinander verträglich auszugestalten.[120] Der Gesetzgeber hat Spielregeln zu schaffen, mit deren Hilfe alle an dieser Interaktion im Unternehmen Beteiligten ihre Grundrechte möglichst effektiv wahrnehmen können. Richtig ist das Argument des Bundesverfassungsgerichts in seinem Mitbestimmungsurteil, das Eigentum an Produktionsmitteln stehe in einem sozialen Bezug

---

[120] Vgl. *Suhr*, Die Entfaltung des Menschen durch die Menschen, 1976, 129f.; *Böckenförde*, Grundrechtstheorie und Grundrechtsinterpretation, NJW 1974, 1529f.; *Nagel*, Paritätische Mitbestimmung und Grundgesetz, 1988, 38f.

V. Funktion und Grenzen der Privatautonomie

(BVerfGE 50, 290, 349). Der Gesetzgeber ist zwar nicht dazu verpflichtet, eine Unternehmensmitbestimmung nach dem Modell des Gesetzes von 1976 einzuführen, tut er dies aber, so ist er hierbei ein legitimer Garant und Förderer von Arbeitnehmergrundrechten. Im Rahmen seines Ermessensspielraums kann er die arbeitsteilige Grundrechtsausübung der Beteiligten miteinander verträglich ausgestalten.

Auch wenn man die Außenbeziehungen mächtiger Großunternehmen betrachtet, kann man ihnen die Privatautonomie nicht mit derselben Begründung zubilligen wie dem Kleinhändler oder dem Privatmann. Als intermediäre Gewalten tragen sie eine öffentliche Funktion und Verantwortung. Die Privatheit der vertraglichen Herrschaftsmechanismen wird hinfällig. Als Konnexinstitut zum Privateigentum ist die Privatautonomie dieser Großunternehmen durch den Zusatz eingeschränkt: „Privatautonomie verpflichtet, ihr Gebrauch soll zugleich dem Wohl der Allgemeinheit dienen. Inhalt und Schranken bestimmt der Gesetzgeber."

Die Vorstellung von der Äquivalenz der privatautonomen Vertragspartner verträgt sich nur schlecht mit der sozialen Wirklichkeit, wie sie sich für einen sehr großen Teil der Bürger darstellt. Also verlangt der Bürger Verfahrenssicherungen und Mitspracherechte, z. B. im Verhältnis zu seinem Arbeitgeber. Wenn es um den Status des Bürgers gegenüber dem Staat geht, so erkennt selbst die liberale Gesellschaftstheorie, die strikt zwischen Staat und Gesellschaft trennt, die Rechtsetzungs- und Regelungskompetenz des Staates an. Aber auch hier fragt es sich, ob der Schutz des Bürgers gegenüber dem Staat lediglich als Individualschutz verwirklicht werden soll, wie dies z. B. beim Eigentumsschutz in Art. 14 Abs. 1 GG der Fall ist. Am Fall des Studienbewerbers, der sich um den Zugang in ein Numerus clausus-Fach bewirbt, läßt sich zeigen, daß es ihm in erster Linie um Teilhabe an staatlichen Ausbildungsangeboten geht. Diese Teilhabe wird am besten durch Organisations- und Verfahrensregelungen gesichert, wie dies das Bundesverfassungsgericht für die Numerus clausus-Fächer auch gefordert hat.

Nimmt man beides zusammen, den Schutz des Bürgers gegen den Staat und gegen die intermediären Gewalten, so trägt die Rechtsprechung zu den Grundrechten dem Individualschutz des Bürgers am besten dadurch Rechnung, daß sie neben Anspruchsgrundlagen auch Organisations- und Verfahrensregelungen bereithält. Das Bundesarbeitsgericht betrachtet die Unternehmen, also die intermediären Gewalten, in ihrem Innenbereich und gleicht die Rechte der Arbeitgeber mit denen der Arbeitnehmer ab. Es wendet die Grundrechte im Arbeitsverhältnis direkt an, insbesondere den Gleichheitssatz aus Art. 3 Abs. 1 GG und das Grundrecht der Meinungsfreiheit aus Art. 5 Abs. 1 GG. Damit stellt es den Machtüberhang des Arbeitgebers gegenüber dem einzelnen Arbeitnehmer in Rechnung. Soweit es um die kollektive Interessenwahrnehmung der Arbeitnehmer geht, hat das Bundesarbeitsgericht mit der direkten Anwendung der Grundrechte auf das Arbeitsrecht ebenfalls keine Schwierigkeiten: Es stehen sich die Grundrechte der Arbeitnehmer aus Art. 9 Abs. 3 und der Arbeitgeber aus Art. 14 Abs. 1 und Art. 9 Abs. 3 gegenüber. Gerade wenn man die direkte Wirkung der Grundrechte im Arbeitsrecht anerkennt, kann man sich dann dem eigentlichen juristischen Problem zuwenden, nämlich der Abgleichung der Grundrechtskonkurrenzen und -kollisionen.

Diese Konzeption ist auch im allgemeinen Zivilrecht tragfähig. Die Privatautonomie und Vertragsfreiheit ist im Grundrecht der allgemeinen Handlungsfreiheit aus Art. 2 Abs. 1 GG verankert. Im klassischen Austauschgeschäft kann dem Verkäufer, der sich auf dieses Grundrecht und damit auf seine Vertragsfreiheit beruft, nicht entgegengehalten werden, er müsse alle potentiellen Vertragspartner wegen des

Gleichheitssatzes aus Art. 3 Abs. 1 GG gleich behandeln. Sehr wohl aber ist der Staat legitimiert, die Grundrechte von solchen Vertragspartnern zu effektivieren, die auf den Bezug einer bestimmten Ware des Verkäufers angewiesen sind, weil er eine Monopolstellung hält. Diesem Schutz hat der Gesetzgeber in § 26 Abs. 2 des Gesetzes gegen Wettbewerbsbeschränkungen Rechnung getragen. Er verbietet marktbeherrschenden Unternehmen hier, ihre abhängigen Nachfrager zu diskriminieren oder unbillig zu behindern.[121] Hier handelt es sich um eine legitime Effektivierung eines Diskriminierungsverbotes, dessen Prämisse letztlich auf Art. 3 Abs. 1 GG beruht. Der Staat ist nicht verpflichtet, ein solches Gesetz zu verabschieden. Tut er dies aber, so effektiviert er gleichzeitig Grundrechte der Wirtschaftsbürger im Rahmen des Wettbewerbsrechts. Auch im Zivil- und Wirtschaftsrecht geht es nicht nur um geeignete Anspruchsnormen zur Sicherung der Rechte von Vertragsparteien, sondern zunehmend auch um Rechtsschutz durch Organisation und Verfahren, damit der Status des Wirtschaftsbürgers gesichert und ausgestaltet werden kann. Ein derartiges Verfahren muß nicht immer von den Gerichten, sondern kann auch von anderen, z. B. von Mitbestimmungs-, Selbstverwaltungs- und Schlichtungsgremien durchgeführt werden.

Wohlgemerkt, bei dieser Relativierung der Privatautonomie von intermediären Gewalten geht es nicht um den Abbau, sondern gerade um die Herstellung der Privatautonomie für jeden einzelnen Bürger, nicht nur für den Besitzbürger der individualistischen liberalen Wirtschaftstheorie. Die bestehenden parlamentarischen Institutionen allein sind nicht imstande, diesen Schutz gegen den Staat und die intermediären Gewalten sicherzustellen.

Es ist hier nicht der Ort, um die Möglichkeiten auszuloten, wie sich Mißbräuche dieses – allen Bürgern zugänglichen – Individualschutzes verhindern oder korrigieren lassen, Erfahrungen aus der Verkehrsplanung in der Schweiz sprechen dafür, die Ausuferung des Individualschutzes dadurch zu verhindern, daß Strukturentscheidungen durch Volksabstimmungen legitimiert werden. Jedenfalls löst das Festhalten an der Privatautonomie des klassischen Liberalismus die Probleme nicht.

Friedrich Dürrenmatt sieht in seiner letzten Rede, die er am 22. November 1990 aus Anlaß der Verleihung des Gottlieb-Duttweiler-Preises an Vaçlav Havel hielt, den Problemzusammenhang so:

„Unsere Straßen sind Schlachtfelder, unsere Atmosphäre den Giftgasen ausgesetzt, unsere Ozeane Ölpfützen, unsere Äcker von Pestiziden verseucht, die Dritte Welt geplündert, schlimmer noch als einst das Morgenland von den Kreuzrittern, kein Wunder, daß es uns jetzt erpreßt. Nicht der Krieg, der Friede ist der Vater aller Dinge, der Krieg entsteht aus dem nicht bewältigten Frieden.

Der Friede ist das Problem, das wir zu lösen haben. Der Friede hat die fatale Eigenschaft, daß er den Krieg integriert. Die Antriebskraft der freien Marktwirtschaft ist der Konkurrenzkampf, der Wirtschaftskrieg, der Krieg um Absatzmärkte. Die Menschheit explodiert wie das Weltall, worin wir leben, wir wissen nicht, wie es sein wird, wenn zehn Milliarden Menschen die Erde bewohnen. Die freie Marktwirtschaft funktioniert unter dem Primat der Freiheit, vielleicht wird dann die Planwirtschaft unter dem Primat der Gerechtigkeit funktionieren. Vielleicht kam das Experiment Marxismus zu früh.

---

[121] Dieser Schutz wurde durch die Novelle des Gesetzes gegen Wettbewerbsbeschränkungen von 1989 allerdings auf kleine und mittlere Unternehmen eingeschränkt.

V. Funktion und Grenzen der Privatautonomie

Was kann der einzelne tun? Was also nun? fragen auch Sie, Vaçlav Havel. Der einzelne ist ein existentieller Begriff, der Staat, die Institutionen, die Wirtschaftsformen allgemeine Begriffe. Die Politik hat es mit dem Allgemeinen, nicht mit dem Existentiellen zu tun, aber muß sich an den Einzelnen wenden, um wirksam zu werden. Der Mensch ist mehr irrational als rational, seine Emotionen wirken auf ihn stärker als seine Ratio. Das nützt die Politik aus. Nur so ist der Siegeszug der Ideologien in unserem Jahrhundert zu erklären, das Appellieren an die Vernunft ist wirkungslos, besonders wenn eine totalitäre Ideologie die Maske der Vernunft trägt. Der Einzelne muß zwischen dem Menschenunmöglichen und dem Menschenmöglichen unterscheiden.

Die Gesellschaft kann nie gerecht, frei, sozial sein, sondern nur gerechter, freier, sozialer werden. Was der einzelne fordern darf und nicht nur darf, sondern auch muß, ist das, was Sie gefordert haben, Vaçlav Havel, die Menschenrechte, das tägliche Brot für jeden, keine Utopien, sondern Selbstverständlichkeiten, Attribute des Menschen, Zeichen seiner Würde, Rechte, die den Einzelnen nicht vergewaltigen, sondern sein Zusammenleben mit den anderen Einzelnen ermöglichen, Recht als Ausdruck der Toleranz, Verkehrsregeln, um es grob zu sagen. Allein die Menschenrechte sind existentielle Rechte, jede ideologische Revolution zielt auf deren Abschaffung, fordert einen neuen Menschen. Wer hat ihn nicht schon gefordert. Lieber Vaçlav Havel, Ihre Aufgabe als Staatspräsident fällt mit der Aufgabe Vaçlav Havels als Dissident zusammen."

Heute, nach dem Zerfall der Tschechoslowakei und dem Übergang der Menschen zum „business as usual", berührt uns der Pathos dieser Rede merkwürdig. Der hohe moralische Anspruch Havels geht, wie es sein ehemaliger Kanzler Fürst Schwarzenberg in einem Interview mit der Zürcher Weltwoche vom 3. 12. 1992 pointiert ausdrückt, den Leuten auf die Nerven. Aber die Momentaufnahme täuscht. Recht in seiner Funktion als Mittel zur Durchsetzung von Gerechtigkeit wird auch in Zukunft gebraucht. Nur ist der Leidensdruck der Menschen derzeit nicht so groß wie während der stalinistischen Herrschaft. Im „staatlichen Normalbetrieb" rücken die Funktionen der Ordnung, der Herrschaft und der Kontrolle von Herrschaft, die genauso zum Recht gehören, stärker in den Vordergrund der Wahrnehmung. Die Präsenz der „Gerechtigkeitsfunktion" des Rechts zeigt sich aber, wenn man sich das eingangs zitierte Beispiel verdeutlicht: Ob es zulässig oder sogar geboten ist, eine hirntote Schwangere ihre Leibesfrucht austragen zu lassen, wird nicht nur als moralische, sondern auch als Rechtsfrage heiß diskutiert. Die Menschen- und Bürgerrechte als tägliches Brot für jeden behalten ihre Bedeutung.

Stichwortverzeichnis

Abstraktionsgrundsatz 105 ff.
Abwehrrechte, siehe Grundrechte
Allgemeine Geschäftsbedingungen 111 ff.
– Anwendungsbereich 114, 118
– Begriff 111 f.
– Geltungsvoraussetzungen 112
– Grundsatz der objektiven Auslegung 113
– Inhaltskontrolle 112
– Prüfungsschema 115
– Rahmenvereinbarung 112
– überraschende Klauseln 112, 118
– unangemessene Benachteiligung 114 f.
– unklare – 113
– Unwirksamkeit 112
– Verhältnis zu Einzelabsprachen 113
– Vorgesetzliche Rechtsprechung 112
Allgemeine Handlungsfreiheit 9, 59 ff.
– Allgemeines 59, 95
– Informationelle Selbstbestimmung 60
– und Macht der Großunternehmen 61 ff.
– und Privatautonomie, siehe dort
– und Wettbewerbsfreiheit 9, 61 ff.
Allgemeines Preußisches Landrecht 92 f.
Anfechtung einer Willenserklärung 124 ff.
– Anfechtungsberechtigte 126
– Eigenschaftsirrtum 126
– Irrtum über die Erklärungsbedeutung 125
– Irrtum in der Erklärungshandlung 124
– Kalkulationsirrtum 126
– Motivirrtum 124
– Rechtsfolgen 124
– wegen arglistiger Täuschung 126 f.
– wegen Drohung 127
Anfechtungsgründe 124 ff.
Angebot 103 f., 108 f.
Annahme eines Angebots 103, 108 f.
Anscheinsvollmacht 130 f.
Ansprüche 89
Arbeitsplatz, Recht auf freie Wahl des 14, 15, 19, 43
Arbeitsvertrag 116
Auftrag 117
Ausbildungsfreiheit, siehe Berufsfreiheit
Aussperrung 41
Austauschvertrag 116

Bedingung 128
– auflösende 128
– aufschiebende 128
Befristung 128 f.
Berufsfreiheit 11, 31, 43, 81
– Dreistufentheorie 12 f.
– Ausbildungsfreiheit 16, 21, 66

– Numerus-Clausus-Urteile 16, 20, 69
– und Eigentumsrechte 32 f.
– und Gewerbeaufsicht 17 ff.
– Warteschleifenregelung 14, 19
– Zulassungsbeschränkungen 13, 14
Beschränkte Geschäftsfähigkeit 122
– rechtlicher Vorteil 122
– Volljährigkeitseintritt 122
Betreuungsgesetz 122
Bote 129
Bürgerliches Recht 85 f., 91 ff.
– als materielles Recht 85
– Änderung des BGB 85
– Anwendung 86
– Systematik des 86
– Verhältnis zum Handels- und Arbeitsrecht 85
– Nebengesetze 85
Bürgerliches Vermögensrecht 85

Darlehen 116
Dauerschuldverhältnis 116
Dienstvertrag 116
Deliktsfähigkeit 88
Demokratieprinzip 67 f., 70, 81 ff.
– Freiheit 81
– Herrschaft 67, 81
– zur Legitimation von Herrschaft 67, 81
– und Grundrechte 81
– und Mitbestimmung in öffentlichen Unternehmen 81 f.
Dienstvertrag 116
Dissens 109
– offener 109
– versteckter 109
Diskriminierungsverbot, siehe Gleichheitsgrundsatz
Dreistufentheorie 12 f.
Durchsetzung der Rechte 85

Eigengeschäft 133
Eigentum 22 ff.
– Begriff 22, 28
– Inhaltsbestimmung 23, 24 f.
– Ordnungsfunktion 35
– personale Funktion 35
– Sozialbindung des 22, 24 ff., 66, 81, 100
– Vorsorgefunktion 37
– ökonomische Funktion 37 f.
– politische Funktion 38 f.
Eigentumsschutz 16 ff.
– Begriff 22
– der Anteilseigner in Unternehmen, siehe Mitbestimmungsurteil
– des Unternehmens 26
– Enteignung 22, 24 ff., 52

– enteignungsgleicher Eingriff 29 f.
– Inhalts- und Schrankenbestimmung 22 ff.
– Naßauskiesungsurteil 26
– Situationsgebundenheit 26
– Sonderopfer 26
– und Berufsfreiheit 32 f.
Einwilligung 129
Einzelvollmacht 131
Empfangsvollmacht 131
Enteignung 22, 24 ff.
Erdrosselungssteuer, Verbot der 24
Ergänzende Vertragsauslegung 109 f
Erklärungsbewußtsein 103 f.
Europäisches Gemeinschaftsrecht 11

Faktische Vertragsverhältnisse 117
Formbedürftigkeit von Rechtsgeschäften 118 f.
– gesetzlich 119
– vertraglich 119
Formmängel 118 f.
– Heilung 118 f.
– Umdeutung 118 f.
– Wirksamkeit trotz 118 f.

Gebrauchsüberlassungsverträge 116
Gebrechlichkeitspfleger 88
Gefälligkeitszusage 104
Genehmigung 123
– Rückwirkung 123
– Verweigerung 123
Generalklauseln 86, 121
Generalvollmacht 131
Gerichtszweige 6 f.
Gerechtigkeit 1, 66 f., 70
Geschäftsbesorgungsvertrag 117
Geschäftsfähigkeit 88, 122 f.
– beschränkte 88, 122
– partielle 123
Geschäftsunfähigkeit 120
– Rechtsfolge 120
Gesellschaftsverträge 117
Gesetzliches Verbot 119
Gestaltungsrecht 89
– Verfristung 90
Gewohnheitsrecht 3
Gleichheitssatz 47 ff., 66 f.
– Begriff 51
– Diskriminierungsverbot 53 ff.
– für Arbeiter und Angestellte 48 ff.
– für Frauen 53 ff.
– für Männer 52 f.
– historische Entwicklung 55 ff.
– und Religionszugehörigkeit 52
– Willkürverbot 51
Grundgesetz 9, 69, 91 ff.
– wirtschaftspolitische Neutralität 9, 69

– Fragen an das 91 ff.
Grundrechte 9 ff., 93 f., 141 f.
– Auslegung 2
– als Abwehrrechte 31, 68
– als Teilhaberechte 66 f., 94
– Drittwirkung 82 f., 139, 141 ff.
– mehrdimensionale Freiheitswirkungen 31
– soziale – 66 ff.
– und Zivilrecht 82 f.

Handeln unter fremdem Namen 130
Handkauf 107
Handlungsfreiheit, siehe Allgemeine –
Handlungsvollmacht 131
Herrschaftsrechte 89, 99
– volle 89
– beschränkte 89
Höchstaltersgrenze (Berufszugang) 13

Inhalts- und Schrankenbestimmung des Eigentums 23 ff.
In-sich-Geschäft 133 f.
Investitionshilfeurteil 9
Irrtum 124 ff.
– des Vertreters 133
– Eigenschaftsirrtum 126
– in der Erklärungshandlung 124
– Kalkulationsirrtum 126
– Motivirrtum 124
– über die Erklärungsbedeutung 125
Informationelle Selbstbestimmung, Recht auf – 60

Kaufvertrag 115 f.
Klauselverbote nach dem AGBG 113
– Generalklausel 113 f.
– mit Wertungsmöglichkeit 113
– ohne Wertungsmöglichkeit 113
Koalitionsfreiheit 39 ff., 68
– Begriff 40, 43 ff.
– Betätigungsfreiheit 43, 45 ff.
– Diskriminierungsverbot 44, 46
– historische Grundlagen 39 f.
– Kernbereichstheorie 42, 46 f.
– und Gewerkschaften 41, 43
Kopplungsgeschäft 118
Kreditvertrag 116

Leihe 116
Lohngleichheit, siehe Gleichheitssatz
Lückenausfüllung 1

Maklervertrag 117
Marktwirtschaft, soziale 9 ff.
Mietvertrag 116
Minderjährigenschutz 122 ff.
Mitbestimmungsurteil 10, 30 ff., 66, 68, 81
Moral 1

Stichwortverzeichnis

Motivirrtum 124
– beiderseitig 124

Nachgiebiges Recht 110, 111
Nichtigkeit von Rechtsgeschäften 118 ff.
Norm 1
Notstand 90
Notwehr 90

Offenkundigkeitsprinzip bei der Vollmacht 130 f.
Öffentliches Recht 4 ff., 28

Pachtvertrag 116
Personenzusammenschlüsse 88
– mit eigener Rechtspersönlichkeit 88
– ohne eigene Rechtspersönlichkeit 88
Persönlichkeitsrecht 97
Privatautonomie 61 ff., 138 ff.
– Konnexinstitut zum Privateigentum 61 f.
– und soziale Wirklichkeit 62 ff., 111 f.
– und Wettbewerbsfreiheit 61 ff.
Privates Recht 4 ff., 28, 85 ff.
– Bürgerliches Recht als Privatrecht 85
– natürliches und bürgerliches Recht 96
– Persönlichkeitsrecht 97
Prokura 131
Prozeßrecht 4, 7, 85

Recht 89 ff.
– absolutes und relatives 89
– Funktion 1
– materielles 85
– nachgiebiges 110
– objektives 89
– subjektives 22, 24 ff., 89, 99
– zwingendes 110
Recht am eingerichteten und ausgeübten Gewerbebetrieb 26
Recht der Wirtschaft 9
Rechtsauslegung 2, 66, 86
– Analogie 86
– Sinn und Zweck 86
– wörtliche – 86
Rechtsfähigkeit 88, 95 ff.
– Beginn bei eingetragenem Verein 88
– Beginn bei natürlichen Personen 88
Rechtsgeschäfte 103 ff.
Rechtsmißbrauch 100, 117
Rechtsnorm 1, 66, 86
– Auslegung 1, 66, 86
– Rang 3
Rechtsobjekte 91
Rechtsordnung 3, 4, 91 ff.
– Systematik 4
Rechtsprechung 3
Rechtsschulen 2

– historische – 2
Rechtsschutz 90
– durch Organisation und Verfahren 146
Rechtsstaatsprinzip 10, 68, 70 ff.
– Gesetzmäßigkeit der Verwaltung 70
– Gewaltenteilung 70
– materielle Gerechtigkeit 1, 70
– Rechtssicherheit 1, 2, 70
– richterliche Überprüfung 70
– rückwirkende Gesetze 70
– und Diktatur 71 ff.
– Vertrauensschutz 2, 70
Rechtssubjekte 86, 88, 95
Reisevertrag 117

Sachen 105
Sachenrecht 105
Schadensersatz 125
Scheingeschäft 121
Schenkungsvertrag 116
– Handschenkung 116
Scherzerklärung 121
Schikaneverbot 90
Schuldrecht 111
Schweigen als Willenserklärung 107 f.
Selbsthilfe 90
Sitte 1
Sittenwidrigkeit 112, 117, 119
– eines Bordellpachtvertrages 120
Sozialbindung des Eigentums 9, 24 ff., 66, 81, 100
Sozialstaatsprinzip 66 ff.
– als Legitimation von Umverteilung 66 ff.
– als Staatsziel 10, 66 ff.
– Konkretisierungen des – 10, 67 ff.
– nicht justiziabel 69
– Verpflichtung des Staates 66 ff.
Sozialtypisches Verhalten 117
Spezialvollmacht 131
Staatsvertrag über die Schaffung einer Währungs-, Wirtschafts- und Sozialunion
– Einigungsvertrag – 10, 20, 52
Stiftung 88
Streik 41
Subjektive Rechte 89 ff., 99, 101
– absolute 89
– Gestaltungsrechte 89
– relative 89
– Verjährung 90
Subsumtion 86

Tarifvertragssystem 46
Taschengeldparagraph 123 f.
Tauschvertrag 115
Täuschung, arglistige 126 f.
Teilhaberechte, siehe Grundrechte

Treu und Glauben, Grundsatz von 1, 112, 117
Trierer Weinversteigerungsfall 103 f.

Umdeutung 119
Unternehmensmitbestimmung 30 ff.

Verbandsklage nach dem AGBG 115
Verein 88
– Erlangung der Rechtsfähigkeit 88
– gesetzliche Vertretung 88
– Satzung 88
Vereinigungsfreiheit 58 f.
– bei Großunternehmen 58 f.
– Beitrittsfreiheit 58
– Gründungsfreiheit 58
Vereinsregister 88
Verfügungsgeschäfte 105 ff., 115
Verjährung 90
– -sfrist 90
– Hemmung 90
– Unterbrechung 90
Verpflichtungsgeschäfte 105 ff., 115
Vertrag 109 ff.
– Auslegung 109 f.
– faktischer – 117
– Nichtigkeit des 118 ff.
– -sgerechtigkeit 112 f.
– verfügender – 105 ff., 115
– verpflichtender – 105 ff., 115
Vertragsfreiheit 110 ff., 117, 138
Vertrauensschaden 125, 134
Vertreter 129 ff.
– Abgrenzung zum Boten 129
– Haftung 134
– ohne Vertretungsmacht 133 f.
Vertretung 129 ff.
– gesetzliche – 122

Verwahrungsvertrag 117
– entgeltlicher – 117
– unentgeltlicher – 117
Vollmacht 130 ff.
– Anscheins – 130 f.
– Außenverhältnis 132
– Außen- 130
– Duldungs- 130 f.
– Erlöschen der – 130
– Innenverhältnis 132
– Innen- 130
– Umfang der – 131 f.
– Untervollmacht 133
– Widerruf der – 130
Vorbehalt, geheimer 121
Vormund 122

Warteschleifenregelung 14, 19
Wegfall der Geschäftsgrundlage 127 f.
Werklieferungsvertrag 116
Werkvertrag 116
Wettbewerbsfreiheit 9, 61 ff.
Widerruf 103 ff., 130
– der Willenserklärung 103 ff.
– der Vollmacht 130
Willenserklärung 103 ff.
– Auslegung der – 104, 108
– äußerer Tatbestand der – 103
– Begriff 103 f.
– Erklärungsbewußtsein 103 f.
– Geschäftswille 104
– innerer Tatbestand 103
– konkludente – 107 f.
– nichtige – 118 ff.
– Zugang der – 104 f.
Willensherrschaft 99
Wirtschafts- und Sozialordnung 9
Zentralverwaltungswirtschaft 10